司法智库

2020年第二卷·总第三卷

李峰／主编

厦门大学出版社
XIAMEN UNIVERSITY PRESS
国家一级出版社
全国百佳图书出版单位

图书在版编目(CIP)数据

司法智库.2020年第二卷·总第三卷/李峰主编.—厦门:厦门大学出版社,2021.8
(司法智库系列)
ISBN 978-7-5615-8331-9

Ⅰ.①司… Ⅱ.①李… Ⅲ.①司法—文集 Ⅳ.①D916-53

中国版本图书馆CIP数据核字(2021)第153945号

出 版 人 郑文礼
责任编辑 甘世恒 郑晓曦

出版发行 厦门大学出版社
社 址 厦门市软件园二期望海路39号
邮政编码 361008
总 机 0592-2181111 0592-2181406(传真)
营销中心 0592-2184458 0592-2181365
网 址 http://www.xmupress.com
邮 箱 xmup@xmupress.com
印 刷 厦门市明亮彩印有限公司

开本 720 mm×1 020 mm 1/16
印张 19
插页 1
字数 312千字
版次 2021年8月第1版
印次 2021年8月第1次印刷
定价 88.00元

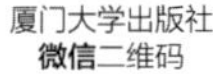

厦门大学出版社
微博二维码

编辑团队成员简介

李峰(1966—),男,生于河南潢川,法学博士。本科、硕士、博士均毕业于西南政法大学。现任上海师范大学教授、博士生导师、诉讼法学科(学位点)负责人、法律系主任,兼任中国民事诉讼法学研究会理事、国家社科基金项目同行评议专家、教育部学位与研究生教育评审专家,曾任河南省律师法学研究会副会长兼秘书长、浙江工业大学法学院副院长等职。主要研究方向为民事诉讼法、证据法、司法学等。在《科学学研究》《法商研究》《法律科学》《现代法学》《法学评论》《华东政法大学学报》等核心刊物发表论文数十篇,出版著作十余部,主持国家社科基金、教育部人文社科基金项目等多项。

陈洪杰(1979—),男,生于浙江温岭,法学博士。现任南京大学法学院特任副研究员、硕士生导师。同时任中国董必武法学思想(中国特色社会主义法治理论)研究会理事、中国法理学研究会理事、上海市司法学研究会理事等职。主要研究方向为民事诉讼法、司法体制、法学方法论等。近年来在《法律科学》《法制与社会发展》《比较法研究》《华东政法大学学报》等核心刊物发表论文多篇。

程兰兰(1981—),女,生于河南安阳,法学博士,现任上海师范大学副教授、硕士生导师。主要研究方向为经济刑法、刑事法律一体化等。在《政治与法律》《华东政法大学学报》等核心刊物发表论文多篇,主持教育部人文社科基金项目等多项。

吴啟铮(1982—),男,生于广东汕头,法学博士。汕头大学法学学士,上海交通大学法学硕士,南京大学法学博士。现任上海师范大学副教授、硕士生导师。主要研究方向为刑事诉讼法、司法制度等。在《比较法研究》《环球法律评论》等核心刊物发表论文若干篇,主持上海市哲学社会科学规划项目等。当前主要研究方向为刑事诉讼法、刑事司法制度与改革、比较刑事司法、少年司法、社区矫正。

张玉海(1986—),男,生于山东青州,法学博士。上海师范大学讲师、硕士生导师，上海交通大学凯原法学院破产保护法研究中心兼职研究人员。在《法律科学》《法学》等核心刊物发表论文若干篇，出版著作多部，主持上海市哲学社会科学规划项目等多项。

Contents 目录

理论探索

制度分析

实务研究

比较法研究

人才培养

域外文献

理论探索

跨国远程审判的程序正当性考察*

段厚省**

摘要：借助信息网络技术的进步，并在司法为民理念的引导下，我国远程审判的探索与实践正在加速发展。由于不同国家之间社会经济文化交往的频繁，远程审判的探索不可避免地会延伸到涉外民事诉讼领域，形成跨国远程审判的样态。但是在涉外民事诉讼领域，跨越国界的远程审判必然要接受外国法的检视，而且只有获得外国法的承认，远程审判中的诉讼行为才能在域外发生效力。要获得外国法的承认，就必须证明远程审判在国际民事诉讼法上的程序正当性。这种正当性包括形式正当性与实质正当性，前者指远程审判之合程序法性，后者指远程审判之合程序法的目的性。目前来看，在简易程序案件、互联网法院审理的案件以及繁简分流改革试点、最高人民法院“在线诉讼公司法解释”所涵盖的案件中，远程审判已经有了一定的制度基础，符合形式正当性的要求；而在其他的法院和其他的案件中，远程审判尚缺形式正当性，需要提供实质正当性上的依据。从实质正当性上来看，跨国远程审判在程序进行上更加便捷高效，对当事人诉权保障更加充分，尤其是对程序参与者之间言语交往的促进，使其在很大程度上具备了不低于传统审判方式所具备的实质正当性，其所进行的诉讼行为的效力应当在域外获得承认。

* 本文系中国侨联2020年度重点项目“跨国界在线纠纷解决机制与华侨权益保护研究”(19AZQK201)和互联网法治研究院(杭州)委托项目“互联网法院管辖问题研究”的阶段性成果。

** 段厚省，复旦大学法学院教授、博士生导师；互联网法治研究院(杭州)专家委员。

关键词：远程审判；程序正当；互联网诉讼；互联网审判；涉外诉讼

一、研究的动机与方法

1.研究的动机

在2020年年初新冠疫情暴发后，各地所采取的防控措施之一是要求大家保持社交距离，禁止聚集性活动乃至封城封路，以减少疫情传播。这种情况下，一些法院在不能按照传统程序运作的方式对案件进行开庭审理的情况下，为了不过分耽误案件的进度，纷纷进行在线诉讼的探索。这种在线诉讼的本质特征乃是开庭审理的远程性，也就是当事人和证人不需要到法院所在地具有物理空间的法庭进行诉讼，而是通过信息网络技术远程参加庭审。这样的一种程序运作方式实际上早在十几年前就已经在某些基层法院开始探索，而且在实践探索之初，就有对涉外案件的远程审判，也就是当事人在域外通过信息网络技术直接参加我国法院的庭审。到疫情期间，又有报道说有的法院在进行类似的事件探索，一方当事人在境外直接通过信息网络技术参加了法院的庭审。这种远程审判已经跨越了国界，体现为跨国远程审判的样态。在实践探索的同时，我国在远程审判的制度建设方面的探索也在持续进行。但是截至目前，民事诉讼法学界和实务界对远程审判的程序正当性问题仍然存在不同认知。而跨国远程审判更是进入了国际民事诉讼法的领域，对其程序正当性的评价，又须从国际民事诉讼法的制度和理论层面出发来进行。同时，国际民事诉讼法又涉及域外国家的程序制度与理论原理，相较纯粹国内的远程审判而言，在问题的复杂性上又有增加。反过来说，在国际民事诉讼法的视野下，跨国远程审判是否能够产生域外效力，也要看其在程序运作上是否具有应当被域外国家接受的正当性。因此，跨国远程审判的程序正当性问题，较之于纯粹内国的远程审判之程序正当性问题，更具有探讨与解决的紧迫性。这是其一。其二，在笔者看来，技术推动社会进步乃是不可避免的趋势，法律系统也不例外。当法律系统因纳入信息网络技术而不断改造和更新自己的运作方式时，远程审判乃至跨国远程审判也必将成为一种重要的程序运作方式。既然跨国远程审判的发展趋势最终将不可阻挡，那我们现在所要做的工作，就不是盲目质疑或者盲目肯定，而是要从程序的法理上，一方面努力去发现此种程序运作所遭遇的法理障碍，另一方面努力去论证这一全新的程序运作方式内在的法理正当性。如果我们在研究的过程中发现了它的不完善之处，那我们就在理论证成的大方向下，努力推动远程审判在实践操作和制度建构上的不断向善，并持续完善远程审判的法理构成。这就是本文的研究动机。

2.研究的方法

在研究方法的选择上，前已指出，跨国远程审判所涉及的主要是国际民事诉讼法上的问题，因此本文须从国际民事诉讼法上的理论原理出发来发现问题和探索解决问题的方法，这一点自不待言。除此之外，本文还将采用卢曼的法律社会学观点作为发现问题的视角之一。卢曼的研究方法实际上就是系统论的方法[1]。卢曼的法社会学理论也是本文将要采用的一种观察方法，运用这一方法的目的主要是阐释跨国远程审判之所以会发生的法律社会学上的动因。但是卢曼的理论观点只能从发生学的意义上部分回答跨国远程审判这一程序运作样态为什么以及如何会发生，以及部分回答跨国远程审判程序在实践上的正当性问题，而不能从本体论的意义上回答跨国远程审判的程序正当性问题。本文的最终目的是从本体论的意义上对跨国远程审判的程序正当性进行考察，这就需要建立一套有关程序正当性的专门标准，并以此来对跨国远程审判的正当性进行评价，同时也将以这样的标准来引领跨国远程审判的实践探索、制度创新与理论建构。而这样的一套有关程序正当性的标准，无法借助卢曼的法社会学理论来构造完成，而必须引入哈贝马斯的交往行为理论来作为基本的方法。之所以选择哈贝马斯的交往行为理论来作为本文建构核心立场的方法论，是因为诉讼在本质上乃是一种言语交往行为，具有交往行为的基本特征。而哈贝马斯的交往行为理论为交往行为所设定的理想言谈情境，可以作为我们建构诉讼程序之本体论意义上的正当性标准的理论基础。因此哈贝马斯的交往行为理论也是本文所要采用的研究方法，而且是核心的研究方法。

本文将按照以下思路展开分析：第一，把研究的动机与研究的方法做一个初步说明；第二，对作为本文研究背景的信息网络技术与远程审判的兴起做一个简单考察；第三，从国际民事诉讼法和法律系统论的视角考察跨国远程审判的产生及其实践样态；第四，对跨国远程审判的程序正当性提出追问；第五，对跨国远程审判之程序正当性的问题归属，也就是跨国远程审判

[1] 卢曼这方面的代表作如《社会的法律》，郑伊倩译，人民出版社2009年版。

的程序正当性问题到底是国际民事诉讼法上的问题还是国内民事诉讼法上的问题进行界定;第六,根据哈贝马斯的交往行为理论建构出跨国远程审判之程序正当性的标准;第七,根据之前所建构出的标准,对跨国远程审判的程序正当性进行价值审视,得出相应的结论;第八,追加探讨以增量保障、程序选择和技术安全三个原则来补强跨国远程审判的程序正当性。

最后需要说明的是,本文所要考察的跨国远程审判,主要包括通过信息网络技术所进行的跨国在线送达、跨国远程作证和跨国远程庭审三个具体问题。国际民事诉讼法领域所探讨的另外两个问题,包括国际民事管辖权冲突问题和域外执行问题,因为不在远程审判这个概念的含义之内,所以不在本文考察范围之内。简单来说,本文所要研究的,是对案件具有管辖权的中国法院所进行的跨国远程审判(而不是裁判文书的域外执行)在程序运作上的正当性问题。

二、信息网络技术与远程审判的兴起

1.信息网络技术与法律系统的自我改造

信息网络技术正在深刻改变着人类社会的交往方式,诉讼与司法裁判活动作为社会交往的一种样态,自然也不例外。一方面,法律系统是社会生活的观察者,应用于社会生活各领域的信息网络技术,自然也经由此种观察进入法律系统的运作;另一方面,法律系统也是社会秩序的守望者,为了及时化解纠纷,也需主动跟随科学技术的发展而更新自己的运作方式,及时纳入信息网络技术来提高自己的运作效率。就我国而言,信息网络技术以及相关产业发展迅猛,持续培养着人们的消费需求,使人们一步步进入由信息网络技术打造的生活空间,并在这一空间形成新的社会交往样态。司法裁判于传统上乃是社会生活中最为谨慎保守的一块交往领域,然而在我国,这一块本应谨慎保守的领域,也无法抵抗信息网络技术的强大攻势,也可能是禁不住信息网络技术的诱惑,而表现出了对包括互联网、大数据、人工智能在内的现代信息网络技术的极大热情,去积极主动地纳入这些技术来改造自己。在"维稳"成为法律系统主要目标的社会背景下,法律系统的这种自我改造,除了是被形势裹挟以及主动追逐社会潮流外,还有着降低解纷成本,提高解纷效率,最大可能通过司法裁判来维护社会秩序稳定运行的目的。

2.远程审判的兴起及其建制化

远程审判就是在这样一种背景下从无到有，从地方法院的零星探索而逐渐形成全面发展的趋势。所谓远程审判，是指当事人和证人等诉讼程序的参与主体，无须实际到达法院所在地具有物理性质的法庭空间内，而在其本来所在的地方，或者法院之外的其他地方，通过信息网络技术，通常是双向视听技术参加庭审。这一程序运作方式极大地放大了程序参与者的自由，把他们从传统诉讼程序所经常遭遇的空间阻隔中解放出来，而能够在世界上的任何地方直接参加庭审。在远程审判的实践中尤其值得一提的是，在 2020 年年初暴发的新冠病毒疫情蔓延全国后，为应对疫情防控的要求，我国有更多的法院开始探索通过在线方式进行诉讼活动，远程审判在我国的实践探索呈现出加速推进的态势。

实践探索的成果必然要体现为制度的创新。远程审判也是一样，伴随着实践探索的快速发展，这种审判样态必然要进入制度生成的阶段。早在 2009 年，最高人民法院出台的“三五纲要”就提出，“未来将会探索推行远程立案、网上立案查询……远程审理等便民利民措施”。2015 年，最高人民法院工作报告明确提出要推进“智慧法院建设”。2018 年，最高人民法院总结杭州互联网法院的在线审理经验，出台了《关于互联网法院审理案件若干问题的规定》(以下简称《规定》)，在互联网法院的管辖范围、上诉机制和诉讼平台建设等方面进行了规则建构，内容涉及身份认证、立案、应诉、举证、庭审、送达、签名、归档等在线诉讼的基本规则。2019 年 1 月，中央深改组在《关于政法领域全面深化改革的实施意见》中，提出要“推动大数据、人工智能等科技创新成果同司法工作深度融合，加快网上诉讼平台建设，建立健全网上诉讼程序规则，推动起诉、调解、立案、庭审、判决、执行等全程网络化，建立与互联网时代相适应的诉讼模式，增强诉讼便利性、高效性”[1]。2019 年 7 月，政法领域全面深化改革推进会提出，要探索构建适应互联网时代需求的在线诉讼规则，并要求推动“诉讼理念重塑、模式重构和流程再造”。[2]之后全国法院贯彻落实政法领域全面深化改革推进会精神专题会议进一步

[1] 李洪雷:《加快推进政法领域全面深化改革》，载人民网，http://theory.people.com.cn/n1/2019/0124/c40531-30588578.html，最后访问时间:2019 年 7 月 25 日。

[2] 《解读政法领域全面深化改革推进会》，载法制网，http://www.legaldaily.com.cn/locality/content/2019-07/22/content_7940423.htm，最后访问时间:2019 年 7 月 24 日。

提出要“全面探索在线诉讼模式”。[1] 2019 年 12 月 28 日，全国人民代表大会常务委员会通过《关于授权最高人民法院在部分地区开展民事诉讼程序繁简分流改革试点工作的决定》，其中一个授权改革的内容就是健全电子诉讼规则。由此可以预见，我国有关远程审判的制度创新也将会呈现加速发展的态势。

三、跨国远程审判的产生及其实践样态

1.不同主权国家之法律系统的相互交往

在法律规范日益实证化的过程中，法律系统也日益体现为主权国家内的秩序系统。因此从基本性质上看，法律系统本来应是在不同国家的主权下各自发展，分别运作，因此其所观察的领域也应局限于主权国家内部的社会生活，它所守望的也是主权国家内部的社会秩序。然而世界从来就不曾完全体现为相互孤立的主权国家的各自存在，不同的主权国家总是会因为种种交往相互联系。尤其在当下，不同的主权国家以及那些独立的司法区域因为日益频繁的交往早已连成一个整体，信息网络技术的发展更是进一步密切了不同主权国家和地区的交往关系。因此当今世界已加速发展成为一个互联互通的整体世界，某一国家的法律系统在观察社会生活的时候，再也无法局限于主权国家内部，而不得不将与之互联互通的域外世界纳入其视野，将不同主权国家之间所发生的交往关系纳入其调整的范围。然而在主权国家之概念仍然具有强大生命力的当下，以主权为基础的内国的法律系统要将发生在域外的社会交往关系纳入其观察与调整的范围，必然会与相关国家的法律系统发生交往——不同法律系统之间的交往，此种交往又必然要产生不同主权国家之法律系统交叉重叠的阴影区域，这一领域的问题包括国际司法管辖权冲突、域外送达、域外作证以及域外执行问题。在这样一个阴影区域，不同的法律系统如何相互协调而各自维持其运作，就是一个必须解决的问题。这就是国际公法和国际私法产生和存在的原因。然而

---

[1] 《周强出席全国法院贯彻落实政法领域全面深化改革推进会精神专题会议强调扎实推进人民法院司法体制改革不断提高新时代司法工作水平》，载中国法院网，https://www.chinacourt.org/article/detail/2019/07/id/4195681.shtml，最后访问时间：2019 年 7 月 24 日。

在民事诉讼程序法领域，这一重叠的阴影部分如何运作，却不是国际公法和国际私法能够予以一并解决的。因为民事诉讼法在性质上属于公法，并非可由当事人意思自治解决程序冲突问题，所以不能完全纳入国际私法的作用范围；又因为民事诉讼所解决的是私法领域的纠纷而不是国与国之间的关系，所以也不能完全纳入国际公法的作用范围。因此民事诉讼法必须自己解决自己的问题，这也是国际民事诉讼法学之所以形成一个相对独立的法学领域的原因。

2.跨国远程审判的产生及其实践

就远程审判来看，由于内国的法律系统不得不将视野扩张到域外，这种基于互联网络的程序运作也必然会将涉外案件纳入其作用范围。如果涉外因素中的当事人和证人位于境外，则他们在境外通过信息网络技术远程参加的程序运作，就必然具有跨越国界的性质。这样的一种审判样态，笔者称之为跨国远程审判，也即人民法院对自己拥有管辖权的涉外案件，通过信息网络技术对位于境内和境外的当事人进行在线送达，开庭审理的时候，位于境外的证人和当事人也不必实际到达法院所在地的物理性质的法庭空间，而是通过信息网络技术，在其境外的所在地直接参加庭审和出庭作证。事实上，我国的远程审判从其起源上就与涉外案件相关，我们甚至可以说，起源于基层法院实践探索的远程审判，在很大程度上就是为了化解当事人跨国参加民事诉讼所遭遇的空间阻隔而产生，因此在初始样态上就体现为跨国远程审判。例如，目前我们所能了解到的国内较早探索远程审判的案例，除了 2006 年 4 月福建沙县法院高桥法庭通过 QQ 软件所审理的跨省案件外，[1]就是浙江青田法院于 2007 年 1 月通过 QQ 软件审理的一起跨国涉侨房屋纠纷案件（原告在西班牙通过 QQ 软件以双向视频方式参加了庭审）[2]和苏州工业园区法院于 2007 年 2 月运用 MSN 软件采用双向视频方式审理的一起涉外离婚诉讼（被告在澳大利亚通过网络视频参加了庭审）[3]。这后两起案件，都是跨国远程审判的实践。之后，其他地方法院也

---

[1] http://www.jcrb.com/n1/jcrb1221/ca584816.htm，最后访问时间：2020 年 2 月 7 日。

[2] http://news.zj.com/zhejiang/swmtkzj/2007-01-10/733339.html，最后访问时间：2020 年 2 月 7 日。

[3] http://news.sina.com.cn/s/2007-02-17/023511260823s.shtml，最后访问时间：2020 年 2 月 7 日。

陆陆续续进行了跨国远程审判的实践。例如2018年上海知识产权法院曾通过远程视频技术召开庭前会议，其中一方当事人在韩国参加了诉讼程序。[1] 直到最近，在新冠疫情暴发期间，法院系统为应对疫情防控所进行的远程审判中，被重点宣传的也是跨国远程审判的案例，如嘉兴法院所进行的当事人一方在德国通过信息网络技术登录“移动微法院”参加诉讼的案例。[2] 实践中发生的跨国远程审判，一般情况下是一方当事人在境内，另外一方当事人在境外。在境外参加庭审的当事人如果是复数的当事人，则既可能是在同一个国家境内，也可能不在同一个国家境内。他们经过相应的身份核实，直接在境外参加庭审（关于在境外远程参加庭审的程序参与者的身份核实问题，是一个技术性的问题，本文暂不对这一问题展开探讨）。例如笔者曾经在浙江青田法院旁听的一起案件就是这样，被告位于我国境内，直接和诉讼代理人到法院参加庭审，而两位原告则分别在西班牙和意大利境内，通过远程双向视听技术参加了庭审（原告位于青田县的亲戚们也来到法院，旁听了案件庭审）。

四、对跨国远程审判的程序正当性追问

1.对跨国远程审判的程序正当性追问

迄今为止，传统国际民事诉讼法学尚未将跨国远程审判纳入其所研究的问题范围，传统国际民事诉讼法既有的基本理论和基本制度也不能解决跨国远程审判所带来的新问题。例如，国际民事诉讼法的传统理论认为，主权国家通常会相互尊重对方程序法在对方法域内的效力。若要使这种内国程序法的运作效力及于外国，则需要国家之间的认可与协助，这种认可与协助可能需要双方之间签署司法协助协议，或者存在互惠关系。而且即使存在相互协助与互惠的关系，也需要对方国家程序法的运作及其运作结果不

[1] https://www.sohu.com/a/274327534_205169，最后访问时间：2020年4月20日。

[2] https://www.thepaper.cn/newsDetail_forward_6768894，最后访问时间：2020年4月20日。

违背接受请求国的公共政策，如我国所主张的主权、安全与社会公共利益等。[1] 但是在远程跨国审判的情形下，当事人和证人在域外参加内国的庭审，实际上并不需要所在国的协助。然而此种程序运作在性质上，是否可认为其效力已经及于域外？或者更具体一点来说，是内国的司法权经由此种程序运作扩张至域外，还是内国的司法权并未扩张至域外，仅是域外的程序参与者通过信息网络系统参加到内国的庭审中来？此一问题在理论上迄今尚无明确的具有说服力的答案。然而这样的问题如果得不到解决，跨国远程审判这一程序运作样态的正当性迟早会面临质疑，而这种程序运作于事实上已经在域外所产生的效力也有着招致否定评价的可能。这也是本文将跨国远程审判作为考察对象的原因。

2.对程序正当性追问的进一步阐释

对跨国远程审判的程序正当性追问，一方面源自其跨国的特征，另一方面源自其远程的特征。就跨国这一特征来说，我们在这里所要考察的，并不是案件实体法律关系具有跨国的特征，而是程序展开时的诉讼行为具有跨国的特征。就诉讼行为的跨国性来看，传统国际民事诉讼已经涉及。在传统国际民事诉讼领域，内国法院能否对具有涉外因素的案件进行审判，乃是属于国际民事管辖权冲突问题，在这个问题上已经有着成熟的理论和制度，也就是说，从理论上来看，国际民事管辖权冲突已经不是一个问题，至少不是一个理论难题。内国法院审理国际民商事案件时，涉及的域外送达、域外取证乃至域外执行等，也都已经是传统国际民事诉讼法学所讨论过的问题，不仅在理论上，在制度上也都有了很多建构，除了各国国内的法律规定外，还有一些国际司法协助方面的制度安排。但是，远程审判之跨国性与传统国际民事诉讼之跨国性，在表现形式上有着重大区别。一是在送达方面，借助信息网络技术所进行的送达，既保持了送达通知所具有的“文件”形式，也不需要送达地国家通过任何诉讼行为进行协助；二是在证人出庭作证方面，位于域外的证人无须所在国协助即可通过信息网络技术收到出庭通知，也

[1] 我国《民事诉讼法》第 282 条规定：人民法院对申请或者请求承认和执行的外国法院作出的发生法律效力的判决、裁定，依照中华人民共和国缔结或者参加的国际条约，或者按照互惠原则进行审查后，认为不违反中华人民共和国法律的基本原则或者国家主权、安全、社会公共利益的，裁定承认其效力，需要执行的，发出执行令，依照本法的有关规定执行。违反中华人民共和国法律的基本原则或者国家主权、安全、社会公共利益的，不予承认和执行。

无须跨越国界千里迢迢来到法院所在地即可通过信息网络技术参加庭审；三是在当事人出庭参加诉讼方面，当事人无须所在国协助即可收到出庭传票，也无须跨越国界来到法院所在地即可通过信息网络技术参加庭审。换言之，所有的诉讼行为都是由法院和相关程序参与者来完成的，无须域外国家有积极的具有诉讼性质的行为予以协助。这里就产生了一个问题，就是这些诉讼行为所产生的效力，是基于法院所在地国家的程序法律而产生，还是基于或者同时基于当事人和证人所在国的法律规范而产生？

首先，在传统国际民事诉讼领域，域外送达需要目的地国的司法协助，多数的观点认为送达这一诉讼行为的效力乃是基于诉讼行为地也就是送达地国家的法律而产生。然而在跨国远程审判中，当事人和证人接收送达无须送达地国家进行协助，而是直接通过信息网络技术收到受案法院发出的文件。那么这种所谓的在线送达或者电子送达的诉讼行为，是发生在目的地国家还是法院所在地国家？其效力是基于目的地国家的法律还是法院地国家的法律产生？这个问题必须得到一个明确的答案，否则送达的效力，进而法院裁判的效力是否应当以及是否能够得到目的地国家的承认，就是一个在法律上和现实中都不确定的问题。其次，在传统国际民事诉讼中，证人和当事人都是亲自到达法院所在地，在法院内具有物理性质的法庭中进行诉讼行为，接受审判。因此当事人的诉讼行为和证人作证的行为，以及法院裁判的行为，依“场所决定行为”的一般理论，当然是依法院地国家的诉讼法而产生效力。但是在跨国远程审判中，证人和当事人都是在域外直接通过信息网络技术参加庭审，这里就产生了一个令人困惑的问题，也就是证人作证的行为和当事人进行诉讼的行为，到底是发生在法院所在地，还是发生在他们进行诉讼行为时的现实所在地？如果认为是发生在法院所在地，那当然是依法院地的程序法发生效力；如果认为是发生在当事人和证人参加诉讼时现实的所在地，那么他们所进行的诉讼行为的效力很可能还要接受所在地法院的评价。后者还会产生另外两个问题：一方面，如果认为当事人和证人所进行的诉讼行为在效力上须接受他们现实的所在地法律评价，那么就意味着法院在审理案件的时候实质上适用了外国的程序法，而这和传统国际民事诉讼中认为诉讼程序法应适用法院地法的一般认识相悖；另一方面，如果认为当事人和证人的诉讼行为发生在他们的现实所在地国家，那么是不是意味着审理案件的法院的审判权进而法院所在地国家的司法权延伸到了域外，在当事人和证人现实所在地国家发生了效力？这是一个涉及司法主权的问题,因此必须予以澄清。最后,跨国远程审判的一切问题都源自它的远程性。如果这种通过信息网络技术所进行的远程的程序运作在本体论的意义上被证明是具有实质正当性的,那么其他的问题都好解决,因为对于具有实质正当性的东西,人们没有理由拒绝,民事主体没有理由拒绝,作为司法主权之行使者的国家也没有理由拒绝。因为我们所探讨的上述问题,虽然是国际民事诉讼法上的问题,是不同国家诉讼法之间的问题,但实际上仍然是一个诉讼程序的合法性问题,是形式正当性问题,而诉讼程序之形式正当性不应当对抗诉讼程序之实质正当性(关于诉讼程序的形式正当性与实质正当性问题,笔者还会在后面进一步展开)。

以上三个层面的问题,就是跨国远程审判所面临的程序正当性追问。笔者在后面的讨论,就围绕三个问题展开。

五、跨国远程审判之程序正当性的问题归属

1.国际民事诉讼法上适用程序法律的一般立场

在传统国际民事诉讼领域,关于诉讼程序法的适用问题,与民事私法的适用问题存在根本区别,通常的观点认为应当适用法院地法。至于为什么应当适用法院地的程序法,理论上有不同的解释。目前有关诉讼程序法的适用,大致有四种观点,这四种观点主要的都指向法院地法。第一种观点认为,在诉讼程序领域适用法院地法乃是一种普遍的原则,在诉讼法中就不存在私法领域的冲突规范问题。这一观点源自公法与私法的二元划分,认为民事诉讼法律关系属于公法领域,民事实体法律关系属于私法领域。二者性质不同,在前者,外国诉讼法的适用已经被预先排除,因此也不存在私法领域所存在的冲突规范问题,即使存在冲突规范,也是单边冲突规范。这一观点建立在公法与私法划分的基础上,在其本质上是认为公法更多地涉及一个国家的公共政策问题,而基于公共政策的理由排除外国法的适用,是各国都承认的一条原则,因此在诉讼法领域一般应排除其他国家诉讼法在本国的适用。第二种观点认为,在诉讼领域不适用外国的程序法,而适用法院地法,主要是基于“有效”和“方便”。因为在内国进行的诉讼程序中,外国法往往不能被有效地适用,基于诉讼的方便也应当适用法院地法。这一观点中的大部分具体主张,仍然是从诉讼法是公法这一立场出发,认为如果适用了外国的诉讼法,法官就会成为外国法的代言人;也有人从“场所支配行为”

这一原则出发，认为法院在审理案件的时候应当适用法院地法，这也是为了诉讼上的方便。第三种观点将相关问题区分为程序方面的问题和判决方面的问题，前者是纯粹诉讼程序的问题，后者带有一定的实体性质，如当事人能力、诉因和证明责任等，认为在纯粹程序问题上，应当适用法院地法；而在判决问题上，则应适用有关实体法律关系的准据法（例如在某些问题上，如当事人的能力、诉讼标的的确定和证明责任的分配方面，确实需要根据争议所涉实体上的准据法来决定，如此就有可能需要适用外国的实体法律）。但是，实践中各国的立场并不完全一致，有的国家认为即使是与实体相关的诉讼问题，也应当适用法院地法。第四种观点则采最密切联系原则，认为在民事诉讼中，应适用与诉讼程序、诉讼行为和诉讼法律关系最密切的法律。这一观点在多数情况下所指向的其实也是法院地法。例如，在判决的合法性、法律矫正的方法、执行、保全、速裁、诉讼代理、传讯等方面，都应当适用法院地法。基于公共政策等考虑，一般也应当适用法院地法。[1] 因为程序法的规范构造往往与一个国家的司法制度密切相关，而司法制度往往又与政治制度关系密切，其中所涉及的很多问题都属于公共政策领域，因此很难要求受理案件的法院适用他国程序法来审理案件。根据以上分析，我们可以得出一个结论，就是在诉讼程序的法律适用上，各种立场的差别仅仅存在于论证依据上，这些理论在结论上基本是一致的，就是在多数情况下，尤其是在纯粹程序问题上，应当适用法院地法。

2.跨国远程审判之程序正当性的问题归属

根据以上分析，我们在考察我国实践中的跨国远程审判这种不涉及实体问题的纯粹诉讼程序上的运作正当性的时候，就无须考虑其他国家的程序法规范及其评价标准，而是将目光转向国内，主要从我国程序法的制度与理论上来进行分析和评价。换言之，跨国远程审判的程序正当性问题，主要是一个内国法上的问题。这样一来，我们对我国司法实践中所进行的跨国远程审判的程序正当性问题所进行的讨论，就主要应当在我国民事诉讼法的制度与理论下展开。但是，我们所考察的通过信息网络技术所进行的跨国远程审判，在内涵上包括在线跨国送达、证人在线跨国远程作证和当事人在线跨国远程听审三个方面的问题，如果这三个问题都是内国法上的问题，

---

[1] 关于诉讼程序的法律适用问题，参考李双元等：《国际民事诉讼法概论》，武汉大学出版社2016年版，第60～76页。

我们当然可以将目光完全转回我国民事诉讼法上的制度和理论来寻找评价其正当性的依据。问题是,在传统国际民事诉讼法上,当事人听审和证人出庭作证是在受理案件的法院所在地进行的,因此当然适用法院地法,而送达这种诉讼行为,则始于法院而终于接受送达者,其在行动上延伸到了域外,因此在效力上可能也必须接受域外法律的评价。如果域外国家不认可我们通过信息网络技术所进行的跨国远程送达的程序效力,那么我们所进行的跨国远程审判的程序正当性,在整体上就将遭到域外国家的质疑。因为送达在诉讼程序中具有极其重要的意义,通常而言,当事人只有获得了有效的送达,才能有参与程序和表达意见的机会,所以送达具有保障当事人诉权的重要意义。对于证人出庭作证也是一样,只有依法送达了通知,证人才能出庭作证,而证人出庭作证是对人证这一证据方法的基本要求。就此而言,合法而有效的送达乃是诉讼程序之正当性的重要体现之一。与此相应,在国际民事诉讼中,一般认为,只有依据法律规定完成了送达程序,法院才能对案件产生司法审判权。[1]

这里所产生的问题是,所谓依据法律规定完成送达,这里所依据的法律规定,应是审理案件的法院地国的法律规定,还是送达目的地国的法律规定?国际民事诉讼中各国的立场存在分歧。通常来说,在传统国际民事诉讼中,向域外当事人送达往往需要域外国家的协助。这种协助,不仅仅是承认该种诉讼法上之行为的效力,也要在行动上协助审理案件的国家来完成其送达和取证的行为。而域外国家在进行协助的时候,首先是依据本国诉讼法的规定来进行的。根据最密切联系原则,学理一般也认为域外送达应当适用诉讼行为发生地的法律,也就是提供司法协助进行送达的国家的法律。[2] 但是也有国家有不同立场,如根据《匈牙利民事诉讼法》第 100 条的规定,如果作为个人的当事人居住在不能提供司法协助的国家,匈牙利法院也可以对其进行有效的送达。[3] 换言之,这个时候,送达的效力是依据法院地法而产生的。这就意味着,关于送达的效力问题,既可能是依送达地现行成文法的规定来确定,也有可能是依法院地现行的法律规定。目前,域外许多国家已经认可了通过信息网络技术所进行的送达行为的效力,我国有

[1] 李双元等:《国际民事诉讼法概论》,武汉大学出版社 2016 年版,第 412 页。

[2] 李双元等:《国际民事诉讼法概论》,武汉大学出版社 2016 年版,第 74 页。

[3] 李双元等:《国际民事诉讼法概论》,武汉大学出版社 2016 年版,第 413 页。

关立法与司法解释也有关于通过信息网络技术进行送达的规定。因此,在我国通过信息网络技术向位于这些国家境内的当事人进行送达的时候,送达行为的效力不会成为一个问题。现在的问题是,当我国向那些尚未明确认可通过信息网络技术进行送达的国家进行此种送达的时候,对此种送达效力及其程序正当性应如何评价?匈牙利的做法可以为我们提供启发。就是当我国和域外当事人或者证人所在国都没有相反规定时,我国法院直接对域外当事人或者证人所进行的送达,如果不与送达地国的公共政策相冲突,没有被送达地国明确拒绝其效力,那么我们仅需要从我国民事诉讼法的制度和理论上证成其正当性就可以了。如此,关于利用信息网络技术所进行的跨国在线送达的程序正当性问题,也就转换成了我国民事诉讼法上的问题。当然,未来如果各国就通过信息网络技术进行域外送达形成有关的国际司法协助协议,那么此类协议也会成为我们评价此种送达方式之程序正当性及其效力的依据,不过至少到目前,笔者尚未发现我国所签署的双边或者多边司法协助协议中有涉及此种送达方式的规定。此种情况下,有关通过信息网络技术进行跨国远程送达的程序正当性问题,仍然是一个法院地法上的问题。

基于以上分析,本文对跨国远程审判之程序正当性的讨论,将主要在我国民事诉讼程序制度与理论的基础上展开。

六、跨国远程审判之程序正当性的价值建构

1.对程序正当性的概念界定

程序正当性是一个非常复杂的多义概念,这是因为正当性本身就是一个复杂的多义概念。而正当性概念之所以复杂多义,又是因为它是一个价值领域问题,而价值领域的判断不可避免地会带有判断者的主观性。因为每个人都有自己对于正当性的理解,所以对于某一事物是否正当也有着自己的判断。也许在共同的交往背景下个体之间对正当性的认知具有一定程度的抽象意义上的共同性,但是由于个体的具体生活经历不可能完全相同,因此这种抽象意义上的共同性一旦落实在对具体事物的判断上,就无论如何也不可能完全避免判断者个体所带有的主观性。基于这样一种认识,本文不对程序正当性这一概念极其复杂的意义内涵展开专门的讨论,而是从常识这样一种主要源于经验认知却内含着主体理性判断的认识论出发,将

正当性界定为可接受性，进而将程序的正当性界定为程序的可接受性。笔者之所以将程序的正当性界定为程序的可接受性，乃是因为通常而言，不管人们对正当性的理解存在多大分歧，他对自己所接受的程序，总是认可其正当性或者至少是在一定程度上认可其正当性的。否则他也不会接受这样的一种程序。在此前提下，笔者将诉讼程序的正当性进一步划分为形式正当性与实质正当性两个阶次。并首先将诉讼程序的形式正当性界定为合法性，而将诉讼程序的实质正当性界定为合目的性。所谓合法性，是指符合建制化的或者说实证意义上的程序法的规定；所谓合目的性，是指符合民事诉讼的一般目的。

之所以将诉讼程序的形式正当性界定为合法性，乃是因为在民主的立法体制下，依照立法程序所生产出的法律规范，在法理上可以追溯到国民的自主意志，是国民自主选择的规范，因此是具备了可接受性的。而之所以将诉讼程序的实质正当性界定为符合民事诉讼的一般目的，乃是因为常识经常提醒我们，虽然实证的程序法在多数情况下可能最能够达到其目的，但有时候确实会发生这样的情况，就是实证的程序法未必最能够达到诉讼所追求的目的，而能够达到目的的行动却可能不在实证的程序法的规范语词的意义边界之内。此种情况下，我们可能需要摆脱实证的程序法的规范语词对我们思维的限制，而去思考最能够实现诉讼目的的程序所应当呈现的样态。事实上，即使是建制化的实证的程序法，其最为理想的规范构造，也应当是最能够实现诉讼目的的构造。当然，在谈到诉讼目的时，我们必须承认，不同的程序参与者在民事诉讼中可能怀着不同的具体目的。但是，诉讼程序所要追求的乃是国家为民事诉讼制度所设定的最为直接也最为一般的目的。那么，民事诉讼的这个最为直接也最为一般的目的是什么？我们知道，民事诉讼采不告不理原则，若没有当事人将纷争提交到法院，民事诉讼程序也就无法启动，更谈不上是否要进行远程审判乃至跨越国界的远程审判。因此，解决纷争才是当事人请求启动民事诉讼的首要目的，也是国家设置民事诉讼制度的首要目的。也许当事人对启动民事诉讼程序还怀有其他的具体目的，国家也可能为民事诉讼制度设定了其他的最终目的，如保障私权、维护司法秩序、对当事人进行程序保障、保护当事人的程序利益与实体

利益等等，[1]但是这些目的的实现也必须以纷争的解决为其基本的和一般的前提。试问，如果一个诉讼程序连纷争都解决不了，还谈什么实现其他目的呢？因此，符合实质正当性的诉讼程序，应当首先是最有助于纷争解决的程序。当然，我们对纷争获得解决可能存在多种理解。笔者认为，只有最大限度地促进程序参与者之间达成理解与共识，并使纠纷在这种理解与共识的基础上得到解决，才最符合诉讼的一般目的。换言之，具备实质正当性的诉讼程序乃是最能够促进程序参与者之间通过言语交往而达成理解与共识，并在理解与共识的基础上生产出最具有可接受性的纷争解决方案的程序。

关于以上定义，这里有必要进一步说明。诉讼程序是和平解决纷争的程序，其所谓和平，主要体现为是通过言语交往而不是暴力相向来解决纷争，因此诉讼活动在本质上乃是一种言语交往行为。而笔者之所以强调具备实质正当性的民事诉讼程序应在理解与共识的基础上生产出纷争解决方案，乃是因为民事诉讼对纷争的解决可以有不同的方式，可以是在当事人发自内心地接受的基础上解决纷争，也可以是不顾当事人的意愿而强制性地解决纠纷，但是最彻底也最为正当的解决纷争的方案，应当是在理解与共识的基础上达成的最具有可接受性的解决方案，只有这样的解决程序和这样的解决方案，才能够最大限度地吸收当事人的不满情绪，从而在最为彻底的意义上化解纷争。如果当事人在内心不接受这样的方案，这种方案可能得不到自动履行，在强制执行方面也会遭遇各种阻碍，实现方案的成本很高；即使实现了，当事人的不满情绪仍然没有消除，纷争在实质上并没有解决，而只是以其他的方式继续存在，这些其他的方式，包括申请再审、申请检察机关监督以及上访甚至其他更极端的方式等。因此，一个具备实质正当性的民事诉讼程序，至少应当把促进程序参与者之间的理解与共识并在共识的基础上形成裁判作为其所追求的理想，并在这一理想的引导下建构其具体的程序规则。这样的一种程序，即使通过充分的言语交往仍然未能在法定期间达成完全意义上的共识，最后仍然不得不依赖于法官的强制性判决而解决纷争，但至少也给予了当事人充分表达意见的机会，并为裁判提供了最为充分的说理基础，因此程序运作本身和程序运作结果，都具有了最大限

[1] 段厚省：《民事诉讼目的：理论、立法与实践的背离》，载《上海交通大学学报（哲学社会科学版）》2007 年第 4 期。

度的可接受性。最后需要说明的是，笔者之所以将理解与共识的范围局限在诉讼程序的参与者之间，首先是因为民事诉讼所要解决的纷争，是参与程序的当事人之间的纷争，当事人之间达成理解与共识了，纷争实际上就能够解决了。就此而言，诉讼程序为解决纷争所追求的理解与共识，不必是社会一般层面的理解与共识。但民事诉讼程序是司法程序，它所生产出的纷争解决方案，应当是符合法的规则与理念的方案，而不能是违背法的规则与理念的方案。在诉讼程序中，法官是法的规则与价值理念的代表，因此所谓理解与共识不能仅仅局限于当事人之间，而必须是包括当事人和法官在内的程序参与者之间的理解与共识。在这一意义上的理解与共识之基础上作出的裁判，才是法的体现，具有法的性质；也使得司法裁判在处理个案纷争的同时，内含了法的一般意志。

以上是就本文对诉讼程序之形式正当性与实质正当性的界定所作的说明。那么，符合形式正当性与实质正当性的诉讼程序，在构造上应当是一种什么样的程序呢？

2.对诉讼程序形式正当性的价值建构

就诉讼程序的形式正当性来说，我们需要分析的是所谓合法性所合之“法”为何。从国际民事诉讼法的视角观察，被域外国家所承认的内国的法律，至少应当是内国法的体系中被认为是“法”的规范。从我国目前的法体系来看，我国所谓的“法”，当然应当是《中华人民共和国立法法》（以下简称《立法法》）中所说的“法”。根据《立法法》的规定，我国的法包括法律、行政法规、地方法规、自治条例和单行条例以及规章。对于最高人民法院、最高人民检察院的解释，根据《立法法》第 145 条的规定：“最高人民法院、最高人民检察院作出的属于审判、检察工作中具体应用法律的解释，应当主要针对具体的法律条文，并符合立法的目的、原则和原意。遇有本法第四十五条第二款规定情况的，应当向全国人民代表大会常务委员会提出法律解释的要求或者提出制定、修改有关法律的议案。最高人民法院、最高人民检察院作出的属于审判、检察工作中具体应用法律的解释，应当自公布之日起三十日内报全国人民代表大会常务委员会备案。最高人民法院、最高人民检察院以外的审判机关和检察机关，不得作出具体应用法律的解释。”换言之，最高人民法院、最高人民检察院的司法解释在效力层级上和性质上，都不是法律，但是因为是立法机关所认可的对法律的解释，所以其在效力上等同于法。也就是说，适用最高人民法院、最高人民检察院的司法解释，相当于在适用它们所解释的法律规范。此外,通常而言,行政法规是就行政管理事项所作的规定,不属于诉讼程序法。至于地方法规,则应具体分析,其中有可能存在具有程序法性质的规定,如目前有的省级人大所颁布的关于公益诉讼的规定,其中就有涉及诉讼程序的规范,这些规范,应当也属于诉讼程序法的规范。最后,按照《立法法》的规定,最高人民法院、最高人民检察院之外的审判机关和检察机关是不得作出司法解释的,因此一些地方法院所制定的"规程"之类的有关诉讼程序的规范性文件,不是对法律的解释,不具有法的效力。但是,如果全国人大授权最高人民法院在若干地方法院进行诉讼程序的改革试点,这些经立法机关授权的改革文件中又进一步授权地方法院制定更为具体的实施办法或者操作规程,那么这些实施办法或者操作规程,因为可以追溯到立法机关的授权,所以也应当具有法律性质和相应的效力。综上分析,我们在考察诉讼程序之形式正当性时,应以是否符合我国《立法法》所认可的程序法规范的要求,作为其衡量标准。

3.对诉讼程序实质正当性的价值建构

就诉讼程序的实质正当性来说,我们所要分析的是何种构造的程序,才最能够促进当事人通过言语交往达成理解与共识,并使裁判在理解与共识的基础上作出。关于这一点,哈贝马斯的交往行为理论可以给我们提供启发,这一理论甚至可以为我们建构具有实质正当性的诉讼程序提供一个基本的理论框架。交往行为理论认为,语言须具有一定的抽象性,方能承担起人与人之间进行交流的功能。具体来说,说者和听者所使用的语言必须是双方都能够理解的,言语交往才能展开。如此一来,语词和语句就必须超越言说者和听者各自的具体生活经历,而具有一个大家都认可的一般意义,言语交往才能够展开。但是,因为每个主体都有着不同的生活经历,因此在具体的交谈情景中,言语交往者之间对于对方所使用的语词具体意指为何,可能在理解上仍然会存在分歧。也就是说,语词的一般意义与交往的具体情形之间,常常存在张力。由此,在由言语交往所整合的生活世界中,异议无处不在。而异议的存在势必会阻碍人们采取共同行动或者采取相互协作的行动,甚至反过来导致人们相互之间阻碍对方的行动,从而使语言整合社会的功能减损乃至失灵。为解决此一问题,哈贝马斯提出了交往行为理论,目的在于推动言语交往者之间的理解,推动言语交往者在理解的基础上消除异议,达成共识。哈贝马斯认为,要使言语交往者之间能够达成理解与共识,就必须为不同主体之间的言语交往设定某种理想言谈情境。哈贝马斯从语用学的角度提出了言语交往的有效性要件，并围绕着这些有效性要件来建构他所说的理想言谈情境。首先，哈贝马斯认为，言语行为有效性主张或者交往的条件包括结构性的和关系性的两种基本类型，前者是指表述必须符合语法，也就是按照被认同的语言规则来建构，以使言说者的表达能够被听者理解；后者是指言语交往行为必须是发生在特定的现实情境中，而处于特定现实情境中的言语所具有的特殊功能可以归为三种，分别是陈述事实、表达自我和确立合法的人际关系。这三种特殊功能分别对应着言语行为的三个有效性要件：真实性、真诚性和正当性。[1] 这样一来，以达成理解为目的的言语交往行为，就必须具备四个有效性要件，分别是表达的可理解性、陈述的真实性、表达的真诚性与言语行为的正当性。通俗来说，首先，通过言语所进行的交往行为，需要言说者使用的语言具有可理解性；其次，言说者在陈述事实的时候，其陈述应具有真实性；再次，言说者在表达意愿的时候，其表达应具有真诚性；最后，言说者的言说行为本身要具有正当性，比如说不能用违法的方式来进行言语交往。哈贝马斯认为，后三个有效性要件同时隐含在言语交往之中，但是某一次言说只能有一种有效性被“主题化”，也就是得到明确援引。[2] 比如在陈述事实的时候，真实性要求就是其主要的有效性要件，在表达意愿的时候，真诚性要求就是其主要的有效性要件；在主体之间互相进行言语交往的时候，正当性要件就是其针对其交往方式的主要的有效性要件，如在论辩的时候，言说者的言说行为必须遵守论辩的规则。

以上是对交往行为理论的大致描述。我们可以发现，交往行为理论与民事诉讼所追求的一般目的是相同的，就是化解纷争/异议；所追求的效果也是相同的，就是推动当事人之间的理解与共识，在理解与共识的基础上化解纷争。由此我们可以发现，交往行为理论为化解异议所建构的路径，对于我们建构诉讼程序的实质正当性标准，有着极具现实意义的借鉴价值。正如笔者之前所指出的，诉讼活动本质上乃是一种言语交往行为，因此要达到化解争议的目的，也须遵守言语行为的有效性要件。根据前述哈贝马斯的观点，言语行为的有效性要件有四个，除了第一个是通用要件外，其他三个

---

[1] [德]尤尔根·哈贝马斯：《交往行为理论》(第 1 卷)，曹卫东译，上海人民出版社 2018 年版，第 65 页；[美]莱斯利·A. 豪：《哈贝马斯》，陈志刚等译，中华书局 2014 年版，第 31～33 页。

[2] [美]莱斯利·A. 豪：《哈贝马斯》，陈志刚等译，中华书局 2014 年版，第 32 页。

有效性要件在不同的言语交往中具有不同程度的重要性。基于此,我们有必要对诉讼中的言语交往行为进一步考察,以确定与其对应的有效性要件。前已指出,诉讼是法律世界的主体为了化解争议而展开的言语交往行动。因此,诉讼中所使用的语言,更具有法律语言的特征。尤其作为兼任诉讼程序之参与者与主持者的法官,其在参与论辩和指挥程序时所使用的语言更加具有法律上的专门性。这种法律上的专门性特征,对言语交往之可理解性具有相当要求,因此在整个诉讼程序中,都应当强调表达的可理解性这个有效性要件。其次,诉讼是通过将特定的法律规范适用于特定事实来化解争议,因此在诉讼过程中,事实陈述居于重要地位。在涉及事实陈述时,如在法庭调查阶段,陈述的真实性就是最为重要的有效性要件。再次,诉讼所要解决的乃是当事人之间法律上的权利义务关系问题,当事人在对法律上的权利义务问题表达立场和意愿时,应满足真诚性的要求。最后,诉讼乃是依据法律规定的程序解决纷争的过程,因此程序参与者的言语行为应当合法。在合法性要求之外,程序参与者的言语行为也不应违背公序良俗。合法性要求加上不违公序良俗的要求,即是对程序参与者之言语行为的正当性要求。而且,与表达的可理解性一样,言语行为的正当性要求也是贯穿诉讼始终的要件。综上所述,在诉讼活动中,表达的可理解性与言语行为的正当性乃是贯穿始终的有效性要件,而陈述的真实性与表达的真诚性这两个要件则分别对应着事实陈述与法律观点表达这两种言语行为。[1] 由此,沿着本文之前所确定的论证逻辑,我们大致可以得出这样一种结论,即使程序参与者之言语交往行为符合交往行为有效性要件的诉讼程序,就是具备实质正当性的诉讼程序。具体而言,某一种诉讼程序,若是能够确保程序参与者之表达的可理解性与言语行为的正当性贯穿始终,且使程序参与者陈述事实的时候符合真实性要求、在表达法律观点的时候符合真诚性要求,那么这个诉讼程序就是符合实质正当性要求的。

---

〔1〕 本文关于诉讼程序实质正当性的观点,之前在拙文《远程审判的程序正当性考察》(载《政法论丛》2020年第2期)中已有阐述。笔者在该文中将其称为"诉讼程序的纯粹正当性",是因为笔者认为诉讼程序的实质正当性还应包括历史正当性和实践正当性在内。本文为了将笔墨集中于跨国远程审判的程序正当性问题,不再对诉讼程序的历史正当性与实践正当性进行专门分析,而将该文所说的诉讼程序的纯粹正当性直接称为诉讼程序的实质正当性。

七、跨国远程审判之程序正当性的价值审视

1.对跨国远程审判之形式正当性的价值审视

目前我国涉及远程审判的程序法律规范,大概有如下一些条文:第一层面的规范是《中华人民共和国民事诉讼法》(以下简称《民事诉讼法》)的规定。其中直接、间接涉及远程审判的内容包括第63条第1款第(5)项关于将电子数据列为证据方法的规定,第73条关于证人远程作证的规定,第87条关于电子送达的规定,以及第267条关于对位于域外的当事人进行电子送达的规定。第二层面的规范是《最高人民法院关于适用〈中华人民共和国民事诉讼法〉的解释》(以下简称《解释》)(法释〔2015〕5号)中的规定。这一《解释》是对《民事诉讼法》条文的解释,从性质上来说,其条文所表达的意义,乃是包含在民事诉讼法条文范围之内的意义。因此对此一《解释》的适用,在法律效力上等同于适用《民事诉讼法》的规定。《解释》中涉及远程审判的内容包括:第116条第2款对电子数据的规定,第135条和第136条对电子送达的规定,第261条对适用简易程序审理的案件送达方式的规定以及第259条对简易程序采用视听传输技术等方式开庭的规定。需要指出的是,第259条是直接规定远程审判的规范。第三层面的规范是《最高人民法院关于互联网法院审理案件若干问题的规定》(法释〔2018〕16号)和《人民法院在线诉讼规则》(法释〔2021〕12号)。前者全部内容都是有关远程审判的规定,但是其适用范围仅限于目前成立的三个互联网法院,包括杭州互联网法院、北京互联网法院和广州互联网法院,其他法院不得适用。该司法解释是根据《中国人民共和国民事诉讼法》和《中华人民共和国行政诉讼法》等法律制定,互联网法院在审理民事案件时适用其规定,在效力上等同于适用《民事诉讼法》的规定。后者之全部内容也是关于远程审判的规定,其所适用的案件范围是"(一)民事、行政诉讼案件;(二)刑事速裁程序案件,减刑、假释案件,以及因其他特殊原因不宜线下审理的刑事案件;(三)民事特别程序、督促程序、破产程序和非诉执行审查案件;(四)民事、行政执行案件和刑事附带民事诉讼执行案件;(五)其他适宜采取在线方式审理的案件。"此一《规则》是根据三大诉讼法制定,在适用上,效力亦等同于三大诉讼法。第四层面的规范是最高人民法院出台的《民事诉讼程序繁简分流改革试点实施办法》(以下简称《实施办法》)中的规定。《实施办法》是根据全国人大常委

会出台的《关于授权最高人民法院在部分地区开展民事诉讼程序繁简分流改革试点工作的决定》(人大常委会字〔2019〕42 号)和最高人民法院出台的《民事诉讼程序繁简分流改革试点方案》(法〔2020〕10 号)出台的具体实施办法,在效力上可以上溯至立法机关的授权,可以看作是立法机关的授权立法。这一《实施办法》第六部分的标题是"优化电子诉讼规则",内容涉及电子送达、电子化提交诉讼材料和证据材料证据以及以在线视频方式开庭审理案件的一些规定。但《实施办法》仅适用于北京、上海市辖区内中级人民法院、基层人民法院,南京、苏州、杭州、宁波、合肥、福州、厦门、济南、郑州、洛阳、武汉、广州、深圳、成都、贵阳、昆明、西安、银川市中级人民法院及其辖区内基层人民法院,北京、上海、广州知识产权法院,上海金融法院,北京、杭州、广州互联网法院,以及铁路法院等。而且其时间效力仅限于《实施办法》印发之日起两年内。此外需要指出的是,《实施办法》第 28 条授权试点地区高级人民法院制定更为具体的实施方案和相关制度规定,这些经授权制定的方案和制度规定,也应当具有程序法规范的性质和效力。

根据笔者之前的分析,在国际民事诉讼法领域,我国的法院根据前述程序性规范所进行的跨国远程审判,包括通过信息网络技术所进行的域外送达、远程作证以及远程开庭,因为具备了我国法律的合法性要求,所以也具备了形式正当性要求。需要进一步说明的是,对于既不属于三家互联网法院,也不属于前述繁简分流改革试点单位的其他法院,在庭审中所进行的远程视频作证,可以我国《民事诉讼法》第 73 条作为依据;在进行远程审判的时候,可以法释〔2015〕5 号第 259 条作为依据。但是依据法释〔2015〕5 号第 259 条的规定,只能是在简易程序中,并且是在当事人同意的情况下,才可以采取跨国远程审判的方式。目前我国实践中法院对于跨国远程审判的探索,基本上就是以这一条文作为其合法性依据,而主要是在审理简易程序案件时进行探索。

2.对跨国远程审判之实质正当性的价值审视

根据本文之前的分析,那些因符合我国之内国程序法的规定而具备形式正当性的跨国远程审判的实践,在很大程度上已经具备了国际民事诉讼法领域所要求的程序正当性。基于这样的一种正当程序所生产出来的裁判,就应当属于国际民事诉讼法上的有效裁判,在内国和外国的法律上都应当被承认。本文之所以还要对跨国远程审判的实质正当性进行价值审视,乃是因为:一方面,即使对于那些具备内国程序法上合法性的跨国远程审判,有的国家可能也会基于其本国的法律原则或者公共政策的理由,而对其程序的正当性进行审查。因此跨国远程审判如果在具备形式正当性的同时还符合实质正当性的要求,那么它所生产出的裁判在效力上就会获得更为充分的支持。另一方面,如果某一跨国远程审判,并不具备形式正当性,但是却具备了实质正当性,那么它所生产出的裁判,在效力上是否也应当获得相应的承认?笔者之所以提出这样一个问题,乃是因为在我国的当下,“改革”一词已经成为一种强势话语,司法裁判领域似乎也患上了改革强迫症,而运用互联网技术进行远程审判的探索,恰是目下各级各地法院比较乐意选择的“改革”行动之一。当我们假设这些改革具有目的上的正当性时,比如降低诉讼成本、提高诉讼效率、增加诉讼便利性乃至更加充分地保障当事人诉权等,那些既不是互联网法院也不是试点法院的各级各地法院,在审理那些不适用简易程序的案件时,如适用普通程序审理案件时,或者审理非讼事件时,虽然没有相应程序法规范的支持,但是已经从事实上利用信息网络技术进行远程审判乃至跨国远程审判的探索与实践,如果这样的程序符合实质正当性的要求,那么它所生产出的裁判,在效力上也应该得到国际民事诉讼法上的认可。毕竟,在国际民事诉讼法上,对外国裁判效力的审查与承认,主要还是看作出裁判的诉讼程序是否具有实质正当性。实际上对域外裁判的形式正当性的审查,在根本上也是为实质正当性服务的,其基本的逻辑就是对于符合形式正当性的外国裁判,推定其具备实质正当性。反过来,如果某一裁判仅仅具备形式正当性而欠缺实质正当性,被请求国也有可能会以违背其本国的法律原则或者公共政策为由,而拒绝承认其效力。而对于欠缺形式正当性却具备实质正当性的诉讼程序,则可能因为其不违背被请求国的法律原则和公共政策,而在效力上获得被请求国的承认。根据以上分析,对跨国远程审判之实质正当性进行审视,有着一定的现实意义。

(1)关于跨国在线送达

笔者在之前的分析中已经指出,跨国远程审判所涉及的国际民事诉讼领域的问题,主要是通过信息网络技术所进行的跨国在线送达、证人远程在线作证和当事人远程在线听审。就送达而言,其主要的目的乃在于为当事人及时提供参与程序和表达意见的机会,以及告知裁判结果。如果在线送达方式能够更为便捷地达到这样的目的,而且无须被送达人所在国进行任何额外的协助即可达到送达的目的,那么相对于传统的送达方式来说,其在实质正当性上并无减损。实际上,国际民事诉讼法之所以将域外送达的方式及其效力作为一个问题来讨论,根本目的是在缺席审判的时候,通过已经对缺席当事人进行有效送达的事实,来证明已经为当事人提供了充分的参与程序和表达意见的机会,由此证明诉讼程序的正当性,并经由诉讼程序的正当性来证明裁判结果的正当性和有效性。从交往行为理论来说,是要证明已经给予当事人进行言语交往的充分机会,如果接受送达的当事人放弃表达意见,则意味着对言语交往的对方所表达的意见不持异议。就我国目前已经进行的跨国远程审判的实践来看,通过信息网络技术进行在线送达一般都取得了当事人的在先同意或者事后认可,而且到目前为止尚未发生过缺席审判的情形。根据目前的制度[1]与实践,即使未来可能出现缺席审判,也应该是当事人同意通过信息网络技术参加庭审,之后却不按时参加在线听审或者参加在线听审的过程中无故下线所导致,而不会因为送达的问题导致缺席审判。基于此,通过信息网络技术进行域外送达的实质正当性问题,到目前为止还不是一个实践上所遭遇的现实问题。这是其一。其二,实际上,在信息网络技术发达的今天,那些传统送达方式在功能与意义上已经发生了变迁,从过去确保当事人能够获得通知以及时和充分地行使其程序权利,转化为对诉讼程序乃至司法裁判之庄重性的体现,其在仪式上的意义已经超越实效的价值。跨国的在线电子送达较之传统送达更加便捷高效和低成本,就其为当事人提供及时而充分的参与诉讼程序、进行言语交往的机会而言,较之传统送达方式应更具实质正当性。

(2)关于证人跨国远程作证

就证人作证而言,其参与程序所进行的言语行为,主要是陈述事实。交往行为之理想情境对于事实陈述的要求是真实性。在传统审判方式中,证人到达具有物理性质的法庭空间,陈述事实,并接受当事人的质证和法官的询问。这样的一种作证行为,实质上是以语言表达来提供事实信息,证人的动作和表情只是辅助性信息,法庭笔录所记载的也主要是证人言辞表达的信息。在远程作证的情况下,证人的言辞表达其实并未受到太多影响,当事人质证和法官询问证人,也不会因为远程而遭受阻碍。程序参与者的言语

---

[1] 参见《规定》第14条互联网法院根据在线庭审特点,适用《中华人民共和国人民法院法庭规则》的有关规定。除经查明确属网络故障、设备损坏、电力中断或者不可抗力等原因外,当事人不按时参加在线庭审的,视为“拒不到庭”,庭审中擅自退出的,视为“中途退庭”,分别按照《民事诉讼法》《行政诉讼法》及相关司法解释的规定处理。

行为可以即时传递给对方,也可以即时获得对方回应。至于证人位于庄严肃穆的法庭之外,在一个比较自由散漫的空间进行言语表达,是否会影响其陈述的真实性,目前来看还很难得出一些倾向性的结论。我们可以说庄严肃穆的法庭环境会让证人感受到法律的威严,促使证人的陈述更真实;也可以说更加舒适自由的空间会让证人减少紧张,更加放松,发生陈述错误的可能性更小。而且对于那些心理素质好的证人,很难说外部环境会不会影响他的陈述真实性。基于此,远程作证较之现场作证,其在陈述的真实性上应该并无减损。而且,由于远程作证为证人作证提供了更加便捷的机会,也增加了证人出庭作证的意愿和机会,从而更有助于案件事实的发现。当然,可能有人会提出,证人在物理性质的法庭之外的空间作证,会不会更容易受到一方当事人或者第三人的影响和干预?这种担忧似乎有道理。但是,当事人和第三人若是想干预证人作证,在开庭之前有的是机会,这些机会并不会因为证人到物理性质的法庭作证而被减少。很多情况下,一方当事人的律师还会对本方的证人进行开庭前的模拟和培训。如果说当事人和律师在证人远程作证的过程中通过暗示的方式对证人进行干预,那么他们在线下开庭的时候也能够做到,而且无论是线上还是线下干预证人作证,应该都瞒不过法官们犀利的眼神。综上分析,我们很难得出结论说远程作证会降低证人证言的真实性;相反,远程作证的便捷性还增加了证人出庭作证的机会和可能性。此外,证人在心理上相对适应的空间作证,可能其心理紧张程度更低,陈述也因此更加理性自然,证言的真实性也有可能会更高。

(3)关于当事人跨国远程听审

就当事人远程听审来说,当事人的言语行为既包含事实陈述,也包含意志表达。在事实陈述方面,就如证人作证一样,仅仅是远程性这一特点,并不会使其陈述的真实性比传统线下庭审中的陈述更低。事实上,通过环境的神秘性或者威严性来保证当事人陈述的真实性,乃是古代社会的司法想象。在现代文明社会,环境本身的威严性并不会给当事人带来太多的心理暗示,他们所关心的只是自己的利益,即使说了假话也不会立即给自己带来肉体上的痛苦或者心理上的打击。从这一点来看,远程审判并没有降低当事人真实陈述的机会或者增加当事人虚假陈述的可能。因此无论是证人还是当事人,其在远程审判中陈述的真实性并不会比在物理性质的法庭空间里陈述的真实性更低。在表达的真诚性方面,目前也很难说。当事人在传统的法庭空间参加庭审和在线参加庭审,到底哪一种情形下在意志表达上

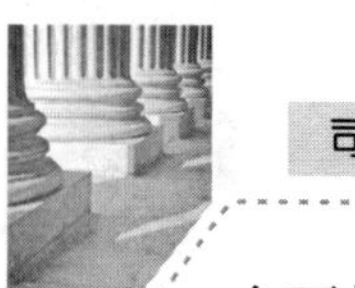

会更加真诚。事实上，在目前的认识能力下，无论是陈述的真实性还是表达的真诚性，靠的都是制度而不是技术。换言之，我们只能通过制度的设计，使故意作出不真实的陈述的证人和当事人，以及故意进行不真诚的表达的当事人，受到相应的惩罚，从而促使他们在进行陈述和表达的时候，在守法与违法之间进行利益衡量，最后进行守法的选择。综上分析，当事人远程在线参加听审，并没有明显降低其陈述的真实性和表达的真诚性。

(4)关于远程审判中的法官亲历性

最后需要补充探讨的一个问题是，也许有人会担忧远程审判会降低法官对于庭审的亲历性，进而影响法官裁判的公正性。所谓亲历性，乃是指法官亲自参加庭审，通过对直接言辞原则的遵行，直接与当事人面对面展开言语交往，来获得案件信息。之所以强调法官对庭审的亲历性，乃是因为在传统的司法想象中，法官没有亲历当事人之间的争议发生过程，只能通过庭审获得的信息来对案件事实进行推断。因此使法官获得最为充分的信息，是保证法官所推断的事实最接近案件真相的前提。基于这样的一种想象，我们在进行诉讼程序的设计时，强调要保证法官能够亲历庭审，使法官获得最为充分的案件信息，作出最接近真相(虽然这种真相本身可能也是一种司法想象)的判断。事实上，我们反对审委会决定案件的主要理由之一，也是审委会成员缺乏对案件审理的亲历性。在远程审判中，法官对庭审的亲历性有没有招致减损？这确实是一个需要探讨的问题。我们知道，远程审判是将传统审判方式中法官与当事人以及证人近距离的直接面对面的言语交往，通过信息网络技术的运用，而转化成程序参与者之间通过远程终端设备包括麦克风、听筒和显示器所进行的交往。通过这些终端设备，程序的参与者可以看到对方的表情、动作，也可以听到对方的言辞表达。虽然这样的一种言语交往方式可能会使我们感到不习惯，但是在程序参与者身份认证技术比较成熟的前提下，这样的一种言语交往方式对参与程序的法官获取案件信息所产生的不利影响是轻微的——在绝大多数情况下，这种不利影响仅仅是不习惯而已，法官可以获得的案件信息并没有因此而有明显减少。既然这样，那等习惯了就好了，就好像我们现在要和不在身边的朋友说话，拿起电话就可以说了，我们没有丝毫的不适应，而是感觉很自然，多数情况下我们在通话的时候都伴随着表情和动作，但是自己并没有某种很奇怪的感觉。基于此，我们可以得出这样的一种结论，就是远程审判其实并没有对法官审理案件的亲历性造成太大减损。

八、跨国远程审判之程序正当性的价值补强

我们所讨论的包括跨国远程审判和远程异步审判等利用信息网络技术所进行的远程审判的探索与实践，所引起的认识分歧，主要在于历史正当性与实践正当性之间的冲突。具体来说，既有的传统诉讼程序和审判方式，已经因时间的经过而被人们所接受，并因为时间的经过而不断强化其正当性，这样的一种正当性源于历史，因此我们可以称之为历史的正当性。而利用信息网络技术所进行的远程审判的探索，却是源于技术对当下社会生活的变革要求，以及法律系统在积案压力下对运作效率的要求，对不断降低诉讼成本和推动诉讼便捷化的现实要求。这样的一种现实要求为远程审判提供了一种实践上的正当性。而变革就是对历史现状的改变，因此推动远程审判之探索的实践正当性，必然与维持传统审判方式的历史正当性之间产生冲突。令人感慨的是，主张维持现状的历史正当性往往有着形式正当性的加持，因为它是维护历史上的既有状态的，因此和历史形成的制度与规范属于同一战壕，而实践正当性因为是对既有的历史制度的革新，因而必然与既有的历史制度形成对立，从而欠缺制度带有的形式正当性。也正因为如此，所有的改革行动都天然地带着争议上场。此种情况下，为了缓解改革行动与历史传统之间的张力，我们需要为改革设定路标，使改革能够在历史传统所能够容忍的最大限度内进行。尤其在跨国远程审判领域，虽然在国际民事诉讼法上，根据“场所决定行为”的原则，绝大部分诉讼行为的效力来自法院地法，但是毕竟诉讼行为的效力在很多时候需要外国法的承认，当外国法上的诉讼程序还在固守传统的时候，我们要特别注意尽量缓解我国司法实践与外国法传统之间的紧张关系，从而使我国法上的诉讼行为效力能够顺利得到外国法的承认。就跨国远程审判而言，随着我国在制度建设上的加速，其在形式正当性上必然会不断得到支持。而对于那些尚未具备形式正当性的实践探索，我们仍然需要谨慎展开，通过为改革设定路标或者底线伦理，来增强其实质正当性。关于这一点，笔者在其他场合以及其他的文章中也多次提出，并且进行了初步论证。笔者的主张是，为远程审判的实践探索设定增量保障、程序选择和技术安全这三个基本原则作为底线伦理，来补强其实质正当性。

所谓增量保障，是指我们所进行的远程审判的改革，不仅不会减损程序

参与者在传统民事诉讼程序中所享有的程序保障，而且会为程序参与者提供更多的程序保障。比如在国际民事诉讼领域，传统的送达方式成本较高，耗时很长，而且手续烦琐，文件甚至可能在送达途中丢失。但是，在线送达在送出之后几乎可以同时被受送达人收到，而且受送达人在收到之后可以立即作出反馈，其效率之高，是传统送达方式所无法想象的。即使如此，我们也不能剥夺程序参与者要求按照既有程序法律所规定的传统方式接收送达的权利，而只是在传统的送达方式之外，为当事人提供了更多一重选择，提供了更加便捷高效的对其程序之参与权保护更加充分的一种新的送达方式。在证人远程作证和当事人远程听审中也是这样，利用信息网络技术所开发的远程作证和远程听审系统，并不排除证人和当事人要求按照传统方式来到法院现场作证和参加诉讼的权利，而只是为证人和当事人提供了更多一重选择，并且是使证人作证和当事人听审的成本更低、效率更高的一种更加便捷高效的选择。这一点特别重要，正是因为跨国远程审判的实践探索没有侵占传统审判方式的领地，而是在传统审判方式之外开辟了新的领域，它才能够获得传统审判方式的容忍。所谓程序选择，乃是指，即使跨国远程审判是为程序参与者提供更多一重保障，这种保障也不是强加给程序参与者，而是允许程序参与者选择的，只有程序参与者自主选择了跨国远程审判，这种审判方式才会进行。程序参与人的自主选择，增加了跨国远程审判的可接受性，从而也补强了跨国远程审判在程序上的实质正当性。程序选择权之存在本身，也证明了跨国远程审判为程序参与者提供了更为充分的程序保障。所谓技术安全，是指跨国远程审判对信息网络技术的运用，一方面，不能减少程序参与者在进行言语交往时能够从对方所获得的信息；另一方面，技术本身所存在的不确定风险也必须被隔绝在诉讼程序之外，而不能进入诉讼程序，转化为程序的风险。从第一个要求出发，为跨国远程审判设计的系统，其在界面端应该具有高度的亲和性，使程序参与人容易掌握和操作，以及在技术上使程序参与人的感受尽量接近传统审判方式，使其在获取言语交流之对方的信息时，不会比传统审判方式遭遇更多的障碍。这其实也体现了表达的可理解性这一言语行为有效性要件的要求。从第二个要求出发，在进行跨国远程审判的系统设计时，应当在技术本身和诉讼程序之间设立防火墙，避免技术风险传导进诉讼程序。以区块链存证技术为例，目前有的法院自己建立的区块链存证系统，有必要移交给法院之外的机构来运行。否则，当这一系统产生风险的时候，程序参与人会认为这是运作该系统的法院的过错,是法院的过错导致了其不能顺利举证质证,进而要求法院为其不能顺利举证质证的后果承担责任,也就是要求法院承担事实不能查明的责任。如果是法院之外的机构,如公正机构来运作区块链存证系统,则区块链存证系统的技术风险就不会经由诉讼程序而转化成法院应当承担的裁判风险。此一要求亦是言语行为合法性的体现。

综上分析,对于那些虽然具备了实质正当性而尚未完全具备形式正当性的跨国远程审判的实践,通过增量保障、程序选择和技术安全这三个对司法改革所提出的伦理要求,可以进一步补强其实质正当性,也进一步增加其诉讼行为的效力在国际民事诉讼法领域获得承认的可能性。

法治社会司法理性的多维度分析

程政举*

摘要：法治是依据既定法律程序和方式处理事务且治理的状态良好。法治社会是一个依法治理的秩序良好的理性社会。法治社会的司法是理性的。法治社会的建构需要有衡平人格的理性的裁判主体，裁判方式理性，正确对待习惯、民俗、亲情、经验、公众情感等法源性因素。

关键词：法治；司法理性；裁判主体；裁判方式

理性是存在于人们日常生活之中维系社会和谐运转的必然性。法律的理性是存在于法律所维护的社会关系中的秩序、习惯、习俗、亲情、公众情感、公众认知、经验规则等对人们的思想、行为、情感有影响的社会规范性；而司法理性可以理解为司法主体、程序的适宜性，以及习惯、习俗、亲情、公众情感、公众认知、经验规则等行为规范在裁判中作用的适度性。

一、中国语境下的法治及其理性内涵

在汉语的语境中，按法治的字面含义解读，法治就是依法之治或依法治国。如《晏子春秋 · 内篇谏上》曰："昔者先君桓公之地狭于今，修法治，广政教，以霸诸侯。"《荀子 · 王霸》曰："故其法治，其佐贤，其民愿，其俗美，而四者齐，夫是之谓上一。"《韩非子 · 有度》曰："故以法治国，举措而已矣。法不阿贵，绳不挠曲。法之所加，智者弗能辞，勇者弗敢争。"《管子 · 明法》曰："以法治国，则举措而已。"法治的另一含义是治理良好之意，这层含义具有

---

* 程政举，河南财经政法大学教授。

引申意义，如《尹文子·大道》曰："政者，名法是也。以名法治国，万物所不能乱。"在中国古代文献中，对于法治良好的局面统称为"大治"，如《史记·商君列传》曰："（法令）行之十年，秦民大说，道不拾遗，山无盗贼，家给人足。民勇于公战，怯于私斗，乡邑大治。"《管子·任法》曰："夫生法者君也，守法者臣也，法于法者民也，君臣上下贵贱皆从法，此谓为大治。"《韩非子·喻老》曰："楚庄王莅政三年……邦大治。"从上述中国古代文献关于法治的表述来看，法治的基本含义包括两个方面，一是依据既定法律程序和方式治理，二是依法治理的状态良好。前者指的是法治的过程，后者指的是治理的结果。

法治社会是一个依法治理的社会，是一个社会秩序良好的社会，而秩序良好的社会首先是以理性秩序为基础的，是一个理性的社会，因为调整社会秩序工具的法律是理性的，是以理性为尺度的。"法律乃是经由理性发展起来的经验和经由经验检测的理性。"[1]"理性是法律的生命。通常所谓的常法并非他物，只是理性。然而所谓的理性又非天然生存的天性，却是人功完成的人性。此项理性实自长时间学问、观察及经验得来。"[2]社会文明有赖于摒弃专横的、固执的自作主张，而代之以理性。[3] 法律学乃是一种精神界的科学，"条文是法的骸，非法的魂。……法的标准（或魂）却用个'理'字来代表它"[4]。可以说，理性是法治的核心价值的体现和皈依，缺乏理性的法治要么归之于野蛮，要么归之于残暴，但不能称之为法治。

理性与法律相容。中国古代儒学将天理、人情、国法并提，并且提出"法生于义"[5]、"圣法者，自理出"[6]，都体现了法律与理性的关系。就连主张"壹刑"政策的法家代表人物商鞅也主张"观俗立法则治"[7]。法家的另一

---

[1] [美]罗斯科·庞德：《法理学》（第1卷），邓正来译，商务印书馆1984年版，第8页。

[2] [美]罗斯科·庞德：《庞德法学文述》，雷宾南、张文伯译，中国政法大学出版社2005年版，第150页。

[3] [美]罗斯科·庞德：《通过法律的社会控制》，沈宗林译，中国政法大学出版社2005年版，第296页。

[4] 吴经熊：《法律哲学研究》，清华大学出版社2005年版，第6页。

[5] 《淮南子·主术训》。

[6] 《尹文子·大道》。

[7] 《商君书·算地》。

代表人物慎子提出“法为非从天下，非从地出，发于人间，合乎人心而已”[1]。古代中国的法律的理性不仅体现在立法中，而且体现在司法机构的设置和司法实践中，如春秋战国时期晋国的司法官为“理”，意为作为国家的司法官吏应能“听微决疑”，理性地处理各种疑难案件，理顺各种社会关系。秦时中央最高司法官称廷尉，汉代中央最高司法审判官大多数时间称廷尉，部分时间一度改称为大理或士。《汉书 · 百官公卿表》曰：“廷尉，秦官，掌刑辟，有正、左右监，秩皆千石。景帝中元六年更名大理，武帝建元四年复为廷尉。宣帝地节三年初置左右平，秩皆六百石。哀帝元寿二年复为大理。王莽改曰作士。”《后汉书 · 百官志（二）》曰：“廷尉，卿一人，中二千石。本注曰：掌平狱，奏当所应。凡郡国谳疑罪，皆处当以报。”西汉景帝和元帝时将朝廷的“掌刑辟”廷尉改为“大理”，其用意是十分明显的。廷尉，“廷，平也。治狱贵平，故以为号”[2]。《说文》曰：“理，治玉也；从玉，里声。”理，可以理解为事物本身的纹路、层次，客观事物本身的次序，正如玉所表现的纹路一样；引申义为按事物本身的规律或依据一定的标准对事物进行加工、处置，如治玉程序一样。在汉语的语境中，注重称器有名，名副其实，名正言顺。司法机构的“理”“廷尉”之名正是此意。如《尹文子 · 大道》曰：“大道无形，称器有名。名也者，正形者也；形正由名，则名不可差。”《论语 · 子路》曰：“必也正名乎！名不正则言不顺。”汉代的最高司法官由“廷尉”改为“大理”，可以理解为统治者从注重法律的公平性，转为追求以理性为基础的社会秩序。司马迁在《史记 · 循吏列传》中将历史上那些“本法循理”[3]、“上顺公法，下顺人情”[4]的官吏归入循吏之列，如春秋战国时的孙叔敖、子产、石奢、李离等均写进《循吏列传》中。司马迁在《循吏列传》中明确提出“奉职循理，亦可以为治，何必威严哉?”[5]同时，司马迁还将那些严格执法、忠君但“不顺人情”的执法官吏归入了“酷吏”行列，如汉初的郅都、赵禹、周阳侯、张汤等人均记载在《史记 · 酷吏列传》中，并且提出“法令者治之具，而

---

[1] 《慎子 · 慎子逸文》。

[2] 《汉书 · 百官公卿表》应劭注曰：“听狱必质诸朝廷，与众共之，兵狱同制，故称廷尉。”颜师古曰：“廷，平也。治狱贵平，故以为号。”

[3] 《史记 · 循吏列传》“索引”案：循吏“谓本法循理之吏也”。

[4] 《汉书 · 循吏传》颜师古注曰：“循，顺也，上顺国法，下顺民情也。”

[5] 《史记 · 循吏列传》。

非制治清浊之源也”[1]。“二十世纪的理是个实事求是的理——固非玄想中之理，又非书中之理，却是社会日常行事之理。”[2]理与法二者相比，理所起到的社会作用比法的社会效用更强。“人死于法犹有怜之者，人死于理，其谁怜之?”[3]这说明“理”在普通大众的心中威慑力高于“法”的威慑力。法治社会只有以理性为基础，才形成和谐的具有持久性的社会秩序。

二、理性的裁判主体

无论专制社会，还是民主社会，优秀人才在社会秩序建构中的作用是不容忽视的。司法职业涉及法律规范的理解与运用，司法职业者既要有一定的法律专业知识，又要有一定的经验和运用法律的技术。历史经验和当今世界主要发达国家在司法官的选拔任用方面的实践无不证明了这样一个事实:法律是一门艺术，它需要经过长期学习和实践才能掌握，只有经过长时间学习和具有实践经验的人才可以行使司法审判权。[4]

从历史上看，一个国家一定时期司法官吏群体的个人品德、能力水平与该时期的法治状况、社会秩序密切相关。以西汉为例，根据《汉书·百官公卿表》记载，从公元前202年至公元8年的210年间，任廷尉(汉代最高审判官)者67位，其中《汉书》中有传记记载者10位，分别为汉文帝时的张释之，汉武帝时的张汤、王温舒、赵禹和杜周，汉宣帝时的于定国，汉成帝时的彭宣、朱博、何武和孔光。从已有的传记记载情况看，廷尉个人品格和适用法律的水平与时代的社会状况、社会秩序密切相关。汉文帝时张释之任廷尉8年，任职期间“守法不阿意”[5]、“罪疑者予民，是以刑罚大省，至于断狱四百，有刑错之风”[6]。后世称之曰:“张释之为廷尉，天下无冤民。”[7]张廷尉“守法不阿意”，不媚上，掌“天下之平”[8]的个人品格和工作作风，为汉初

---

[1] 《史记·酷吏列传》。

[2] 吴经熊:《法律哲学研究》，清华大学出版社2005年版，第6页。

[3] [清]戴震:《孟子字义疏证》，中华书局1982年第2版，第10页。

[4] [美]罗斯科·庞德:《普通法的精神》，唐前宏等译，法律出版社2001年版，第42页。

[5] 《史记·张释之列传》。

[6] 《汉书·刑法志》。

[7] 《汉书·于定国传》。

[8] 《史记·张释之列传》。

文景之治的良好社会风尚的开创起到了一定的积极作用。汉宣帝时的于定国任廷尉18年，于定国“学法于父”“为人谦恭”，[1]先后任狱史、郡决曹、廷尉史、侍御史、御史中丞，具有丰富的司法经验，地节元年（前69年）迁任廷尉，甘露二年（前52年）迁御史大夫，任廷尉18年间，“决疑平法”“执宪详平，天下自以不冤”。[2] 于定国可谓是西汉“中兴之臣”，其执法的公平和理性，在一定程度上促进了“吏称其职，民安其业”[3]昭宣之治的良好的社会秩序的形成。汉武帝时代廷尉张汤、王温舒、赵禹和杜周，均以执法严酷，用法深刻著称，“或罪同而论异，奸吏因缘为市，所欲活则傅生议，所欲陷则予死比，议者咸冤伤之”，以至于“穷民犯法，酷吏击断，奸轨不胜”[4]。社会秩序一度恶化。在史学家司马迁的笔下，张汤被记载在《史记·酷吏传》中，王温舒、赵禹记载在《汉书·酷吏传》中。“（张）汤虽文深意忌不专平”[5]，（王温舒）“为人少文”“好杀行威”[6]，“（杜）周少言重迟，而内深次骨。……为廷尉，其治大抵放张汤”[7]。作为执法官吏的廷尉“用法深刻”一定程度上增加了民众的不满情绪，加剧了社会秩序的混乱，是理性司法所不赞同的。汉成帝时期的廷尉大多不熟悉法律，缺乏专业技能，也没有司法工作经历，如《汉书·彭宣传》记载：“（彭宣）治易，事张禹，举为博士，迁东平太傅。（张）禹以帝师见尊信，荐（彭）宣经明有威重，可任政事，繇是入为右扶风，迁廷尉。”《汉书·朱博传》记载：“（朱）博本武吏，不更文法。……迁廷尉。”《汉书·何武传》记载：“（何）武诣博士受业，治易。……迁沛郡太守，复入为廷尉。”西汉汉成帝时期社会矛盾凸显，民生凋敝，西汉衰败景象日显。在以皇权为中心的专制社会里，皇权决定着狱吏的选任，而狱吏治狱水准又影响着皇权统治。西汉狱吏选拔、任用与社会治安状况之间的关系，不应是历史的偶然，在一定程度上反映出了一定的历史必然性。

关于狱吏与社会治安的关系，古代先贤们偶有论述，如西汉中期时任廷尉史的路温舒上奏汉宣帝曰：“臣闻秦有十失，其一尚存，治狱之吏是也。秦

[1] 《汉书·于定国传》。
[2] 《汉书·丙吉传》。
[3] 《汉书·宣帝纪》。
[4] 《汉书·刑法志》。
[5] 《史记·酷吏列传》。
[6] 《汉书·酷吏传》。
[7] 《汉书·酷吏传》。

之时，羞文学，好武勇，贱仁义之士，贵治狱之吏……故天下之患，莫深于狱；败法乱正，离亲塞道，莫甚乎治狱之吏。”[1]在路温舒看来，秦时重视治狱之吏的选拔任用，才使得秦朝的民情上达，国家的政令畅通，这是秦逐渐变得强大的重要原因之一。三国时魏明帝曹叡时卫觊有同样的奏章：“狱吏者，百姓之所悬命，而选用之所卑下，王政之弊未必不由此也。”[2]此后，在唐朝中期安史之乱后，面对唐朝衰败的景象，大文学家白居易分析时政，上疏曰：“臣伏以为刑法太宗之刑法也，今之天下太宗之天下也，何乃用于昔而俗以宁一，行于今而人未休和？臣以为非刑法不便于时，是官吏不循其法也。此由朝廷轻法学，贱法吏，故应其科与补其吏者，率非君子，甚多小人也。刑者君子行之，则诚信而简易；简易则仁安。小人行之则诈伪而滋彰，滋彰则俗弊也。此所以刑一而用二，法同而理殊者也。”[3]又曰“有贞观之法，无贞观之吏，欲求刑善，无乃难乎？陛下欲申明旧章，划革前弊，则在乎高其科重其吏而已”。古希腊哲学家柏拉图在谈及执法官吏的选择时说：如果让一个不称职的官员来执行那些制定良好的法律，那么法律的价值将被剥夺，并使荒谬的事情不断增多，最严重的政治破坏和恶行也会滋长出来。[4]

综观当今法治发达的国家，无不重视司法官吏的选拔任用。美国法院法官产生的程序有两种：选举和任命。所有的联邦法官都是任命的；但是州法官可能是选举的也可能是任命的，这取决于各州宪法和法律的规定。具有法学学位是联邦法院法官和州法院法官共同的要求，也是成为法官的基本条件；具有司法经验同样是成为法官的必备条件之一。在联邦一级，所有的法官或大法官（联邦最高法院法官）候选人都是由总统提名并提交上议院以简单多数票通过的。不过，联邦法院的法官在被提名之后，在提交上议院票决之前，其提名候选人还要经美国律师公会选任的由 15 人组成的联邦司法委员会进行人员素质评估，评估等级分为非常合格、合格和不合格。在联邦一级，法官实行终身制（到退休为止），法官只能在众议院简单多数票决定

[1] 《汉书·路温舒传》。

[2] 《魏书·卫觊传》。

[3] 《白氏长庆集》卷 65《策林四·论刑法之弊》。

[4] 转引自冯玉军：《寻找法治的力量——外国经典法律格言》，北京师范大学出版社 2010 年版，第 3 页。

弹劾后，并经参议院2/3多数票认定有罪，才能被罢免。[1] 在州法院的法官同样实行终身制，只要任职法官的品行良好就可继续任职，直至退休。美国法官选任程序的复杂性和严格性，确保了法官队伍的整体素质和理性，从而也产生了影响人类司法审判进程的法哲学家，如霍姆斯大法官、卡多佐大法官等。

英国的法学教育需经过三个阶段：大学学习三年，律师学院培训一年，实习两年。英国大学的法学院面向高中毕业生招收法律本科生，经过三年左右的大学学习后毕业，如果要从事法律职业，必须再念一年的法律职业培训课程，然后还要进行1～2年的专业实习，才能取得职业资格，成为正式的法律工作者。[2]

德国的法律职业教育分为两个阶段：第一阶段为3年半至5年的大学学习；第二阶段是学习结束后参加国家的第一次国家考试，如考试通过，即被称为见习法官，然后开始为期两年的实习。在实习期间，见习法官被要求从事5个领域的工作：民事法庭、刑事法庭、检察官办公室、行政机构和私人律师事务所。在上述5个领域每个领域至少实习3个月。在两年实习期结束时，参加第二次国家考试。第二次国家考试持续数天，由各种书面考试组成，随后由一个从不同的司法职业部门挑选出来的四人小组进行口试。只有通过第二次国家考试，才被称为候补法官，才有资格进入法律职业的任何一个部门工作。在通过第二次国家考试之后，希望从事法官职业的人可以向州司法部提出申请，州司法部人事部通过与申请者会面、收集申请者的有关材料，包括申请者的品格鉴定材料等，审查、评估全部材料后，提出推荐意见，最后提交州司法部长作出决定。州司法部长向被录取的申请人发出任命书，并附带最初的工作分派。被分派的工作部门有司法部、检察官办公室和地区法院。被分派到初级法院的司法从业者有3年的试用期，在试用期间要在两位经验丰富的法官指导下审案，获取司法经验。如试用期间的表现令人满意，可获得永久性任期，直至法律规定的强制退休年龄为止。在德国司法公职人员中有一种“向上流动性”的职位变动制度，如下级法院（初级法院）可以申请填补另一高级法院（地区法院）的职位空缺，而地区法院的法

[1] 宋冰：《读本：美国与德国的司法制度及司法程序》之“美国：遴选法官的制度”部分，中国政法大学出版社1998年版，第139～151页。

[2] 郑永流：《法学野渡》，中国人民大学出版社2010年版，第28页。

官也可以申请填补高等地区(上诉)法院职位的空缺。联邦(最高)法院的大部分法官从高等地区(上诉)法院的任职法官中选拔,部分可能来自检察官办公室、州司法部、联邦司法部,但是他们均需有法官的工作经历。联邦最高法院的法官选任,由一个联邦司法部长担任主席的22人委员会组成,其中11名为各州司法部长,11名为联邦议院选举产生的联邦议院议员。当联邦法院出现职位空缺有待填补时,该委员会通过评估提出一份建议任命人员名单。该建议任命名单交由联邦法院7名法官组成的法官委员会审查、评判,然后提出填补空缺职位的名单交联邦司法部长任命。[1]

法国的法律职业教育需经历两个阶段:大学4年的法律专业学习和法官学院两年半的研修。法国法学院的学生经过4年的大学学习之后,参加国家、地方团体或法律职业公会组织的考试,合格后,希望成为法官或检察官的学生,尚须通过国家统一组织的国家法官学院(ENM)入学考试,在国家法官学院接受为期两年半的法官基础教育和实习,律师的研修期为1年半。[2]

日本对于从事法律职业者(包括法官、检察官和律师)的要求是十分严格的,首先志愿成为职业法律家的人必须在严格的司法考试中合格。在法学本科毕业并通过第一次司法考试后,还要接受第二次艰难的考试,通过二次司法考试者再进入日本最高法院下辖的司法研修所研修。研修所每年招收学员700名,训练期共两年。入所后,首先是所内4个月的初始训练,然后是16个月的实务研修,其中地区法院8个月,地区监察厅和地区律师协会分别为4个月。实务研修之后,回到研修所,再进行4个月的后期训练。最后,参加由最高法院安排的严格的结业考试,包括笔试和口试两部分,合格者方可从事法律事务。法律研究所结业后,50~100名被任命为候补法官,40~70名担任检察官,其余全部从事律师职业。日本的司法考试是最不易通过的一道难关,日本每年参加司法考试的考生2.5万~3万人,录取人数700人,通过率仅为3%。日本这种现行的司法职业从业者的选拔和研修制度成功地造就了一个素质精良、极受信赖的法律家阶层。[3]

---

[1] 宋冰:《读本:美国与德国的司法制度及司法程序》之"德国上诉法官:职业模式兼与英美比较"部分,中国政法大学出版社1998年版,第152~168页。

[2] 郑永流:《法学野渡》,中国人民大学出版社2010年版,第28页。

[3] 贺卫方:《司法的理念与制度》之"培养高素质的法律家——日本司法研修所访问记"部分,中国政法大学出版社1998年版,第218~232页。

法官等司法从业者的高素质是理性的司法的保证。高素质的司法从业者应具备两方面的基本素养：一是精湛的法律技术，二是良好道德修养。二者都是理性司法所必不可少的重要因素。依经验而论，在选择司法官时，法律技术的判断较容易达至，而良好品德修养的判断则较难；而司法官的良好的品德修养恰是达至理性司法的最重要的保证条件之一。良好的品德修养是一个人最值得信任和依赖的特质和品性。《尚书·吕刑》曰："非佞折狱，惟良折狱，罔非在中。"并不是口才好就可以断案，只有品德良好者才可以断案，品德良好者断案没有不中正的。这显然是对司法官品德的要求。"惟良折狱"意为只有品德善良者才能审判案件。战国时期的思想家孟子主张仁政，他说："是以唯仁者宜在高位，不仁者而在高位，是播其恶于众也。"[1]荀子在论述人治与法治的关系时说："有治人，无治法。""法不能独立……得其人则存，失其人则亡。""君子者，法之源也；故有君子，则法虽省足以偏矣，无君子，则法虽具，失先后之施，不能应事之变，足以乱矣。"[2]荀子在《致士》篇中又进一步地强调了"君子"在执法中的重要性："有良法而乱之者有之矣，有君子而乱者，自古及今，未尝闻也。"中国古代能称得上君子者，是指其本身的道德操守较好的人，能践行中庸之道，具有礼、义、仁、智、信的品格；相反，小人则是指道德操守不好的人。司马迁在《史记·循吏列传》中记载的循吏，如孙叔敖、子产、公仪休、石奢和李离，都是能明悉律令，且洁身自爱，严以律己，通人情、达民俗的世之君子。面对复杂的诉讼案件，只有德能兼备之人，才可能做到揆情度理，"己所不欲，勿施于人""奉法循理"，理性地处理各种纷争，给普通大众传达一种理性的行为信号。《美国联邦宪法》第3条第1款明确规定："最高法院和下级法院的法官如品行端正（good behaviour），得继续任职。"美国联邦宪法的这一规定，也是秉承了英美法系对法官道德修养的严格要求这一传统。因为法治的历史经验告诉我们，司法公正是社会正义的最后一道防线，司法审判实际上是在向社会宣布正义的行为准则，身为社会正义最后一道防线的守护神——法官，其职业操守、品德修养的高要求，正是维护社会正义、理性社会的需要。我国1995年颁布的《中华人民共和国法官法》第9条规定："担任法官必须具备下列条件：……（四）具有良好的政治、业务素质和良好的品质。"第13条规定了8

[1] 《孟子·离娄》。

[2] 《荀子·君道》。

种应当依法提请免除职务的情形，其中有经考核确定为不称职、辞职或被辞退者，因违纪、违法不能继续履行职务者等。对“良好的品质”是作为与政治素质、业务素质并列规定的，同时对于不能保持“良好的品质”者不作为离职的条件。第 34 条规定对法官的处分分为六级：警告、记过、记大过、降级、撤职和开除；受撤职处分的，同时降低工资和等级。从法官法的规定来看，对法官的管理基本类同于对公务员的管理，一个受到警告、记过、记大过、降级、撤职处分的法官还可继续审理案件，其审案的公信力、其作出判决的公正性无疑也会受到质疑。至于那些不具备法官资格的党政官员被任命为法院的院长、副院长，不仅与已经颁行的法官法相违背，而且与已经被几千年来人类社会法治建设实践证明了的建设高素质的法官队伍的经验法则相悖。法治社会的建设，理性社会的型构需要高素质的司法官队伍。

美国著名法理学家罗斯科·庞德认为司法官本身的道德修养十分重要，具有衡平的人格的司法官方能创造衡平的司法精神。他说：“司法官除须精湛于法学外，其本身的道德修养，自是十分重要的。司法的衡平精神当以司法官的衡平人格为其根本，为其动力。所谓衡平人格者，便是知、情、义三者衡平发展的人格。由知而智，由情而仁，由意而勇。夫而后智者不惑，仁者不忧，勇者不惧；夫而后不为贫贱所移，不为富贵所淫，不为威武所屈。”[1]20 世纪英国新分析实证主义法学的代表人物拉丝在论及法官的选任时说：“在讨论法官任命时，我们往往从两个方面来评价法官：一个是他的法律知识、解释法律以及显示其法律经验和专长的辩论技能；另一个是他对人性的智慧和理解、道德感、开明倾向等。……这两种功能在很多案件中是难以分开的，但人们通常又认为，法官发展法律时利用道德论据，在适用法律时利用法律技能。”[2]

三、裁判方式的理性

司法审判实际上是利用规则解决纠纷的过程。裁判者在将规则运用于案件并解决纠纷时，需要对案件事实进行甄别、判断，并将事实归类，然后再

[1] [美]罗斯科·庞德：《庞德法学文述》，雷宾南、张文伯译，中国政法大学出版社 2005 年版，第 157 页。

[2] 沈宗灵：《现代西方法理学》，北京大学出版社 1992 年版，第 207 页。

运用一定的逻辑规则或思维模式将规则运用于案件事实形成法律理由，从而对纠纷进行判定。“法律推理采取两种主要形式，一种是类比推理，另一种是演绎推理。这两种形式具有重要的实际作用，因为对于组织大批法律材料来说，某种工具是必不可少的。它们可以帮助你认定推理的适当起点，找出相关的材料，明确表述争点以便集中思考。”[1]类比推理的原则是同样案件同样对待，不同案件不同对待。类比推理的形式有三个步骤：“(1)识别一个权威的基点或判例；(2)在判例和一个问题案件间识别事实上的相同点和不同点；以及(3)判断事实上的相同点或不同点更为重要，并因此决定依照判例还是区别案例。”[2]演绎推理的形式是按照大前提、小前提和结论思维模式进行的。在法律推理中，演绎推理的大前提是法律规则或法律规范，小前提则是问题案件或纠纷案件的事实陈述。适用演绎推理的关键问题是：“(1)识别一个权威性的大前提；(2)明确表述一个真实的小前提；(3)推出一个可靠的结论。”[3]类比推理和演绎推理是司法断案的基本思维模式。

听讼唯明，断狱唯平。司法审判除遵循应有的逻辑思维规则，根据制定法的有关规定处理争讼事件外，在一定条件下也存在不据法审判的情况。“凡听五刑之讼，必原父子之亲，立君臣之义，以权之；意论轻重之序，慎测浅深之量，以别之。悉其聪明，致其忠爱，以尽之。疑狱，泛与众共之；众疑，赦之。必察小大之比以成之。”[4]《礼记·王制》中这段有关司法裁判方式的记载，一定程度上反映了理性司法应遵循的基本模式，司法裁判时应考虑社会大众认知，亲情维系，已有的判例对相关案件的判决情况、社会效果，以及判决所应达到的目的。在司法审判过程中，机械地套用法条，往往并不能产生好的效果。罗斯科·庞德坦言：“在评价人的行为的时候，完全排除情感因素的影响是不可能的。我们最可能做的乃是如下三种努力：第一，把这种影响限制在行为问题与行为道德品格的恰当领域之中；第二，经由规定的程序而确使审案者在充分公正地听取双方意见之前不得审判案件；第三，坚持

---

[1] [美]史蒂文·J.伯顿：《法律和法律推理导论》，张志铭、解兴权译，中国政法大学出版社1999年版，第30页。

[2] [美]史蒂文·J.伯顿：《法律和法律推理导论》，张志铭、解兴权译，中国政法大学出版社1999年版，第49页。

[3] [美]史蒂文·J.伯顿：《法律和法律推理导论》，张志铭、解兴权译，中国政法大学出版社1999年版，第54页。

[4] 《礼记·王制》。

把这种因素同对法律义务保障的人格利益进行界分的问题完全脱离开来。因此，只要这一因素在恰当的限度内被承认，那么我们就必须承认某种制度的不据法审判。"[1]

在法治社会的建设中，坚持依法办事，依法处理诉讼争议，同时应反对机械的法律形式主义。我国现阶段法律形式主义的主要表现有：其一，法律适用上的数字化。如广州市中级人民法院 2007 年判决的许霆盗窃金融机构罪案[2]。判决书认定："2006 年 4 月 21 日 22 时许，被告人许霆伙同同案人郭安山（已判刑）到本市天河区黄埔大道西平云路的广州市商业银行离行式单台柜员机提款，当被告人许霆用自己的广州市商业银行银行卡（该卡余额 170 多元）提取工资时，发现银行系统出现错误，即利用银行系统升级出错之机，分 171 次恶意从该柜员机取款共 175000 元，得手后携款潜逃，赃款被花光。"并且认定："被告人许霆以非法占有为目的，伙同同案人采用秘密手段，盗窃金融机构，数额特别巨大，其行为已构成盗窃罪。"法院判决许霆犯盗窃罪，判处无期徒刑，剥夺政治权利终身，并处没收个人全部财产。该案判决后引起了社会广泛的反响。人们普遍认为，许霆之恶是大众之恶，且其犯罪之所以得逞是由于银行的自动取款机出现错误造成的，其犯罪场所并非秘密，对许霆判处无期徒刑有失公允。同样还有一起有关 ATM 机的盗窃案，2008 年 10 月 18 日凌晨，来自湖北的 23 岁男青年刘元元来到一家自助取款机前，将自己已没有余额的银行储蓄卡塞进了 ATM 机，试图从 ATM 机里取出几百元钱，凑足回家的路费。没有成功后，刘元元便用随身携带的折叠剪刀撬 ATM 机，试图撬开 ATM 机，后警察赶到，刘元元被抓。经查：刘元元试图撬开的两台 ATM 机的当天共有存款 30.8 万元。杭州市江干区人民法院以盗窃金融机构罪，且数额巨大，但由于犯罪未遂，判处被告人刘元元有期徒刑 11 年。刘元元认为判决过重。刘元元自己表述道：用折叠剪刀撬 ATM 机，正如用弹弓打飞机或用鞭炮炸金库一样，是根本完不成的事。一审判决后，刘元元上诉后又撤回了上诉。[3] 该案的判决也同样引起了社会反响，普遍认为量刑过重。根据被撬的两台 ATM 机里的存款对刘元元定罪，过于形式化，没有案件发生的主客观情形。

---

[1] [美]罗斯科·庞德：《法理学》（第 2 卷），邓正来译，中国政法大学出版社 2005 年版，第 157 页。

[2] 广东省广州市中级人民法院（2007）穗中法刑二初字第 196 号刑事判决书。

[3] 中央电视台《今日说法》2009 年 3 月 29 日播报。

为了实现刑事审判案件的量刑规范化、公开化、透明化，杜绝“人情案、关系案、金钱案”的现象发生，实现量刑公正，2008 年开始最高人民法院在全国部分法院开始了量刑规范化试点，2010 年在全国法院全面试行。《最高人民法院关于常见犯罪的量刑指导意见》（以下简称《量刑指导意见》）对故意伤害罪、抢劫罪、盗窃罪、贩卖毒品罪和受贿罪等犯罪行为的量刑进行了规范，对每种犯罪在确定刑罚的基准刑后，实行分格原则，对量刑的情节进行分格，每个量刑格因基准刑的不同而不同，如故意伤害罪的基准刑为 3 年以下有期徒刑的，量刑格为 3 个月；基准刑为 3 年以上有期徒刑的，量刑格为 6 个月。同时对于在何种情况下加重 1 格或 2 格，在何种情况下减轻 1 格或 2 格量刑，均作了列举性的规定。《量刑指导意见》着实让人感到量刑之精细、严密和规范，量刑之网可谓“密于凝脂”。最高人民法院刑三庭庭长就量刑规范化意见，回答记者提问时说：“在量刑方法方面，改革了传统量刑方法，建立了‘以定量分析为主、定性分析为辅’的量刑方法。传统的量刑方法可以说是经验量刑法或综合估量法，最大的弊端就是对被告人的犯罪行为以及各种量刑情节没有一个量化分析的过程，主要依靠法官个人的法律修养和实践经验进行‘估堆’量刑，其结果自然会出现因人而异的情况，有的甚至差异还很大。”[1]并且认为“量刑方法不规范、不科学，是造成量刑不公、量刑失衡的重要原因之一”。“定量分析法主要体现在以下两个方面：一是对犯罪行为进行量化分析，确定基准刑。二是对量刑情节进行量化分析，确定从轻或者从重的调节比例。……量刑指导意见规定量刑步骤分为两步：第一步，根据基本犯罪事实在法定刑幅度内确定基准刑；第二步，根据量刑情节对基准刑的调节结果依法确定宣告刑。”[2]按照最高人民法院刑三庭负责人的说法，定罪量刑“以定量分析为主”，传统的“经验量刑法或综合估量法”“主要依靠法官个人的法律修养和实践经验进行‘估堆’量刑”会产生“因人而异的情况”，应当摒弃。对最高人民法院刑三庭负责人的说法，笔者不敢苟同。世界上没有完全相同的两片树叶，同样也不会有完全相同的两个案件。司法审判摒弃“经验量刑法或综合估量法”，转向“以定量分析为主”的量刑法，给人以“舍本逐末”之感。“以定量分析为主”的量刑法，在一定程度上承认了定罪量刑的数字化。按照这一要求，法官所做的工作就是

[1] 《人民法院报》2009 年 6 月 1 日第 2 版。

[2] 《人民法院报》2009 年 6 月 1 日第 2 版。

按照一定的程序对案件事实进行处理、分类，然后进行计算，得出应当量刑的刑罚。在社会生活或司法审判中过度地遵循程式未必是一个好的行为方式。20世纪比利时著名的法律哲学家，新修辞学派的创始人佩雷尔曼在谈到遵循先例时说："法官不是一个计算机，他必须面对价值问题，他的作用不是简单地服从先前已作出的决定，而是必须进行判断，即作出决定，而面对这种决定又必须有法律理由。"[1]德国著名法学家鲁道夫·冯·耶林早在1868年10月维也纳的一次演说中就呼吁要"以对正义富有义务感、对制定法持批判态度的法官人格取代无感情的涵摄机器"，他说："在我眼里，那种完全不顾其裁判所带来之结果，并且将责任推给立法者，而对法典的条文进行机械适用的法官，其实不能被称为法官，他只是司法机器中一个无感情、死板的齿轮。"并且说"在所有的生活关系里，死板的规则并不能取代人类，世界并不是被抽象的规则统治，而是被人格统治。……法官的使命就是不仅要适用法律，而且要像我们先人已经指出的一样去寻得法律"[2]。量刑规范化带来的积极意义毋庸置疑，但是其产生的弊端也不应忽视。

其二，法律适用上的形式化。有这样一个离婚案例，[3]1983年10月，家住四川省邛崃县的周俊英经人介绍与大邑县的杨祝修结为夫妻，杨祝修委托其在大队当妇女主任的表嫂代办了其与周俊英的结婚登记并领取了结婚证。周俊英、杨祝修二人后因家庭琐事导致夫妻感情不和，周俊英于2009年5月向四川省大邑县人民法院起诉与杨祝修离婚。因离婚立案要提供结婚证书，周俊英无法提供结婚证书，于是便到大邑县政府民政局查阅结婚时的存根，令周俊英吃惊的是在档案的存根上男方的名字竟然是杨祝修的弟弟杨育修。经查杨育修已于1978年结婚并领有结婚证。法院告诉周俊英按婚姻登记瑕疵为由请求婚姻登记机关予以撤销婚姻，而婚姻登记机关则告诉周俊英婚姻撤销的情况只有一种，即胁迫，并且婚姻撤销申请应当在结婚登记之日起一年内提出。这就出现了法律事实和客观事实上的矛盾，在法律上周俊英与自己的小叔子杨育修结婚，而事实上周俊英与自己的丈夫杨祝修共同生活了20多年，并生育了两个孩子。周俊英为离婚奔波了两年也没有结果，周的离婚诉讼似乎陷入了难以破解的僵局，周本人对自己

---

[1] 沈宗灵：《现代西方法理学》，北京大学出版社1992年版，第446页。

[2] [德]鲁道夫·冯·耶林：《法律是一门科学吗?》，李君韬译，法律出版社2010年版。

[3] 2011年6月27日中央电视台第1套《今日说法》栏目组报道。

的婚姻诉讼感到很迷茫。“一个特定身份的人并不完全由姓名来决定。一特定身份的人要有他的外貌(五官、身材等)、血液、生产父母、出生年月(或出生证明)、档案材料、姓名等多种要素构成,姓名并不是决定一个人身份的主要因素。”[1]该案法院完全可以根据查证属实的情况作出判决,不必过分地拘泥于法律的形式。

近年来,见诸报端或新闻媒体有关婚姻的案例多与程序有关,如用捡来的身份证结婚,或用捡来的身份证骗婚,或姐姐借用妹妹的身份证或妹妹借用姐姐的身份证结婚,之后婚姻当事人在解除婚姻关系时就存在身份确认问题,法律事实和客观事实的矛盾等问题,甚至出现了难以破解的僵局。有这样一起骗婚案件,[2]家住福建省福鼎市的小周经人介绍与一个名叫张丽花的姑娘结婚,并办理了结婚登记手续,在办理结婚登记手续时张丽花还提供了身份证和户口本。身份证和户口本显示:张丽花,1984 年 7 月 15 日生,居住在云南省罗平县罗雄镇红星居委会红星四社红星街 297 号。小周结婚后一个星期张丽花便携带结婚时的礼金、首饰等离开,此后再也没有消息。2 年后小周又与当地的另一女子丽丽按当地婚俗举办了结婚仪式,并生育了孩子,但是小周与丽丽的结婚登记手续一直未能办理,因为小周与张丽花的婚姻关系尚未解除。于是小周就向福鼎市人民法院提起诉状,要求判决与张丽花离婚,福鼎市人民法院以被告的居住地在云南罗平县为由将案件移送至罗平县法院。两年后云南罗平县人民法院裁定驳回原告的诉讼请求,理由是原告提供的地址无法将起诉书送达被告人。小周通过当地公安机关查询得知原告提供的地址处确实住过一个叫张丽花的女子,但是 16 年前张丽花已因病去世。与小周结婚的女子肯定不是张丽花本人,应是另外一个女子。小周来到了福鼎市民政局要求撤销与张丽花的婚姻,因张丽花已死亡,民政局工作人员告诉小周应找到与其实际结婚的女子离婚。这就有点为难小周了,要找到与其实际结婚的女子实在不是一件容易的事。

上述两则案例都是因婚姻程序问题导致离婚陷入僵局的情况。笔者认为,既然案件事实已经查清,法院完全可以根据已查清的事实作出判决,不必过分拘泥于程序。立法至上是制定法国家恪守的基本原则,这是理性司

[1] 王礼仁:《婚姻登记瑕疵中的婚姻成立与不成立》,载《民事审判指导与参考》第 40 集,法律出版社 2010 年版,第 10 页。

[2] 2011 年 10 月 12 日中央电视台《今日说法》报道“小周这婚该怎么离”。

法的前提。但是,过分地拘泥于制定法的规定或一定的程序,不敢作出一些符合公平正义原则和立法精神的解释或适用,也会陷入法律形式主义的泥潭。法律是正义的注脚,符合正义的也一定是符合法律的。吴经熊博士认为,法律是人类社会的一种自然现象,是一种特殊的社会控制形式,不同于宗教、道德、逻辑等。如果将法律看作是逻辑,则法律很快蜕变为神秘技术掌控下的机械规则。[1]"他们以为裁判案件只能以现成的法律为大前提,以当前事实为小前提,我们能演出一个一定不易的结论。这样看来,法律就可比一部磨粉的机器,只要将米粒从一边不尽地灌进去,那米粉就会从另一边磨出来了。司法者是司机的工人,毫无创造机会。殊不知法律是一个应付生活的科学,那社会生活上的需要是无时不在变化和扩张当中,所以裁判大前提也有随时修正的必要。书面上的法律和实际上的法律是不同的,而我们应注重的是实际上的法律。……法学昌明时代,以概念为贯彻公道的工具;法学衰落时代,公道成了概念的奴隶。"[2]在法治社会,法学昌明的时代,裁判方法、程序等概念应成为贯彻公道的工具。

四、正确对待理性的客体
——习惯、民俗、亲情、经验、公众情感等

"有法可依,有法必依,执法必严,违法必究"是法治社会奉行的基本原则,但是,"徒法不足以自行"。[3] 社会秩序的调整仅仅依靠法律往往并不能如愿,"法律的起草者们并不总是把他们的意图表达得十全十美,而是过头或不足,因此法官就要从各种可能的或合理的猜测中来收集其意图,这被称之为合理解释"[4]。"许多律师和法官合理地期望法官在所有的案件中都依制定法的字面意思办事,这是很难令人相信的。"[5]"一个发达的法律体系由两部分组成:一个是传统的或习惯的因素;另一个是制定法律或强制

[1] 吴经熊:《法律哲学研究》,清华大学出版社 2005 年版,第 285 页。

[2] 吴经熊:《法律哲学研究》,清华大学出版社 2005 年版,第 215 页。

[3] 《孟子·离娄上》。

[4] 史蒂文·J.伯顿:《法律和法律推理导论》,张志铭、解兴权译,中国政法大学出版社 1999 年版,第 154 页。

[5] 115N.Y,506,511(1889),Riggs V. Palmer,转引自史蒂文·J.伯顿:《法律和法律推理导论》,张志铭、解兴权译,中国政法大学出版社 1999 年版,第 154 页。

性因素。”[1]司法审判者或执法者应当关注习惯、习俗、人情、经验、公众情感等因素，并使之成为审判或执法的重要考量。习惯、习俗、人情、经验、公众情感等作为司法裁判的参考依据是司法审判在向社会宣示社会规则的这一任务性要求使然。

其一，习惯、习俗、人情、经验等是立法的母体。法律有时并不能充分地体现或表现母体的全部内涵，同时，作为母体的习惯、习俗、人情、经验等因区域或群体的差异而具有个性化的特征，这就需要裁判者在司法审判中正确对待作为司法母体的习惯、习俗、人情、经验等，并且在特定案件审判中作为裁判参考依据。人类最初的法律表现为对习惯、习俗的遵从。“有些东西由于使用的原因而变成了习惯。其后，对自然法则和宗教的畏惧成了那些来自自然并受到习惯认可的事物的支持力量。”[2]习惯也就变成了有拘束力的社会规则。法人类学认为，法律和社会文化密不可分，必须从社会文化中研究法律，“法律无法从全部人类行为方式中截然分割开来，因此，我们需要首先仔细地俯视和勾画社会和文化，以便发现法律在整个法律文化中的位置。我们必须先对社会运转有所认识，然后才可能对何为法律以及法律如何运转有一个完整的认识”[3]。文化是一个社会成员表现和分享的，是后天得到的行为方式的完整一致的总和，而这种行为方式的完整一致是通过社会选择进行的，且这种选择不是偶然的和随意的。[4] 社会群体在长期生活中形成的共同遵守的习惯、习俗，所体现的共同的情感、认知，甚至经验，都是社会群体选择的结果，形成了一定社会群体性文化，基于文化的共同性形成的社会规范也成了大家共同遵守的“公规”。“一定社区或者地域的社会主体就特定事项作反复行为而形成的具有一定拘束力的带有权利义务分配性质的行为规范即构成习惯；一定社区或地域的社会主体由于行为的重复性而形成的某种行为模式，可称之为‘惯例’。”[5]“正确的观点认为，所有的法律都是以通行说法所称之为‘习惯法’的那种方式发展起来的；这

---

[1] 罗斯科·庞德：《普通法的精神》，唐前宏、廖湘文、高雪原译，法律出版社2005年版，第121～122页。

[2] [美]罗斯科·庞德：《法理学》(第3卷)，廖德宇译，法律出版社2007年版，第301页。

[3] [美]霍贝尔：《原始人的法》，严存生译，法律出版社2006年版，第2页。

[4] [美]霍贝尔：《原始人的法》，严存生译，法律出版社2006年版，第3页。

[5] 王林敏：《民间习惯的司法识别》，中国政法大学出版社2011年版，第21页。

就是说，法律首先是由习惯和流行的信念所产生的，然后才是经由审判过程(在根本上是通过沉默且内在的力量)得到确立的，而不是通过某个法律制定者的专断意志而产生的。”[1]“试就字源观察，希腊原文所有名字，译之今代语言而成为所谓‘法律’者，最初只解作伦理的风习，宗教仪式，人类概观中之律例、法律规则，以及社会制裁的全体。”[2]美国法理学家莫理斯也认为：“人民的日常生活最能在其风俗习惯中反映出来，而风俗习惯又构成了人民日常处理的法律。”[3]一种发达的法律律令体乃是由这两种要素构成的：一是立法颁布的或命令的要素；二是伦理的方面。[4] 我国战国时期的代表人物商鞅也有同样的表述，如《商君书·算地》曰：“故圣人之为国也，观俗立法则治，察国事本则宜。不观时俗，不察国本，则其法立而民乱，事剧而功寡，此臣之所谓过也。”

其二，作为调整人们行为的社会规范具有层次性。法律作为最强的社会规范应当维护处于较弱的社会规范的地位，发挥其应有的社会作用。我国台湾学者林端认为，“社会规则可以谱成一个连续体：习惯—民风—风俗—常规—法律。习惯是个日用而不知的沿袭的社会规则，到民风时，便具有规范的性质……一旦变成风俗，便有相当明确的规范”[5]。“在初民社会中，由风俗到习惯法的过渡历程是相当流动性的，法律是由风俗演变而成的，但它们之间实在很难作清楚的划分界限。”[6]司法审判或司法判决维护不同社会规范的应有地位和作用，也是对事物的正当性和合理性的维护。“一般说来，人们都遵守习惯，按着习惯来办事，进行各种活动，调整人与人之间的关系。除习惯为社会共同遵守外，各团体又有自己的规矩和准则。

[1] [美]罗斯科·庞德：《法理学》(第1卷)，邓正来译，中国政法大学出版社2005年版，第82页注。

[2] [美]罗斯科·庞德：《庞德法学文述》，雷宾南、张文伯译，中国政法大学出版社2005年版，第1页。

[3] [美]莫理斯：《法律发达史》，王学文译，中国政法大学出版社2003年版，第1页。

[4] [美]罗斯科·庞德：《法理学》(第2卷)，邓正来译，中国政法大学出版社2005年版，第8页。

[5] 林端：《法律人类学简介》，载《原始人的犯罪与习俗》([英]马林诺夫斯基著，原江译)，法律出版社2007年版，第109页。

[6] 林端：《法律人类学简介》，载《原始人的犯罪与习俗》([英]马林诺夫斯基著，原江译)，法律出版社2007年版，第110页。

……我们可以说，习惯和各人们团体中的准则对人们的关系远较法律重要。”[1]法律、宗教和道德是调整社会秩序不可或缺的社会规范，其对社会秩序的型构起到了立体交叉的作用。关于宗教的作用，我国近代思想家魏源指出：“鬼神之说有益于人心，阴辅王教者甚大；王法显诛所不及者，惟阴教足以摄之。”[2]关于道德的作用，罗斯科·庞德曾有一段精彩的论述，他说：“正如一个人不能把维持生命的空气从其住房中排除出去那样，人们也不能把道德上的考量从审判过程中排除出去，而这种兑现正义的审判乃是一切国内法的目的和目标。”[3]“德礼为政教之本，刑法为政教之用”，中国古代关于德礼与刑法对社会秩序调整作用的认识也进一步说明了社会规范的层次性的不同作用。

其三，“法律的目的就是按有序的方式维护一种理想化的社会现状”[4]。理想化的社会现状的维护单靠法律是不能完成的，习惯、习俗、人情等社会规范对理想化的社会现状的维护至关重要。“与一个社会的正当观念或实际要求相抵触的法律，很可能会因人们对它们的消极抵制以及在对它们进行长期监督和约束方面所具有的困难而丧失效力。”[5]理性化的社会秩序的缔造离不开习惯、习俗、人情、经验等社会规范的参与。

法律的理性从纵向的角度看，它应包括立法的理性、审判的理性和执法的理性。战国时期的商鞅在论及立法与时俗的关系时说：“故圣人之为国也，观俗立法则治，察国事本则宜。不观时俗，不察国本，则其法立则民乱，事剧则功寡。”[6]法律是一个民族历史经验的总结，是一个民族习惯的延续，法律制定或司法解释如割裂历史，按少部分群体的意志制定或解释，对一个民族的法律理性或社会秩序都是一种破坏。笔者对最高人民法院2001年12月颁布的《关于适用〈中华人民共和国婚姻法〉若干问题的解释

---

[1] 瞿同祖：《法律在社会中的作用》，载《瞿同祖法学论文集》，中国政法大学出版社1998年版，第409页。

[2] 《古微堂集》内卷1《学篇》。

[3] [美]罗斯科·庞德：《法理学》（第2卷），邓正来译，中国政法大学出版社2005年版，第251页注。

[4] [美]罗斯科·庞德：《法理学》（第1卷），邓正来译，中国政法大学出版社2004年版，第28页。

[5] [美]博登海默：《法理学——法哲学与法律方法》，邓正来译，中国政法大学出版社2004年版，第383页。

[6] 《商君书·算地》。

(一)》(以下简称《婚姻法若干问题解释(一)》)“第五条有关同居问题的解释”一直持不同意见。《婚姻法若干问题解释(一)》第5条规定:“未按婚姻法第八条规定办理结婚登记而以夫妻名义共同生活的男女,起诉到人民法院要求离婚的,应当区别对待:(一)1994年2月1日民政部《婚姻登记管理条例》公布实施以前,男女双方已经符合结婚实质要件的,按事实婚姻处理;(二)1994年2月1日民政部《婚姻登记管理条例》公布实施以后,男女双方符合结婚实质要件的,人民法院应当告知其在案件受理前补办结婚登记;未补办结婚登记的,按解除同居关系处理。”最高人民法院关于结婚形式的这一解释,是对中华民族几千年来婚姻习俗的彻底否定,[1]同时这种解释对于“婚姻”这一法律事实存在的自然理性也是不符合的。婚姻是一种结两性之好,繁衍生息,延续人类的社会存在形式。婚姻的仪式具有公开宣示性,是特定的两性个体向社会公开宣示其缔结婚姻,一方对一方负责,共同对家庭负责的形式。婚姻的缔结通过一定仪式,在双方亲友的见证下进行,使得这种婚姻仪式又具有公开证明性的特征。最高人民法院关于婚姻的缔结形式只能采取政府登记的形式,体现了国家对公民私生活的过度干预。目前在中国广大的农村地区按照传统习俗缔结婚姻的现象在一定程度上还相当普遍,仅以河南法院裁判文书网为例,2013年1月公布的普通民事裁判文书中有9例是关于同居析产和子女抚养的判决文书。这种不承认事实婚姻和仪式婚姻的做法,不利于维护既定的社会关系,对婚姻一方当事人利益的维护,尤其是处于弱势一方当事人利益的维护是不利的。笔者曾接受一起有关“男方向女方索要彩礼案”的法律咨询案,案情的基本情况是:男方与女方按当地习俗举行了结婚仪式,未办理结婚登记手续。半年后,女方怀孕,孕检时发现女方患有肿瘤病。为确保母女安全,女方做了肿瘤切除手术,同时做了人流。手术后,男方担心女方以后不会怀孕,向法院起诉解除同居关系,并索要彩礼7000元。一审人民法院依法判决支持原告的诉讼请求。这一判决结果显然对女方是不利的,其判决结果也不符合公平、公正原则,但是这一结果符合立法或司法解释的精神。历史法学派认为,“法律经人寻出,却不经人造成”,[2]“法律乃一个民族整个历史的必然结果,而不是思辨

[1] 《仪礼·士昏礼》记载:婚姻有六礼,依次是:纳采、问名、纳吉、纳征、请期和亲迎。婚姻的六礼形成于西周时期。

[2] [美]罗斯科·庞德:《庞德法律文述》,雷宾南、张文伯译,中国政法大学出版社2005年版,第12页。

能够从一个法学家的头脑中刻意规划出来的某种东西，也不是能够根据一种专断的命令而得以形成的某种东西”。[1] 人类的良知和实际需求是法的最终源泉。[2] 法律规则是从相关民族的生活中自生自发演化而成的，因此，这种规则本身就有作用；如果规则不具有作用，那只能证明该规则不曾表达经验。[3]

就司法的理性而言，审判者和执法者应该具有循吏的品格和行为表现，即“上顺国法，下顺民情”的品格和行为。司法的理性在中国的司法审判史上可谓是源远流长，《礼记·王制》就记载：“凡听五刑之讼，必原父子之亲，立君臣之义，以权之；意论轻重之序，慎测浅深之量，以别之。”西汉初年“罢黜百家，独尊儒术”政策实行以后，儒家文化向法律逐渐渗透，以《春秋》等儒家经典的“微言大义”决狱现象的兴起，正是理性司法的一种表现。西汉以后，儒法结合进一步加强，至明清时期情理法的有机融合达到了空前的高度。就现代司法而言，将民俗习惯引入司法过程，在司法审判过程中考量亲情、公众情感，参酌经验，有着正当、合理的现实需要，能够有效化解社会矛盾纠纷。“现实的司法实践告诉我们，在有些情况下，依法审判的结果往往并没有得到当事人和社会公众的普遍认同，案结事不了的现象仍然存在。造成这一状况的原因是多方面的。其中，不能忽视的是，社会生活中调整人们的行为，形塑社会秩序的不仅仅是法律，还有世代相传、约定俗成的民俗习惯；它们坚韧地存在于人们的思想中，并规范着人们的行为，指导着人们的生活，而且，在一定意义上，民俗习惯更为人们所依归。”[4]“习惯的规则都是人类在社会生活的实践中通过选择的方式逐步形成的，因而都能体现人类的基本理性。”[5]我国现行的司法解释对民间普遍存在的“仪式婚”“事实婚”的不认可，在一定意义上也是对人们基于选择产生婚姻习俗的不认可，给司法审判实践也造成了一些难以解决的司法矛盾。如最高人民法院

---

[1] [美]罗斯科·庞德：《法理学》第一卷，邓正来译，中国政法大学出版社2004年版，第50页。

[2] [德]耶林：《法律是一门科学吗？》，李君韬译，法律出版社2010年版，第67页。

[3] [美]罗斯科·庞德：《法理学》第一卷，邓正来译，中国政法大学出版社2004年版，第356～358页。

[4] 公丕祥：《民间习惯司法运用的理论与实践》，法律出版社2011年版，第1页“序言”。

[5] 公丕祥：《民间习惯司法运用的理论与实践》，法律出版社2011年版，第23页。

在《关于人民法院审理未办结婚登记而以夫妻名义同居生活案件的若干意见》(以下简称《意见》)中将"未办结婚登记"的事实上的夫妻关系定性为"非法同居关系",并规定可比照合法的婚姻纠纷案件以解除非法同居关系为案由受理并审理解决此类纠纷。按此《意见》,一方面承认"未办结婚登记而以夫妻名义同居生活的"关系为"婚姻"关系,另一方面又不承认为"婚姻"关系。对于非婚姻关系的同居关系的财产的分割、债权债务的承担则按婚姻关系处理。最高人民法院的这一司法解释在一定程度上助长了"包二奶"现象的发生,使得刑法所规定的重婚罪的适用范围也大大缩小了。

司法实践中对于符合公序良俗的民俗习惯的认可,有利于民事纠纷的解决。法律和法学意义上的习俗是指以人们的社会关系为调整对象,并具有普遍约束力的社会风俗和习惯。习俗是法律诞生的母体,并在法律发展的漫长历史过程中给法律施加着重要的影响,即便是在成文法高度发达的今天,习俗仍是支撑法律有效运作的重要因素。近些年来农村地区邻里之间会发生针对受害人采取的一些做法,甚至"巫蛊"等手段,使受害人产生一些精神损害,影响了社会关系的稳定。如江苏省如皋市人民法院判处的一起人身权纠纷案就属于这种情况。原告朱某与被告陆某两家为同组村民,南北相邻。2004年10月,被告在其家楼房屋后树立四扇石磨,两扇一组,正对着原告家大门,石磨外侧有镜子对着原告家,其中一面镜子还写作"死"字。原告认为,被告放置石磨和镜子的行为是一种巫蛊行为,给原告及其家人造成了精神损害,请求判令被告停止所有的针对原告及其家人的巫蛊行为,并赔偿原告的精神损失费3000元。人民法院经审理认为,被告的行为是一种封建迷信行为,其主观恶意明显,有悖于社会公序良俗,给原告造成了一定的精神痛苦和创伤。于是判决被告陆某立即停止所有巫蛊行为,将石磨和镜子移走,并赔偿原告精神损害抚慰金500元。[1] 宣判后,双方当事人均服判。还有一起有关民俗习惯引起的纠纷案:原被告两家是邻居,前后相邻,被告建房的排水沟正对着原告家的大门,原告起诉要求被告停止侵权行为,将排水沟移到合理位置,法院依法支持了原告的诉讼请求。[2] 在经济交往中,对民俗习惯的违背可能会构成解约的条件之一。如被告在已签订房屋买卖合同,并收取了定金,尚未办理变更登记房屋内设置灵堂,操

[1] 江苏省如皋市人民法院民事判决书(2005)皋民一白初字第0135号。

[2] 河南省信阳市中级人民法院(2013)信中法民终字第211号民事判决书。

办丧事，原告认为被告的这一行为给原告蒙上了心理阴影，无法在其中正常生活和居住，要求解除合同，退还定金。上海市金山区人民法院经审理认为，虽然被告在系争房屋内操办丧事并未违反国家法律，也未对合同履行造成实质障碍，但是，按照民间习俗，被告的行为给原告造成了一定的心理阴影，原告不愿意再购买该房屋可为社会常理所接受。因此，对原告的诉讼请求予以支持。被告不服，提起上诉。二审法院判决：驳回上诉，维持原判。[1]

对亲情认可和重视，也是司法理性的重要考量之一。新修订的刑事诉讼法第188条规定："经人民法院通知，证人没有正当理由不出庭作证的，人民法院可以强制其到庭，但被告人的配偶、父母、子女除外。"这是立法对亲情的正式承认。我国对亲情的承认可谓源远流长，《论语·学而》曰："其为人也孝悌而好犯上者，鲜矣；不好犯上而好作乱者，未之有也。君子务本，本立而道生。孝悌也者，其为仁之本与！"仁孝被儒家认为是社会秩序稳定的基础。西汉初期"亲亲相隐"原则正式入律，北魏时"相隐"扩大到"五服"亲等，并一直延续到清末。新中国成立后的司法实践对亲属之间的"容隐权"重视不够，甚至忽视，这种状况对社会关系和谐、稳定的维护非常不利。2005年轰动全国的湖北荆州京山县的"佘祥林杀妻案"，其影响之大，不仅仅在于佘林祥本人含冤入狱11年，更为重要的是该案违背并亵渎了人类最基本的亲情和爱心：杨五香，佘祥林之母，体健农妇，儿子出事后，认为儿子无辜，不停上访，向有关部门反映情况，被关9个月，出看守所3个月后死亡。佘锁林，佘祥林的大哥，原是何场村九组治保主任，出事后不断上访被关41天。[2] 在该案中司法机关对亲情零容忍，在一定程度上倡导淡漠亲情，这是理性社会所不能容忍的。笔者10多年前曾担任一起伪证案件被告的辩护人，案件的基本情况是：作为被告的弟弟基于义愤杀人，哥哥为使弟弟能得到从轻或减轻处罚，希望能保住弟弟生命，收集并提供了被害人有污点的证据。虽然这些证据在形式上存在一些瑕疵，但主要事实并无出入，审判法院仍然认为哥哥的行为构成了伪证罪，被判处有期徒刑两年，弟弟被判处死刑。事情虽已过去10多年，对于审判该案法官的"不仁"，笔者至今仍耿耿于怀。

---

[1] 徐翠萍等：《民间习惯可以成为解除合同的依据》，载《人民司法》2008年第24期。

[2] 《南方都市报》2005年4月5日。

经验是对一个人经历和生活感悟的认知。普通法原则是一种致力于经验的理性原则。公众情感、公众认知,也是司法考量的因素之一。"许霆案",河南省平顶山市人民法院判决"天价逃费案",郑州市管城区人民法院判决的"天价手机案",云南省高级人民法院判决的"李昌奎案",都引起了社会的极大关注。这些都是判决的案件与公众情感、公众认知脱节的结果。"法意、人情实为一体。循人情而违法者不可也,守法意而拂人情,亦不可也。权衡二者之间,使上不违法意,下不拂人情,则通行无弊也。"[1]

结　语

司法是社会正义的最后一道防线,理性司法给社会大众以安全感,有利于建构一个稳定的社会秩序。理性的裁判主体是理性司法最主要的依凭,因为司法裁判是裁判主体基于对案件事实的分析判断依据法律和内心的公平正义的理念作出的,理性的裁判主体自然会产出理性的判决。理性的裁判方式而非纯粹的三段论的机械性的推理,就要给裁判主体应有的司法裁量权,以追求司法的至真、至善和至美。对于习俗、习惯、风俗、民族文化的有条件的遵从和肯定,也是理性司法应考量的因素。理性是法律的生命,理性司法是法治社会的重要保障。

---

[1] 王志强:《南宋司法裁判中的价值取向——南宋书判初探》,载《中国社会科学》1998年第6期。

息讼与兴讼：民事司法的个案效果与社会效应研究

周寓先*

摘要：刑事案件的不断增长，意味着社会治安恶化；然而，民事案件的增长却并不被认为异常。将民事案件的增长归因于社会经济发展、诉讼便捷化和法治程度加深，事实上并没有看到裁判社会效应对于纠纷抑制的作用。通过个案处理如果能让人们知道对于某类型纠纷，“司法怎么处理”“为什么这样处理”“不主动履行义务将付出更多的代价”，就可以影响纠纷产生和产生纠纷后的诉讼外解决。“以案去案”是中国古老的传统，也是现代民事诉讼对于纠纷解决的中心作用，更是“全民守法”的内在要求。产生正面裁判社会的核心在于避免机械司法，法官要用公众理性、主流价值在个案中解读法律。在国家权力机关的统领下，立法和执法解决社会规则的普遍性问题，司法解决特殊性问题。当矛盾的普遍性和特殊性达成良好互动时，法律的运行过程就会承载并反作用于公众感情，社会规则会变得更为清晰而有力，并以此实现善治。

关键词：以案去案；裁判社会效应；民事纠纷；人案矛盾

一、问题的提出

通过个案的处理形成良好的秩序并抑制更多案件的产生，这一思想在中国具有悠久的历史。先秦法家代表人物商鞅就曾提出：“以刑去刑，

* 周寓先，四川省成都高新技术产业人民法院四级高级法官。

国治;以刑致刑,国乱。”[1]法家集大成者韩非子也说:“夫严刑者,民之所畏也;重罚者,民之所恶也。故圣人陈其所畏以禁其邪,设其所恶以防其奸,是以国安而暴乱不起。吾以是明仁义爱惠之不足用,而严刑重罚之可以治国也。”[2]韩非子师承战国最后的大儒荀子,儒家创始人孔子也将“听讼,吾犹人也。必也使无讼乎”[3]作为自己的主张。差别在于:法家的理念是“以刑去刑”,儒家的思想则是“以德去刑”。[4] 中华法系在表现形式上“诸法并存”,民事纠纷采用刑罚的方式予以处理。[5] 因此,无论“以刑去刑”还是“以德去刑”都包含通过案件处理,减少或者抑制民事案件的出现。这种理念下,案件越多,越被认为是治理无能或者秩序混乱。

当今中国,民事法律不再依从或者依附于刑法,这种转变似乎也影响了我们对于“去刑”的解读。儒、法两家所追求的无讼(讼期无讼),本是在刑法和民法没有什么显著区别背景下形成的。而现在的情况则是:一方面,对于刑事及治安案件的增多,我们持否定负面评价;另一方面,对于民事案件的增多,我们很少予以否定批评,相反认为是理所当然的,或者是社会客观情形下的在所难免。[6] 接受人民法院案件尤其是民事案件逐年增加的现实,

---

[1] 《商君书·去强》。

[2] 《韩非子·奸劫弑臣》。

[3] 《论语·颜渊篇》。

[4] 何勤华:《中国法学史纲》,商务印书馆2012年版,第33页;马作武:《先秦法律思想史》,中华书局2015年版,第80～81、347～348页;魏培良、陈士果:《论“以德去刑”与“以刑去刑”》,载《管子学刊》2002年第2期。

[5] 张晋藩:《中华法制文明的演进》,法律出版社2012年版,第11页;[日]仁井田升:《中国法制史》,牟发松译,上海古籍出版社2018年版,第46～51页。

[6] 2003年至2007年全国法院共审(执)结案件3178.4万件,2008年至2012年全国法院共审(执)结案件5525.9万件,2013年至2017年全国法院共审(执)结案件8598.4万件。详见2008年、2013年、2018年最高人民法院工作报告。

已经成为进行司法理论分析和解剖司法实践问题的先决条件。[1] 这里的问题是：假设以个案处理抑制案件发生的理念是错误的，那么为什么在现代社会仍然强调应当控制刑事案件的发生，而对民事案件又呈现出不同的判断？是什么原因导致我们认为民事案件不断增长，可以成为个案处理抑制案件发生，并以此检验治理水平理念的例外呢？

民事案件不断猛增与现代司法理念存在某种冲突。现代民事司法理念同样强调以个案处理抑制案件发生。民事诉讼的目的既包含当事人为什么而进行民事诉讼（当事人提出或参与民事诉讼的目的），也包含国家设定民事诉讼制度的双重目的（履行“保民”责任，并维护私法秩序、形成公共政策）。[2] 如果单纯用解决纠纷来衡量审判，用裁判的方式解决纠纷（相较于调解、仲裁等其他方式而言）成本是最高的，收益也最低。即使如此，现代社会仍然强调裁判在纠纷解决中的中心地位，因为裁判通过解决具体的纠纷来维护一般规范秩序，并以此促进大量的纠纷得到自发的解决。[3] 把民事案件排除在“个案处理抑制案件发生并以此检验治理水平”的理念之外，会缩限民事司法程序能够达到的社会整体作用和总体效果。

从当前新法治方针来看，将民事案件的猛增视为正常也并不可取。当前法治建设方针是全面推进科学立法、严格执法、公正司法和全民守法，其

---

[1] 应对案件增多，人民法院一般围绕改革激活机制活力、信息化建设支持、多元化纠纷分流案件进行。参见江必新：《通过制度化措施解决法院“案多人少”问题》，载《法制日报》2017年11月22日第11版；李少平：《传承“枫桥经验”创新司法改革》，载《法律适用》2018年第17期；胡仕浩：《多元化纠纷解决机制的“中国方案”》，载《中国应用法学》2017年第3期；江苏省高级人民法院课题组：《怎样解决案多人少的矛盾？——以A中院民三庭K法官为调研样本》，载《法律适用》2015年第6期；王禄生：《司法大数据与人工智能开发的技术障碍》，载《中国法律评论》2018年第2期。学者考察司法制度也将案件逐年增多作为分析问题的基本设定，参见左卫民：《“诉讼爆炸”的中国应对：基于W区法院近三十年审判实践的实证分析》，载《中国法学》2018年第4期；秋熊红：《为法官减负为司法提速——如何破解“案多人少”司法困局》，载《人民论坛》2019年第2期；罗嘉威：《仲裁与诉讼的分流机制研究——以司法文明建设为视角》，载《政法论坛》2019年第3期。

[2] 邵明：《现代民事诉讼基础理论：以现代正当程序和现代诉讼观为视角》，法律出版社2011年版，第13页；[日]谷口平安：《程序的正义与诉讼》，王亚新、刘荣军译，中国政法大学出版社1996年版，第40～46页。

[3] [日]田中英夫、竹内昭夫：《私人在法实现中的作用》，李薇译，法律出版社2006年版，第7页；[日]棚濑孝雄：《纠纷的解决与审判制度》，王亚新译，中国政法大学出版社2004年版，第26～27页。

本质就是不断推进国家治理和治理体系的现代化，核心要义是用法治的思维和方式，促成国家治理能力和治理水平的提升，最终实现善治中国。[1] 通过科学立法解决普遍规范的合理性、正当性问题，通过严格执法保证政府和人民的行为都在法律框架内活动，通过公正司法解决严格执法可能造成的形式与法律内在目的和精神不相符合的情形，最终形成良好社会秩序和公民道德，达至全民守法。[2] 如果对于"全民守法"的要求并不仅仅停留在人民不作奸犯科，也包含信守合同、尊重他人民事权益、不滥用权力、诚实信用参与社会生活这些实现良法善治的必要内容，那么，刑事案件增多代表违背"全民守法"的追求，民事案件增多也同样不符合"全民守法"的要求。

"个案处理抑制案件发生并以此检验治理水平"是中国的传统法律意识，与现代司法理念相契合，也应该成为"科学立法、严格执法、公正司法、全民守法"法治方针的实践途径。以此可以判断，将民事案件的增长仅仅视为客观现象，并且作为我们分析问题和解决问题的当然逻辑，也许存在严重错误。问题在于，这样的错误是如何发生的呢？又应当对案件增长作出怎样的合理解释？民事案件增长能否并以何种方式回到传统、现代司法理念和当前法治方针，实现以个案处理抑制更多案件产生？

二、民事案件长期持续增长正常吗？

民事案件的增长之所以被视为正常，乃在于我们认为造成这些增长的原因具有客观性。这些原因大致有以下几个方面：一是经济社会发展；二是

[1] 应松年：《加快法治建设　促进国家治理体系和治理能力现代化》，载《中国法学》2014 年第 6 期；李林：《习近平全面依法治国思想的理论逻辑与创新发展》，载《法学研究》2016 年第 2 期；王利明：《新时代中国法治建设的基本问题》，载《中国社会科学》2018 年第 1 期。

[2] 张文显：《治国理政的法治理念和法治思维》，载《中国社会科学》2017 年第 4 期；张鸣起：《推进科学立法、民主立法、依法立法，以良法促进发展、保障善治》，载《中国法学》2017 年第 6 期；卓泽渊：《全面深化政法改革刻不容缓》，载《中国法律评论》2018 年第 6 期；胡玉鸿：《习近平公正司法思想探微》，载《法学》2018 年第 6 期。

诉讼便捷化；三是国家法治化程度加深。[1] 假设引发民事案件增加的原因都是客观的、不可避免的，而且这些因素都或多或少带有正当性，自然不应当否定性评价案件增加这一事实。这种逻辑可以为"以刑去刑"或者说"以德去刑"，出现刑事和民事评价的分野提供一种说明。那么，这些原因真的能回答民事案件的增多吗？

（一）经济社会发展并非必然导致案件增多

近10多年来，人民法院受理案件数量逐年上升，这与我国经济发展、社会转型呈现出表面上的正向关系。基于单纯的数量关系，将案件增长的原因，归结于经济社会的发展以及社会转型，成为很多人无须加以证明的明显事实。并且据此断言，案件逐年增长不可避免。我国国内生产总值与诉讼量呈现对应关系，经济增长是诉讼量激增的原因。[2] 但是这一结论并不能经受事实和理论检验：

事实上，经济社会发展与案件增量并不必然存在正向关系。从纵向来看，中国也曾经历过经济高速发展而人民法院案件数量并未猛增的实际。最高人民法院2003年至2007年，共审理各类案件20451件，比前五年仅上升0.78%。监督指导地方各级人民法院和专门法院审结各类案件3178.4万件，比前五年只上升1.59%。[3] 与此同时，我国GDP年均以10%以上的速度增长。从横向来看，德国新收民事案件数量在2000年为1867281件，到2015年就下降为1423489件，同时其受理的督促程序案件也大幅下降，法官的工作负担和强度也不断下降。[4] 同时期，德国的GDP从2000年的

---

[1] 浙江省宁波市鄞州区人民法院课题组：《基层法院"案多人少"矛盾与破解之策——以宁波市鄞州区人民法院为例》，载《法律适用》2009年第6期；江苏省常州市中级人民法院课题组：《解决人民法院案多人少问题的调研报告》，载《人民司法》2009年第11期；蒋银华：《司法改革的人权之维——以"诉讼爆炸"为视角的分析》，载《法学评论》2015年第6期；陈卫东：《诉讼爆炸与法院应对》，载《暨南大学学报》2019年第3期。

[2] 案件随着经济社会的发展增加虽然作为常识被加以接受，然真正从理论上直接加以论证的成果却十分少有，而且并不见于法律类权威期刊。参见白彩全等：《诉讼量与经济增长的动态关系——基于灰色关联度与var模型的经验证据》，载《数学的实践与认识》2015年第12期；黄婷婷、张超：《中国民事诉讼量与经济增长关系实证分析》，载《湖北文理学院学报》2015年第2期。

[3] 2008年最高人民法院工作报告。

[4] 数据来源于德国联邦司法部主页，转引自周翠：《我国民事司法多元化改革的现状与未来》，载《中国法学》2018年第1期。

1.95 万亿美元增长到 2015 年的 3.38 万亿美元。[1] 虽然发展没有我国迅速，但在经济增长情况下，案件却大幅度下降，也足以引起我们的反思。德国在这期间还经历了中东难民涌入，对其社会秩序的冲击不可谓不大。

理论上，经济社会发展与案件增量也并不必然存在正向关系。中国学者介绍过国外研究人员在这方面的研究成果，更多国家的经验表明：随着社会和经济的发展，诉讼数量会相应增加，尤其是在社会转型时期，社会矛盾增加，会有越来越多的争端涌向法院。但是随着社会结构趋于稳定，社会本身由失范转向规范，诉讼的增长率趋于平缓，甚至有下降的趋势。[2] 更多的研究还表明，社会变迁与诉讼呈现出“随机型”“直线型”“曲线型”“周期型”等多种形态，社会经济发展对一定人口提起诉讼的比率（诉讼率）的影响既可能提升也可能下降。[3]

综上，将经济社会发展与案件增长必然联系起来，是缺少证据的。应当承认，经济社会发展确实会增加人们的相互交往，纠纷确实可能会增加。然而，纠纷的增加并不等于诉讼的增加。经济社会发展不能作为民事案件增长的当然解释。

（二）诉讼便捷化不会当然引发诉讼

诉讼便捷化被认为是诉讼增加的一个重要原因。目前诉讼便捷化主要表现在诉讼费用的相对较低、立案登记制、人民法院自身加强的诉讼服务、巡回受理与审理案件。从国家保护公民权益的责任角度，这些措施毫无疑问具有正当性，但是这些措施是不是真的导致了案件猛增呢？我们以诉讼费用为例进行分析。

“选择司法途径的激增，还因为纠纷人的司法成本绝对降低了。这主要因为 2006 年国务院颁布的《诉讼费用交纳办法》大幅降低了诉讼收费。……如果视司法解决纠纷为服务产品，视诉讼收费为价格，即使不考虑改革开放以来人们收入增加导致诉讼收费的相对价格大幅下降，依据价格

[1] 数据来源于德国联邦统计局网站，https://www.destatis.de/DE/Startseite.html，最后访问时间：2020 年 7 月 28 日。

[2] 朱景文：《中国诉讼分流的数据分析》，载《中国社会科学》2008 年第 3 期。

[3] 冉井富：《现代进程与诉讼：1978—2000 年社会经济发展与诉讼率变迁的实证分析》，载《江苏社会科学》2003 年第 1 期；朱涛：《社会变迁中的诉讼数据：国际经验与中国现实》，载《国家行政学院学报》2014 年第 1 期。

理论,也可以断定,诉讼收费降低也会大大刺激民众的司法消费。”[1]部分学者主张提升诉讼费用以减少诉讼,只是因为提高诉讼门槛迫使当事人远离诉讼欠缺正当性并不可行。[2]

现实的司法数据并不支持诉讼费用较低导致了案件增多。2008 年至 2012 年五年间全国法院审结金融案件总量 280.8 万件,2013 年至 2017 年五年审理的金融案件就上升到了 503 万件,同期商事案件的增长上升了 53.9%,民事案件的增长上升了 54.1%。[3] 金融案件的案件受理费按照财产标的收取,费用并不低,甚至最高人民法院都正在调研是否应当对财产类标的案件设定最高诉讼费用上限,[4]金融机构作为机关也不能得到减缓免优待。这种情况下,金融案件增长比例达到 79.13%,高出商事案件增长率 25.23%,高出民事案件增长率 25.03%。劳动争议案件受理费最低,被认为是诉讼费降低导致案件增多的典型。由于最高人民法院工作报告及其司法统计公报,并没有采用固定发布劳动争议案件数据的形式,无法精准对比劳动争议案件增长率。仅有 2017 年最高人民法院工作报告载明 2016 年审结劳动争议案件 47.5 万件。在 2017 年司法统计公报中单列劳动、人事争议案件统计为 470669 件。[5] 由于司法资料数据未能标准化公布,导致对比并不完全,也不太科学、客观,但足以对诉讼费用导致案件增多形成论证证据上的动摇。

其实,无论诉讼制度本身如何便捷,当人们将纠纷提交到法院时,都让人苦恼。人们常常将法院与医院对比,即使医院的设备再先进、服务再好,恐怕也没有谁愿意更多地去医院。

---

[1] 苏力:《审判管理与社会管理——法院如何有效回应“案多人少”?》,载《中国法学》2010 年第 6 期;另参见浙江省余姚市人民法院课题组:《关于〈诉讼费用交纳办法〉实施运行的调查与问题探索立足于基层人民法院的思考》,载《法律适用》2008 年第 6 期;冉崇高:《以实现诉讼费制度功能为视角论我国诉讼费制度改革》,载《法律适用》2016 年第 2 期。

[2] 张海燕:《法院“案多人少”的应对困境及其出路——以民事案件为中心的分析》,载《山东大学学报(哲学社会科学版)》2018 年第 2 期。

[3] 数据来源于最高人民法院 2013 年、2018 年工作报告。此处的统计将合同类案件视为商事案件,侵权、劳动争议、婚姻家庭等视为民事案件,本文所称民事案件既包含商事案件也包含民事案件,特此说明。

[4] 最高人民法院司法改革领导小组办公室编:《新时代深化司法体制综合配套改革前沿问题研究》,人民法院出版社 2018 年版,第 67 页。

[5] 数据来源于《2017 年最高人民法院工作报告》及《2017 年全国法院司法统计公报》。

(三)法治化程序加深并不意味着需要更多司法回应

由于国家层面已经认识到法治对于社会长治久安不可替代的作用,法治化程度在我国确实在不断加深。法治化有一个系统的标准,按照亚里士多德对法治的基本理解,良好的立法和立法被遵守是基础要求。我们将法治化程度的加深至少可以理解为法律的不断完善和人们利用法律的积极性提高(权利意识提高)。

最令人奇怪的是,在我国法律的增加被认为是民事诉讼增多的重要原因。有研究通过实证分析发现法律法规数量和民事诉讼率呈正相关关系,随着法律法规数量的增加,民事诉讼率也在不断地增加。[1] 这种判断确实与诉讼表面现象符合,如劳动合同法、物权法、的第三人撤销之诉这些法律的新规定,都增加了相应的诉讼。然而,法律的基本功能是什么呢?春秋战国时期的管仲就说过:“法者所以兴功惧暴也,律者所以定分止争也,令者所以令人知事也。”[2]慎到也言:“一兔走街,百人追之,贪人具存,人莫之非者,以兔为未定分也。积兔满市,过而不顾,非不欲兔也,分定之后,虽鄙不争。”[3]定分止争,是法律最为基本的功能。“当有关问题的法律十分清晰时,理性的人们就不必诉诸司法程序了。”[4]我们出台的法律相反还诱发了诉讼。比如应当履行合同这一法律规定十分明确,为什么前述金融合同类案件却增加得最为迅猛?难道是应当履行合同的立法出了问题?恐怕还是需要从司法上寻找原因。

人们利用诉讼的积极性提高或者说权利意识提升,是否当然引发诉讼的增加呢?已有研究指出:权利意识不等于诉讼,核心是处理与权力的关系,当下中国“权利”几乎是与公共生活疏离甚至故意回避的,它不是鼓励公民通过公共参与和政治表达来改善权利的行使,而是鼓励用诉讼来救济个人利益。认为权利意识的增强导致了诉讼的增加并乐观其成,是对“权利”

---

[1] 王峻峰:《经济增长、收入差距与民事诉讼率——转型期中国民事诉讼率实证研究》,载《学术论坛》2014 年第 10 期。

[2] 《管子·七臣七主》。

[3] 《慎子·逸文》。

[4] [德]齐佩利乌斯:《法哲学》,金振豹译,北京大学出版社 2013 年版,第 193 页。

理论的误解。[1] 再则，人们即使拥有权利，诉讼仍然是劳神费时之事，人们也可以选择代替纠纷解决方式实现权利。[2] 权利意识的提升并不能当然等同于诉讼增加。

法治程度的加深，更多意义上应当是法律更为广泛和更有深度地调整人们的行为，从而减少纠纷，产生的纠纷也能得到恰当的解决（而并非一味强调诉讼）。近现代才产生了这样的意识“因为受命令，只因为这个理由去遵守”，同时法律与其说主要由法官和权力制定，不如说是由社会生活自身所提供的。[3] 法治社会中法律和生活紧密相连，不会感到因为遵守命令而形成额外负担。如果说社会的不断法治化，更可能的结果是秩序井然、案件减少。案件增多虽然也是另一种可能，但这一结果的发生绝不能视为法治化的必然结果。

三、民事案件数量波动与个案裁判的社会效应

经济社会的发展、诉讼的便捷化以及社会法治化程度的加深，都只提供了案件增加的可能性。这些可能性表现在经济社会发展导致人们的交往行为增多、社会转型带来新的情况增多、诉讼便捷有助于提高人们通过诉讼解决纠纷的愿望、社会法治化程度加深也促使人们更多地将纠纷纳入法治解决轨道。然而，案件增多并非必然，纠纷是否转化为案件，还取决于司法裁判的社会效应。

（一）个案裁判的社会效应与纠纷产生

纠纷产生于人们的意见分歧，这并不要求一方采取与对立立场完全相反的立场，而只需在对立场进行回应时，另一方表示怀疑或不确信就行

---

[1] 姜峰：《法院“案多人少”与国家治道变革——转型时期中国的政治与司法忧思》，载《政法论坛》2015 年第 2 期。

[2] 范愉：《诉讼的价值运行机制与社会效应——读奥尔森的〈诉讼爆炸〉》，载《北大法律评论》1998 年第 1 期。

[3] ［美］昂格尔：《现代社会中的法律》，吴玉章、周汉华译，中国政法大学出版社 1994 年版，第 225 页；［日］川岛武宜：《现代化与法》，申政武、王志安、渠涛、李旺，中国政法大学出版社 1994 年版，第 98 页。

了。[1] 法律纠纷指向的,是对于人的生存和发展都至为重要的权利、义务。法学上的纠纷,可以界定为:人们关于享有什么权利及承担何种义务的意见分歧。纠纷的产生存在两个方面的因素:

一方面,纠纷产生于人们关于某种利益分配的冲突。纠纷是社会主体间的一种利益对抗状态;是公开地坚持对某一价值物的互相冲突的主张或要求的状态;是特定的主体基于利益冲突而产生的一种双边(或多边)的对抗行为。[2] 社会冲突源于可欲资源的有限性与人性欲望的无限性之间的矛盾。

另一方面,纠纷也产生于对于应当适用社会规则的冲突。社会中的人要表达己身利益,必须采取社会所接受的表达才能获得社会对权利义务的确认和支持。个体具有一些受生物性驱动的需要,要满足这些需要,通常可以通过多种对象,采取多种方法。当个体将这些变异均作为蕴含意义的思路来考虑时,就不只是作出消极反应,而是必须采取某些评估性标准,从中作出抉择。这种评估有赖于"真实与否的认知性标准,妥帖与否的鉴赏性标准,以及正确与否的道德性标准"。[3] 而这些标准都是一个社会的规范所塑造的。"对当事者及利害关系人来说,如果在自己的利益与自己认为是正当的价值、规则相抵触的情况下还要继续追求自己的利益,就可能或多或少感到内疚。这种情况也可以从交涉中双方当事人总是援引一般的规范来说明自己主张的正当性,并力图以此说服对方的场面得到旁证。"[4]对于利益的主张、权利义务诉求的形成,在主体的内心中首先要参照社会规范进行自我判断,并通过社会所塑造的"真善美"标准进行衡量,进而在主体心中形成一个权利义务抉择。因此,纠纷也与社会规则的明晰与否有关。

社会规则,是一个综合性的概念,比如立法、执法、社会道德、社会自治都会对社会规则的确立产生影响。正常的情况下,立法、执法、社会道德、社

[1] [荷]弗兰斯·H.凡·爱默伦、弗兰西斯卡·斯·汉克曼斯:《论辩巧智——有理说得清的技术》,熊明辉、赵艺译,新世界出版社 2006 年版,第 4 页。

[2] 何兵:《现代社会的纠纷解决》,法律出版社 2003 年版,第 1 页;季卫东:《法律程序的意义——对中国法制建设的另一种思考》,中国法制出版社 2004 年版,第 5 页;范愉:《纠纷解决的理论与实践》,清华大学出版社 2007 年版,第 70 页。

[3] [英]克里斯·希林、菲利普·梅勒:《社会学何为?》,李康译,北京大学出版社 2009 年版,第 122 页。

[4] [日]棚濑孝雄:《纠纷的解决与审判制度》,王亚新译,中国政法大学出版社 2002 年版,第 11 页。

会自治都处于一个相对稳定的状态,通过个案裁判形成的社会效应对纠纷的产生存在影响。例如,王老吉与加多宝系列案件,双方当事人从商标到包装再到宣传用语,产生了众多纠纷。这些纠纷的一个很大来源就在于裁判社会效果,不能定分止争,反而诱发诉讼。加多宝投入大量资源将商标价值从地方一隅发展到全国皆知,商标价值评估上千亿元,该系列案件最初的判决就以商标所有权人对使用权人的贡献全部予以否认,导致使用权人不断采用方法和技巧挑战生效判决权威。[1] 已有的裁判会产生一种社会效应,影响人们对自身权利的看法和期待。当裁判具有较好的社会效应时,可以有效预防纠纷的发生;相反,则会导致人们对各自权利的认知分歧,成为矛盾出现的催化剂。

(二)个案裁判的社会效应与纠纷解决

人们产生纠纷后,并不一定会通过诉讼来解决纠纷。纠纷产生以后,人们至少可以选择一方放弃、双方让步和解、中间人调解、社会力量调解、申请仲裁、法院判决等方式处理双方的纠纷。裁判只是纠纷解决的一种方式,人们能通过更多非诉讼方式处理纠纷,这并不会导致诉讼案件增多。那么,如何将更多的案件引入非诉讼纠纷解决体系呢?

非诉讼纠纷解决体系的运作,与裁判社会效应存在紧密关系。以"职业打假"为例,职业打假人知假买假后,很难与商家达成调解。因为对于职业打假人而言,其看到许多判决认为,知假打假有助于净化食品市场安全,支持知假打假。商家又看到许多判决不支持职业打假。知假打假牟利动机明显,不是消费者,这种行为违背诚实信用原则,不受法律的支持和保护。[2] 裁判无法为人们解决纠纷提供一个标准,在这种情况下,纠纷并非绝对不能调解,但只能成为小概率事件。现实数据也支持了前述判断,职业打假很多通过网络购物进行,"2017年全国新收网络购物合同纠纷一审案件2.25万

[1] 商标所有人和商标合法使用人之间的权利争议,参见刘劭君:《"iPad"案和"王老吉"案引发的法治与道德思考》,载《知识产权》2012年第9期;王连峰:《商标许可合同使用者利益之保护——王老吉与加多宝商标利益纷争之思考》,载《社会科学》2013年第4期。

[2] 反对知假打假的典型案例可参见北京市高级人民法院(2018)京民再57号判决书;支持知假打假的典型案例可参见山东省青岛市中级人民法院(2017)鲁02民终10484号判决书。另关于知假打假的争议,可参见佚名:《知假买假与多倍赔偿:法的解释、功能与价值取向》,载《人民司法》2018年第19期。

余件，同比增长 41.51%，远高于同年全国新收各类案件 13%的案件数量平均增长率”[1]。

非诉解决体系建设能否成功，裁判的社会效应是关键。从 20 世纪末开始，实践和理论开始替代纠纷解决机制探索和研究，其间又经起落，[2]却一直未能达到大量替代诉讼解决纠纷的效果。究其原因，核心还是在于裁判本身是否能提供一套纠纷解决的合理示范。“纠纷的爆发表明存在着一个共同的竞争对象。假设没有一个对双方都有利益的东西，那就不会发生冲突，因为没有什么东西需要为之战斗但是纠纷通常发生在一个共同的规范和规则范围内，它导致了这种规范、规则的建立和扩展。……他们并不是为了原则而斗争，而是为了这种原则在具体情况下如何运用而发生冲突。”[3]通过裁判的社会效应明晰冲突处理规则，产生纠纷后，就可以借助裁判蕴含的规则，促成纠纷化解，而不必走向诉讼。

(三)裁判效应的两种可能

一个社会的社会条件、道德基础、立法执法体系一般都是相对稳定的，司法个案的裁判，会呈现出司法对于一些在前述稳定范围外的问题的基本态度。这些态度，对于潜在纠纷的发生或者处理，都起着引导作用。依照裁判社会效应，人们可以自觉调整自身诉求，从而抑制纠纷的产生，也可以在纠纷产生后，促成人们自行或者经过中间人协商解决。即使经济社会发展、社会法治化水平提高、诉讼更加便捷，也不影响前述逻辑判断。裁判社会效应对案件增减具有两种可能性。

裁判社会效应可分为正面效应和负面效应。负面效应容易诱发纠纷产生，对于产生的纠纷如何解决，人们也无法找到共识，从而使双方之间的对立加深，最后不得不走向诉讼对决。只有正面效应，才可以引导纠纷当事人依照现有的裁判所体现的规则与原则，不断达成纠纷解决的共识，从而抑制纠纷转化为诉讼案件。

如果司法裁判能够处理这些潜在纠纷，纠纷可能不会发生，即使纠纷发生也可以通过协商、调解或者其他非诉讼的方式解决。如果裁判解决潜在

[1] 数据来源于最高人民法院微信公众号，冼小堤:《七成网购纠纷来自这两大平台，最易出问题的商品是……》，最后访问时间:2020 年 7 月 28 日。

[2] 兰荣杰:《人民调解:复兴还是转型?》，载《清华法学》2018 年第 4 期。

[3] [美]L.科塞:《社会冲突的功能》，孙立平译，华夏出版社 1989 年版，第 108 页。

纠纷的社会效应不好,将诱发案件猛增。质言之,裁判解决潜在纠纷的社会效果好,不一定会减少诉讼;但社会效果不好,则一定会增加诉讼。因此,唯有尽量发挥裁判对潜在纠纷解决的引导作用,避免因为裁判社会效应不佳造成的案件增多。故而,需要从法理上探寻裁判社会效应的运行逻辑并且寻找满足哪些条件裁判可以产生正面效应,从而回归以个案处理抑制更多案件产生的传统、现代诉讼理念和新时代法治要求。

四、裁判社会效应影响案件增减的法理逻辑

裁判之所以具有社会效应,乃在于裁判会在三个方面影响人们的认知。第一,裁判对于某种纠纷如何判断;第二,裁判对于某种纠纷的判断是否符合人们对于公正的普遍判断;第三,裁判对于权利人的保护是否到位同时对义务人保有足够惩戒。这三个方面分别会对人们解决潜在纠纷提供形式预测效应、价值引导效应和诉讼时效效应。这些社会效应又分别来源于裁判的确定性、裁判论证和权利保护(不法惩罚)的程度。

(一)形式预测效应与裁判确定性

形式预测效应根植于法的确定性。裁判的确定性体现在同一形式上的纠纷,让人们知晓在一定情况下司法会对当事人行为作出肯定或否定判断。[1] 这样人们可以信赖自己在类似情况下会被类似对待,从而在是否产生纠纷及产生后的解决中作出自己的理性选择。

一般认为,司法过程以三段论作为解释起点。“要证明某一具体案件必须受到某个一般规则(法律规则)调整。三段论则能用于连接该一般规则与具体案件。法律规则表述在大前提中,小前提表明具体案件受到该规则调整。结论则表明适用于大前提案件类型的谓语项,同样也适用于小前提中的案件。”[2]三段论有其深厚的政治理论基础,孟德斯鸠就认为,法官当以

---

[1] [德]魏德士:《法理学》,吴越、丁晓春译,法律出版社2005年版,第42页;[美]道格拉斯·沃尔顿:《法律论证与证据》,梁庆寅、熊明辉译,中国政法大学出版社2010年版,第30～34页。

[2] [荷]菲特丽丝:《法律论证原理——司法裁决之证立理论概览》,张其山等译,商务印书馆2005年版,第26页。

法律的文字为依据，裁判只能是法律条文的准确解释。[1]

某些案件可以直接适用三段论得出确定的司法答案，某些案件则不能简单地适用三段论，法官需要进行独立判断。处理这些案件也是向确定性靠拢的过程。司法一方面应该考量待判断的具体案件事实，凭此以具体化以及特殊化的法律或已有判决中取得妥帖的标准及评价；与前述做法同步，法官亦应以其认为适切的法律观点为据，以补充必要的案件事实，使之更趋精确；两者必须一直持续进行，直到不能再为正当的个案裁判寻获任何新观点为止。[2]

裁判要么遵循确定性所包含的结论，要么寻找不确定案件应当有的确定状态。裁判的合理性基于这样的假设，“即任何一个正确的判断都是由某个真的、可接受的一般性原则所产生的，也就是说，各个真的具体判断乃是将一般性原则应用于各种具体情境的结果”[3]。作出裁判之时，首先是发现了应当应用于案件场合的一般性规范，然后将这一规范应用于具体的案件，最后得出司法结论。

裁判所依据的一般规范，就是裁判所具有的纠纷解决形式预测效应：只要形式上待解决纠纷可以被包含在裁判依据的一般规范当中，人们就可以预测到与自己有关的事务如何进行处理。

（二）价值引导效应与裁判论证

裁判仅仅具有形式预测效应，还不足以为潜在纠纷的解决提供充足支持。假设已有的裁判规则与普遍的公正观不相符合，或者依照现有裁判规则无法对应手头的纠纷。这两种情形，就需要裁判的价值引导效应发挥作用，引导当事人找出潜在的共识，为解决纠纷提供社会规范支持。

价值引导效应，是由裁判运作原理决定的。司法的结果是将当事人之间的意见分歧搁置一边，而对权利义务纷争作出确定性判断。“搁置意见分

[1] [法]孟德斯鸠：《论法的精神》，张雁深译，商务印书馆1961年版，第76、157页。

[2] [德]卡尔·拉伦茨：《法学方法论》，陈爱娥译，商务印书馆2003年版，第1～2页，第22页；王晨光：《法律运行中的不确定性与“错案追究制”的误区》，载《法学》1997年第3期；陈坤：《法律、语言与司法判决的确定性——语义学能给我们提供什么？》，载《法制与社会发展》2010年第4期。

[3] [美]诺奇克：《合理性的本质》，葛四友、陈昉译，上海译文出版社2012年版，第12页。

歧的文明但独断的方法是，把问题交由充当裁判员的第三方来决定谁是对的。”[1]这时：

一方面，裁判不能任意决定对错，需要尽到说理义务。两造提出的诉请或抗辩一般都会先行寻找法律的依据，法官必须找到（至少法官自认为）最为稳妥的答案。法官有义务通过裁判说理来解释自己为何支持哪一方的观点，或者说明为何选择不同于两造的事实认定或者法律解释。[2] 法官既要作出结论又要对作出的结论进行解释。

另一方面，法官作出的结果和说理，会超越个案对社会产生的教育作用，并且对行为产生评价作用。个案制作的判决书文本，承载着法院对极易形成社会效应以及各种各样具有典型法律意义的社会问题治理。通过具体个案裁判，潜在地实现了另外一种不可忽视的社会治理功能，尤其是制定和推动公共政策，制约和规范公共权力，统一法制和解释法律，确立规则和形成判例。司法机关通过法律评价让具体案件中的当事人能认可法律结论。这样，社会公众才能在个案正义中感受到法律的公正性，并且接受法律的权威性。[3]

裁判应当在结论上体现出法律的价值导向功能，并且围绕结论进行说理以使公众知晓法律支持什么、反对什么，从而有助于纠纷当事人明辨是非，在诉讼外解决纠纷。

（三）诉讼时效与权利保护、“不法”惩罚

形式预测使人们知法律其然，价值引导使人们知其所以然。有了这两点对于社会纠纷解决仍然是不够的。当前有些纠纷在解决过程中，无理一方常常主动提出让对方去法院状告自己，比如，在欠款还钱的案件中，经常就会遇到借款人提出让借款人去起诉自己。这样即使裁判结果清晰、论证合理，仍然不能具有促进潜在纠纷解决的社会效果。裁判还需要展示出：对权利的充分保护和“不法”（在民事领域主要为不履行自身的义务）的有力惩罚，使不履行义务成为比履行义务更需要付出代价的行为。

---

[1] [荷]弗兰斯 · H.凡 · 爱默伦、弗兰西斯卡 · 斯 · 汉克曼斯：《论辩巧智——有理说得清的技术》，熊明辉、赵艺译，新世界出版社 2006 年版，第 22 页。

[2] 曹志勋：《对民事判决书结构与说理的重塑》，载《中国法学》2015 年第 4 期。

[3] 任帅军：《论法律评价活动的要素、程序与共识形成机制》，载《学习论坛》2016 年第 3 期；谢进杰：《判决功能的阐释：纠纷解决与社会治理》，载《学术研究》2014 年第 1 期。

从权利人的角度来说，权利人利用司法程序，必须投入一定的时间、金钱和精力，这构成了权利人利用司法的成本。同时，通过司法程序所得的收益一般在起诉前就已经固定(最多是起诉过程中另行计算的持续性利息或违约金)。因此，可以说权利人从司法程序中能得到的收益基本是固定或者相对固定的，然而权利人的成本却可能因为义务人的行为而变化。可以借助经济学上的边际效用对此予以说明。

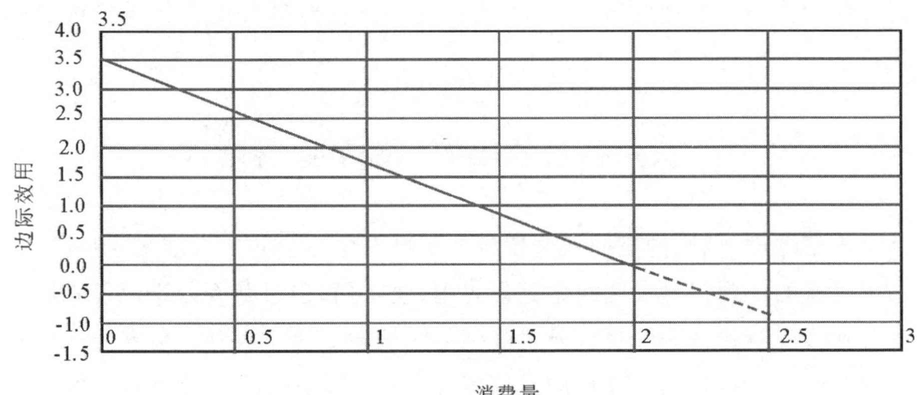

图 1　诉讼成本收益示意图[1]

随着消费量的不断增加，当边际效应超过 0 时，裁判就会呈现出权利人得不偿失的负面效应。对应的就会成为义务人的利益空间。假设欠款纠纷中，约定借款利率为 12%，一旦借款人另行融资的成本超过年利率 12%，借款人就有动力拖延诉讼程序，变相使权利人对其以低的成本融资。裁判还仅判决借款人还款 12%的利息，相当于认可了义务人的融资，变相鼓励义务人不履行义务。

从债务人的角度来说，当某人从事违法行为的预期效用超过将时间及另外的资源用于从事其他活动所带来的效用时，此人就会从事违法。同时，如果惩罚仅仅是对受害者提供补偿，回复到原有状态，那么受害者还需要耗用额外的资源执行这些惩罚。[2] 因此，对于债务人不自动履行义务的行为

---

[1] 周寓先、黄穗：《告知变更诉讼请求的正当界址——〈民事证据规定〉第 35 条实践之于文本的背离与回归》，载贺荣主编：《深化司法改革与行政审判实践研究(上)——全国法院第 28 届学术讨论会获奖论文集》，人民法院出版社 2017 年版，第 515 页。

[2] [美]贝克尔：《人类行为的经济分析》，王业宇、陈琪译，上海格致出版社、上海人民出版社 2015 年版，第 47、61 页。

应当不以弥补债权人的实际损失为限，加大惩罚力度，杜绝债务人从拖延履行债务中获利。

在诉讼过程中应当在降低冲突主体诉讼成本方面保持明确的意识，避免不合理、不经济的诉讼手段的运用。冲突主体对诉讼行为的选择实际上也影响到了诉讼效应，对于诉讼成本效益的研究，正在于为各方行为选择提供理性化的启示。[1] 裁判的成本收益效应核心在于通过裁判显示：主动履行债务代价小于被动履行债务，利用诉讼程序拖延债务履行将付出更多的代价。

五、裁判社会效应如何控制案件增加

简单地说，裁判的正面社会效应就是判清楚、说明白、有威慑。判清楚，通过已有的裁判提供一套纠纷处理规则；说明白，通过裁判的论证表明社会支持什么反对什么；有威慑，通过裁判使人们建立尊重权利积极履行义务的外在激励。三者相结合能预防纠纷发生，并且对发生的纠纷起到促进非诉讼解决的效果，从而通过个案处理抑制案件发生。谈论裁判的社会效应核心是正确对待和处理法院民事案件造成的人案矛盾，实现人案和谐。那么，当前裁判社会效应如何？我们是否能正确应用社会效应应对人案矛盾？现实现象是案件在逐年增加，这初步显示了对于社会效应，我们并没有正确应用或者把握，又应当如何正确适用社会效应呢？

（一）当前裁判社会效应的整体评估

单从民事案件的年年增长，并不必然得出裁判社会效应存在问题。评价案件增多是否正常，需要对现有案件进行总量评估、分析：在这些案件中，有多少是由于裁判规则不明确导致的投机诉讼，又有多少是因为裁判规则蕴含的价值偏差导致的尝试诉讼，还有多少是因为法律的惩戒对于债务人过轻而对债权人的保护又不够导致的被动诉讼。

形式预测方面，实践中常常存在不合理的类似案件的不同处理。它会使当事人在面对纠纷时，陷入不能达成共识的对立状态。对于某些案件，司法时而一种观点时而又否定某种观点，而且理由针锋相对，无论是纠纷的任

[1] 顾培东：《社会冲突与诉讼机制》，法律出版社2015年版，第114页。

何一方都无法清楚地知道，法院会不会支持自己类似的主张，由此导致纠纷增加。

价值引导方面，价值引导是通过裁判说理来实现的，目前裁判说理还显得粗糙，尤其是对于疑难复杂案件。法官更愿意采用调解方式处理此类案件，或者经过审判委员会会决，从而往往丧失探究不明确地带法律规则的机会。如果一个裁判规则并不符合社会公众的认知，人们总会尝试通过新的诉讼去挑战已有的裁判规则。

保护和惩罚方面，尤其值得检讨。如果对于非法行为不能给予足够的惩罚，违法行为者承担的法律责任不足以劝勉其他潜在违法者，裁判就无法达到教育目的，从而防止、化解纠纷。最典型的是"狼牙山五壮士"案，其影响早早超过个案，法律甚至因此增加英烈名誉保护条款，国家也出台了关于烈士保护的专门法律。然而，"狼牙山五壮士"案的侵权人承担了何种责任呢？通过裁判文书网可以看到，一审判决侵权人承担登报道歉责任，侵权人提起上诉，二审驳回上诉。侵权人本当依照裁判履行登报道歉义务，但侵权人拒不履行判决义务，也不向原告支付诉讼费。最后由人民法院通过《人民法院报》代为刊登，侵权人承担诉讼费及登报费用，按照《人民法院报》公布的收费标准，侵权人付出代价不会超过 1800 元。[1] 也就是说侵权人故意侵权，判决侵权后仍然不履行法律义务，法律最终仅仅要求其履行 1000 多元的强制执行费。法律责任如此之少，难以发挥裁判的教育功能。即使故意损害烈士名誉的人尚且不能从法院审理中得到教育，这种教育效果又如何突破个案教益潜在的侵权人呢？

前述分析，只是对当前实践的一个素描，要科学准确地分析，还要系统化、类型化地解析现有案件。这种分析尚需大量的人力、物力和时间投入，但是一旦完成，就能将裁判社会效应不佳从定性判断变为定量分析，从而更好理解社会效应与案件增长的关系，为中国司法和法治提供明确清晰的走向建议。

---

[1] "狼牙山五壮士"案案情详见北京市西城区人民法院(2015)西民初字第 27842 号判决、北京市第二中级人民法院(2016)京 02 民终 6271 号判决；执行情况详见罗书臻：《"狼牙山五壮士"名誉权案强制执行》，载《人民法院报》2016 年 10 月 22 日第 3 版，另有传言侵权人被强制执行费用、登报费、诉讼费仅 1300 元，因并无权威证据支持，故采用人民法院报公示收费标准。公告收费办法详见人民法院公告网，https://rmfygg.court.gov.cn/web/rmfyportal/publishway，最后访问时间：2020 年 7 月 28 日。

(二)缺少社会效应的统筹无法解决人案矛盾

抛开裁判解决潜在纠纷的社会效应,最高人民法院从司法公信力的角度已经注意到了司法实务中"同案不同判""说理弱化"问题,并且部分注意到了拖延履行义务的矫正问题。这些正是制约裁判社会效应的重要因素。针对"同案不同判":《最高人民法院司法责任制实施意见(试行)》要求本院法官应依托信息技术对最高人民法院已审结或正在审理的类案和关联案件进行全面检索,并制作类案与关联案件检索报告。发现冲突判决或者拟作出不一样的裁判,需要履行一定的程序。对其他各级人民法院法官处理案件则要求如出现"与本院或者上级法院的类案判决可能发生冲突的"情形,应当提交法官专业会或审委会讨论。针对"说理弱化":《最高人民法院关于加强和规范裁判文书释法说理的指导意见》要求"要释明法理,说明裁判所依据的法律规范以及适用法律规范的理由;要讲明情理,体现法理情理相协调,符合社会主流价值观""发挥裁判的定分止争和价值引领作用"。针对诉讼中的权利滥用,要充分发挥诉讼费用、律师费用的杠杆作用,促使以适当方式解决纠纷。当事人滥用诉讼权利、拖延承担诉讼,造成直接损失的,可以根据具体情况支持无过错方提出赔偿合理的律师费用等正当要求。[1]不难看出,这些制度仅仅试图解决司法中的某个具体问题,虽然这些问题都十分重要,然而缺少裁判社会效应的整合和统领,仅仅是对具体问题的应对。这些司法政策文件出台后仍然没有改变案件增长或者快速增长的现实。

法院应对人案矛盾的方法和手段,缺少社会效应的统筹,不能取得实质成效。司法高层设计了三个方面应对案件增多的途径:深化司法改革进一步激活机制活力、加强信息化建设为审判提供更强有力的支持、创新多元化纠纷解决机制大量分流案件。[2] 这几年的司法改革和信息化建设,并没有缓解法院案件的审理压力,而且任何制度改革或者技术支撑都有其红利边界,一旦达到边界,改革的支撑将不再起刺激作用。多元化纠纷解决机制也

---

[1] 胡仕浩、刘树德、罗灿:《〈关于进一步推进案件繁简分流优化司法资源配置的若干意见〉的理解与适用》,载《人民司法》2016年第28期。

[2] 余茂玉、任勇:《周强主持召开最高人民法院党组会议听取上半年审判执行工作运行态势情况报告时强调不断提高审判质效 切实维护司法公正》,载最高人民法院官网,http://www.court.gov.cn/zixun-xiangqing-110171.html,最后访问时间:2020年7月28日。

并非新事物,从 20 世纪 90 年代末法院就陆陆续续在构建替代纠纷解决机制、大调解机制等,这些机制不仅没有应对所谓的“诉讼爆炸”;相反,越建立案件越多。其原因就在于,现代社会中诉讼的核心作用或者说更大作用不是解决个案纠纷,而是通过个案纠纷的解决促进潜在纠纷大量自发处理。如果不抓住这个核心,不去解决案的问题,我们既无法“以案去案”,也无法实现社会善治意义上的“全面守法”(离开民事案件考察全民守法,只是维持一个社会的基本治安,而不是追求一个社会的良好秩序)。

(三)社会效应的产生:从判决思维到判例思维

日本学者田中成明曾经对日本司法提出,“或许应当逐渐对判例的法形成采取更加积极开放的态度。以法院恰当发挥判例的法创造功能为开端,审判外的公私纠纷解决也能以判例为指南公正地进行,进而还可能把进入诉讼的案件控制在适当规模。通过诉讼合乎时宜的判例形成和提示使行为规范和裁决规范之间的反馈机制活性化,是多元纠纷解决体系整体公正顺利运行不可欠缺的前提条件”[1]。虽然,将判决上升为法律,违背许多法律人的基本信念,田中成明还是基本勾画了裁判社会效应的产生过程,就是要用判例思维来进行裁判,才能生成有助于抑制民事诉讼大规模产生的社会效应。

1.判例思维与判决思维

判例思维为什么能生产良好的社会效应呢?借助判例法对判例的阐述,遵循在先判例有多种优点,能形成理解法律的灵活性、效率性、肯定性以及稳定性。[2] 把当前以最高人民法院权力遴选案例的模式排除在外,这种模式下具体的案件不断脱离具体案件,成为解决某一类法律问题的抽象裁

[1] [日]田中成明:《现代社会与审判:民事诉讼的地位和作用》,郝振江译,北京大学出版社 2016 年版,第 124 页。

[2] 蒋为廉:《普通法和公平法原则概要——澳大利亚著名判例选注》,中国政法大学出版社 2002 年版,第 21～22 页;林利芝:《英美法导论》,中国政法大学出版社 2003 年版,第 47～49 页。

判规则，具有约束力的部分就是裁判要点，有明显的权力特征。[1] 判例生成应当具有四个步骤：(1)裁决个案，对个案的既定判决。(2)案件相关性，基于既定判决的类型化特征，及由此产生的与后来案件具有的逻辑上之相关性，这种案件才可能具有遵循和借鉴的价值。(3)既定判决的影响力，案件之间具有的相关性，人们因循、模仿、跟从等原因，自然而然会转化为对在后案件客观的影响力。这一影响力，连接司法裁判活动的过去和现在，并预示着司法裁判活动的未来，使得司法的价值在很大程度上可以通过司法判例作用的发挥得以承载。(4)重复影响力，当既定判决影响力被后续相关性案件重复时，判例最终生成。[2] 判例的核心是其影响力，个案的判决要产生影响力，要获得这种影响力必须论证透彻，才可能说服之后的法官遵从，正是在这种自然理性下，裁判的结果才会显示出其一致性。这样的裁判能产生形式预测，也能提供价值引导；至于诉讼实效，是形式预测、价值引导发挥作用的条件因素，无法并列讨论，它需要加大对权利的保护和拖延债务的惩戒来实现。

当前我们的思维主要还是判决思维。判决思维总是将自己的裁判归结为法律这样规定，尽量减少法官的说理义务，认为言多必失，套上法律的规定，以使法院享有“正当合法性外观”，并期望此利益能超出其所带来的不利益。[3] 当前司法实践中经常出现，有些法官面临当事人的合理诉求机械适用法律后，常常以“法律这样规定”“法律就这样处理”为由对当事人进行解释，就是极好的注脚。这种思维仅仅局限于处理一个个别的纠纷，不会或者很少去理解法律的目标和宗旨。对于这种思维，如何裁决案件，仅在于法律的文本怎么规定。这样既有的裁判无法提供价值引导，人们也无法基于既

---

[1] 刘树德：《最高人民法院司法规则的供给模式——兼论案例指导制度的完善》，载《清华法学》2015年第4期；马荣、葛文：《指导性案例裁判要点的类型与运用研究—〈最高人民法院公报〉案例裁判摘要为原型的借鉴》，载《南京大学学报》2012年第3期；黄泽敏、张继成：《指导性案例援引方式之规范研究——以将裁判要点作为排他性判决理由为核心》，载《法商研究》2014年第4期。

[2] 前三个阶段和概念主要借鉴了张志铭教授《司法判例制度构建的法理基础》提出的论述和概念，张志铭教授认为既判力事实上的影响力产生判例就已经生成。详见张志铭：《司法判例制度构建的法理基础》，载《清华法学》2013年第6期。这一论述当然具有其合理性，不过考虑到判例具有的重复性适用特征，本文补充认为既定判决影响力产生重复性后，判例才最终生成。

[3] 黄昌国：《民事诉讼理论之新开展》，北京大学出版社2008年版，第114页。

有的裁判进行形式预测。

判决思维和判例思维在如何理解法律上存在巨大差异。判决思维认为司法者适用文本不得解读文本，裁判案件只能依照法律规定或者有权机关的解释作出结论；任何在先判决能否应当予以适用，都取决于是否有法律规定。判例思维则认为司法者必须思考在个案中适用某某法律是否符合法律的宗旨和目的，并且结合案件的特殊情况作出裁判结论。如果既有裁决很好地理解法律就应当作出相同判决；如果之前的判决并不正确，法官在充分说理的基础上，也可以作出不一样的判决。

2.屏除判例思维运用(生成裁判社会效应)的障碍

判决思维和判例思维的区分尚待深入研究，但是其本质差异就在于法官是否应当以说理的方式解读法律。裁判社会效应在我国司法实践中未能很好地发挥抑制案件增多的功能原因并不复杂：其一，是将民事案件增加视为社会经济发展转型、司法民主或者司法服务理所当然的结果；其二，是未能准确理解司法的功能。将民事案件增加视为当然的观念之前已经进行了批判，以下主要对司法功能进行批评。现有司法功能的认识更多让我们倾向于判决思维，认为判决思维才符合司法机关的属性。这种误会来源于我们错误的所谓政治理念和法律观念。

政治观念上，将法院功能限制于适用法律文本，是机械反对西方三权分立学说的产物。它认为西方存在立法、执法和司法的三权分立观念，而中国的权力统一于人民代表大会系统，中国不存在三权分立，法院不能对法律进行解释。这种观点是极端幼稚和形而上学的。马克思主义告诉我们，矛盾具有普遍性和特殊性，不能以普遍性替代特殊性，也不能以特殊性替代普遍性。立法、执法解决的是治理国家的普遍性问题，司法解决的是社会生活中的特殊性问题。正是在这个意义上，习近平同志指出："法治不仅要求完备的法律体系、完善的执法机制、普遍的法律遵守，更要求公平正义得到维护和实现。"[1]司法解决特殊矛盾，并不是司法在立法之外，另起炉灶，篡改立法文本，而是要探究在特殊的场合中、特定的背景下，应当怎么理解法律以体现矛盾的普遍性。1600多年前成书的《世说新语》记载："王安期作东海郡，吏录一犯夜人来。王问：'何处来？'云：'从师家受书还，不觉日晚。'王

[1] 中共中央宣传部编：《习近平新时代中国特色社会主义思想学习纲要》，学习出版社、人民出版社2019年版，第103页。

曰：'鞭挞宁越以立威名，恐非致理之本！'使吏送令归家。"法官的职责就是要考察怎样理解法律才是"致理之本"。也许，我们在实践中会看到法院更多的还是执行法律文本，但是人和猩猩的基因差异也只有 10%不到，正是极少的核心部分决定了人和动物的区别，这是矛盾主要方面和次要方面辩证法的体现。正是法官需要探寻"致理之本"，将其与立法、执法行为区分开来，对社会具有特殊价值。

法律观念上，有观点认为我们属于大陆法系传统国家，因此很多事情都是禁区。这种观念认为，大陆法系传统国家法官不能解释法律，作出的判决不能作为判例。一方面，这个世界上从来不存在所谓的大陆法系国家。所谓大陆法系，只是比较法在归纳相关国家法律及法律传统之后的观察总结，而且人们对于所谓法系的区分也没有完全令人满意的划分。[1] 大陆法系是依照所谓大陆法系国家的法律特征总结出来的概念，是这些国家的特征决定了大陆法系的特征，而非相反。大陆法系国家的法律发生变化，大陆法系的特征也会发生变化。因为我们属于大陆法系就拒绝属于所谓其他法系的特征，与"一个人是好人，就不会做坏事"或者"一个人是坏人，就不会做好事"的判断一样幼稚。另一方面，将大陆法系或者其他法系进行比较，其用意并不是制造两个不可交流的平行体系，相反"比较法的最大价值在于它能使我们深入地洞察法律现象本身"。[2] 比较法上的概念不能成为我们改进自身司法现状的障碍。

其实，判例思维并不等于判例法。判例法最为根本的特征在于将司法判例视为法律，"大陆法系国家所公认的法律渊源理论仅承认法律、法规和具有法的意义的习惯才是法律的渊源，任何其他因素都被排除"[3]。判例思维的核心是法官通过自然理性适用前述构成法律渊源的文本，以判断这些文本是否(或者怎样)适用于当前的案件。法官负有说理义务，对于存在的判决，法官需要甄别这些判决是否正确理解了法律文本。如果是肯定的，

---

[1] [意]萨科：《比较法导论》，费安玲、刘家安、贾婉婷译，商务印书馆 2014 年版，第 251～252 页；[德]茨威格特、克茨：《比较法总论》，潘汉典等译，法律出版社 2003 年版，第 99～101 页。

[2] [德]伯恩哈德 · 格罗斯菲尔德：《比较法的力量与弱点》，孙世彦、姚建宗译，中国政法大学出版社 2012 年版，第 179 页。

[3] [美]梅利曼编著：《大陆法系》，顾培东、禄正平译，法律出版社 2004 年版，第 23～25 页。

法官没有理由不参照适用；如果是否定的，法官有义务通过论证作出结论。如果在先的判决符合了法律文本的精神，大家就一起适用；如果违背了法律的精神，由于说理就在那里，也可以帮助后来的判决，正确理解法律。这种方式，错误也在所难免，然正如卡多佐所言："由于它们不仅存在而且可以看见，所以我们确信这些缺陷将得到纠正……潮水会时起时落，错误之沙器终将崩溃瓦解。"[1]这种裁判方式，能够确保作出的裁判最大限度地将法律文本与社会共意、主流社会价值结合在一起，从而形成有理和有力的社会生产生活秩序，有序的生活即使交往增多也可以抑制纠纷产生和纠纷涌入法院。

六、结论及进一步研究计划

从孔子开始我国就有通过个案处理抑制更多案件发生的传统。孔子门人记载："孔子为鲁大司寇，有父子讼者，夫子同狴执之，三月不别。其父请止，夫子赦之焉。"[2]在孔子看来，法律的应用不是主要的，而是要在法律的适用过程中体现仁义道德，形成仁义道德的社会氛围，纠纷就会减少；否则，法律适用只能导致更多的混乱。法家更是直接提出了"以刑去刑"，商鞅论证其中逻辑："重刑，连其罪，则民不敢试。民不敢试，故无刑也。夫先王之禁，刺杀，断人之足，黥人之面，非求伤民也，以禁奸止过也。故禁奸止过，莫若重刑。刑重而必得，则民不敢试，故国无刑民。国无刑民，故曰：明刑不戮。"[3]刑罚的目的乃在于通过刑罚的运用让百姓知道国家支持什么反对什么，不存在侥幸心理，从而使百姓遵纪守法，达致"去刑"。儒法两家在个案处理中都更在乎如何通过处理，让社会公众得以了解法律内在的追求，从而形成社会与法律的互动，减少诉讼的可能。

当代诉讼审判的固有功能仍然是在当事人主义程序的保障下，准确地适用法律于正确认定的事实，通过明确地确定当事人之间的具体权利义务

[1] [美]本杰明·卡多佐：《司法过程的性质》，苏力译，商务印书馆1998年版，第111～112页。

[2] 《孔子家语·始诛》。

[3] 《商君书·赏刑》。

去解决纠纷。[1] 同时把一般原则加在规则之上的方式，能使得规则形成一个有凝聚力的统一体，要实现这种统一体，则需要对那些负有制定、支持、解释、适用和执行法律任务的社会制度的活动方式有着充分的理解。[2] 法官的职责是裁决个案，这种裁决是通过自身深厚的对社会的理解，来解读规则促进社会整体秩序的形成，从而以个案处理抑制更多案件的发生。

“全民守法”，就要求不仅人们不违法犯罪，也要求人们在私人的一般社会生活关系中信守承诺、遵守法律规定的成文法、习惯或者善良风俗行事，形成良好的私法秩序。[3] 如果社会主义法治事业中，全民所守之法仅仅是人们不为非作歹，人们却更多的不信守合同、不尊重他人合法权益，小是小非不断，恐怕难谓社会良治出现。

故，把民事案件年年增多看成某些因素下的必然结果，是必须纠正的错误观点。应当“以案去案”却表现出“以案致案”之时，一定是需要反思的现象。从传统、现代司法理念和新时代法治理念中能够看到，裁判是否具有良好的社会效应是能否实现“以案去案”的关键。正向的裁判社会效应由三部分组成：一是裁判规则的清晰形成纠纷处理形式上的预测；二是裁判规则由来的充分论证，这种论证与社会一般价值取向形成互动，这样可以为纠纷处理提供价值引导；三是人们利用裁判的实效，权利从诉讼中能否充分实现而义务人从中得到足够惩戒。“判清楚”“说明白”“有威慑”，裁判一旦作出就表明越过法律的界限者受到惩罚，国家有力量处理违法行为，同时仅仅用单纯的规则管理社会关系本身并不足以保障社会秩序的正义。[4] 只有当法官的说理符合人们关于公正的共同想象时，裁判才会增进人们对于法律和社会公平的信心，从而创造一个更为有序、稳定、和谐的良治社会。

碍于表达主题所限，本文虽然提出了判决思维和判例思维，并且区分了

---

[1] [日]田中成明：《现代社会与审判：民事诉讼的地位和作用》，郝振江译，北京大学出版社2016年版，第281页。

[2] [英]麦考密克、[奥]魏贝因格尔：《制度法论》，周叶谦译，中国政法大学出版社1994年版，第91页。

[3] 民法所包含的内容即为私人之间形成的受到成文法、个人承诺、习惯或者善良注意义务调整的权利义务关系。详见杨与龄：《民法概要》，中国政法大学出版社2002年版，第3页；施启扬：《民法总则》，中国法制出版社2009年版，第1页；王泽鉴：《民法总则》，中国政法大学出版社2001年版，第13页。

[4] [美]博登海默：《法理学：法律哲学与法律方法》，邓正来译，中国政法大学出版社2004年版，第240页。

两种思维的核心差异，一定程度上可以将判决思维理解为机械司法，然，机械司法并不能完全表达其中含义。因此，对于两种思维的内涵和外延还有待进一步探究。对于本文所要展示的主题：案件增多并非当然正常，它取决于与裁判社会效应的互动。现有的认识既非沿袭传统而来，也并非现代司法理念在中国的展开，更非是“立法、执法、司法”达成“全民守法”的理念实践。当我们将民事案件增长视为不可避免的当然现象时，又将法院的职责特征定位于执法办案。前者让我们失去了反思的动力，后者让我们无法拥有反思的工具。这里的判例思维主要强调的，是法官需要依照社会主流价值观独立地理解和适用法律，“法官愈是真正的个别化，交流伙伴愈是具体地了解到在谈论什么，能愈多地提出交谈对象的问题差别，就能更快更方便地理解对方交流”。[1] 法官的权威，不是来自任何独特的道德和技能知识，而来自对自己行使权力施加了何种限制，并参与到与公众特殊形式的对话之中。法官被要求倾听那些他们所可能忽视的社会不公，为他们自己的判断承担个人责任，在公众理性所接受的基础上证明判决的正当性。这些是法官魅力的源泉。[2] 裁判一旦体现出公共理性知识，就会拥有对相应事项的权威，与社会秩序形成互动。这样的裁判才能在现代社会中“以案去案”。

另外，本文定性分析了裁判、社会效应与民事案件增长的关系，在此基础上，下一步则需要继续定量分析当前裁判社会效应存在的问题，这需要大量的人力、物力、财力的投入。失败的逻辑往往在于，我们看不到人们不能具体阐明他们的目标，不能确认何时他们的目标会彼此矛盾，不能够设置清晰的优先顺序，无法实现要紧的事先做。[3] 能否形塑好裁判社会效应，影响着纠纷的产生和解决，即使纠纷多元化解方式都与裁判社会效应有关，因此，定量分析当前裁判为当前纠纷解决的社会效果，当为最紧要的事情。从定量分析中找到问题，找到制约公正司法的关键问题，以便与“科学立法”“严格执法”形成相互补充、相互支持，为形成“全民守法”的社会

---

[1] [德]阿图尔·考夫曼、温弗里德·哈斯默尔：《当代法哲学和法律理论导论》，郑永流译，法律出版社 2002 年版，第 276 页。

[2] [美]欧文·费斯：《如法所能》，师帅译，中国政法大学出版社 2008 年版，序言第Ⅲ页。

[3] [德]迪特里希·德尔纳第：《失败的逻辑：事情因何出错，世间有无妙策》，王志刚译，上海科技教育出版社 2010 年版，第 173～174 页。

而努力。全民所守之法，成为全体人民的理性规则和尺度，公共理性、社会主流价值通过立法、执法、司法具有社会实效之时，[1]那么善治中国也即水到渠成了。

[1] 法律对自然理性的融入可参见[法]耶夫·西蒙：《自然法传统：一位哲学家的反思》，杨天江译，商务印书馆2016年版，第162页以下；[德]罗伯特·阿列克西：《法概念与法效力》，王鹏翔译，商务印书馆2015年版，第132～135页。

制度分析

论《民法典》侵权责任编的“避风港”规则

毋爱斌* 范 响**

摘要:《民法典》沿袭了普遍适用的网络服务提供者免责条款,即“避风港”规则。《民法典》不仅在文本上完善了一般的网络侵权责任,也影响了有特别规定的网络侵权责任。但《民法典》中的“避风港”规则仍然是一项没有区分服务提供者、权利类型、侵权方式的免责条款。在赋予司法机关根据具体情况判断是否免责的自由裁量权的同时,应形成以网络服务提供者的营利方式、被侵犯权利的种类、发现该类侵权的难易程度为考量因素的适用标准。

关键词:“避风港”规则;网络服务提供者责任;网络侵权;“红旗”规则

一、问题的提出

美国法上的“避风港”规则(Safe Harbor Law)本义指的是只要特定行为符合特定规则,就不会将其视为违法行为——实际上是特定免责制度(Immunities)的别称,“避风港”规则为展现出“善意”(good faith)的人提供保护。美国的“避风港”规则适用于环境法、税法、安全法等诸多领域,我国学者在讨论“避风港”规则时则通常指的是信息网络传播权、著作权或网络侵权领域的“避风港”规则,其他法律领域较少使用这一术语。美国于1998年制定的《千禧年数字版权法》(DMCA)特别规定了限制网络服务提供者责

* 毋爱斌,西南政法大学人民法庭研究中心研究员、副教授、硕士生导师。

** 范响,西南政法大学人民法庭研究中心研究人员。

任的"避风港"规则。欧盟于2000年6月8日通过《电子商务指令》(2000/31/EC),则不倾向于认为责任与不同类型的内容——包括诽谤、色情、侵犯版权——有关,而是更倾向于认为责任制度是一个整体问题,即网络服务提供者是否应对其向公众提供的内容承担责任,以及它们能否可以在现实中采取措施来避免风险,美国则针对不同类型的内容安排不同的规则,欧盟和美国的模式都成为该领域的典型。[1]

我国2006年的《信息网络传播权保护条例》(以下简称《保护条例》)第20条至第23条分别规定了各种情形下网络服务提供者豁免赔偿责任的条件,这种专为著作权(及邻接权)另设免责条款的模式更接近于美国模式,并且在具体免责条件上也接近于美国DMCA规则。[2] 但2010年生效的《中华人民共和国侵权责任法》(以下简称《侵权责任法》)第36条直接将"避风港"规则扩展到了一般网络侵权责任领域:第36条没有对网络服务提供者的类型(及网络服务的类型)作类似于《保护条例》的区分,也没有对侵犯的权利进行区别或区分侵权的方式,而是全部适用"通知网络服务提供者采取删除、屏蔽、断开链接等必要措施"、网络服务提供者采取必要措施后免责的规则。虽然全国人大法工委也认为应当根据具体情形作出区分,不同类型网络服务提供者成立侵权责任的要件、承担方式、免责事由都有区别,[3]但并未在最终文本中体现出来。这一不明文区分网络服务类型、权利类型、侵权方式的网络服务提供者责任免责条款在2020年5月通过的《中华人民共和国民法典》(以下简称《民法典》)第1195条至第1197条中得到了保留并进行了完善,尽管最高人民法院也认为应当区分具体情形对责任加以确定。[4] 由于美国法的免责规则与我国侵权法的体系"水土不服",这一制度

---

[1] 莉莲·爱德华:《版权及相关权利领域的互联网中介的地位与责任》,https://www.wipo.int/export/sites/www/copyright/en/doc/role_and_responsibility_of_the_internet_intermediaries_final.pdf,最后访问时间:2020年9月25日。

[2] 孔祥俊:《网络著作权保护法律理念与裁判方法》,中国法制出版社2015年版,第102页。

[3] 全国人大常委会法制工作委员会民法室编:《〈中华人民共和国侵权责任法〉条文说明、立法理由及相关规定》,北京大学出版社2010年版,第149页。

[4] 最高人民法院民法典贯彻实施工作领导小组主编:《中华人民共和国民法典侵权责任编理解与适用》,人民法院出版社2020年版,第265页。

在适用上曾存在巨大的混乱、实务理解不统一。[1] 因此本文首先检视《民法典》对我国既有的"避风港"规则的改造，进而分析其不足，讨论完善这一规则的方向。

二、《民法典》侵权责任编对既有"避风港"规则的改造

(一)立法文本上对一般网络侵权"避风港"规则的进一步完善

《民法典》第1195条以《侵权责任法》第36条第2款为基础，将"被侵权人"改为"权利人"，相对而言更为准确。而后第1195条第1款要求权利人的通知中包括一定的必要信息，填充了《侵权责任法》中未明确规定"通知"所需内容的空白。从《侵权责任法》第36条文义上看，虽然其没有对通知提出内容上的要求，字面上意味着任何形式的通知都是有效通知，但是网络服务提供者必须得到一定的信息才能实施必要措施，通知也应包含相应的内容，[2]《民法典》将之明确为侵权的初步证据及权利人的真实身份信息。第1195条第3款新增了权利人错误通知的责任，但假设无《民法典》的这一规则，除《中华人民共和国电子商务法》(以下简称《电子商务法》)的加倍责任外，错误通知造成的损害也可通过《侵权责任法》等规则进行救济。但《民法典》未特别规定时，错误通知导致损害的案件中，"被投诉人获得损害赔偿的法律要件不清晰，而且其在起诉时对于如何选择案由也往往陷于十分被动的境地"，[3]第1195条第3款为错误通知所致损害的救济提供了基础。

《民法典》第1195条第2款与第1196条结合，形成了一般网络侵权中的"转送通知—反通知—恢复"结构，补齐了《侵权责任法》上"通知—删除"的链条。此前全国人大法工委在对《侵权责任法》的释义中已经意识到错误通知的问题，认为"如果发布信息的人认为其发布的信息没有侵犯他人合法

[1] 薛军:《民法典网络侵权条款研究:以法解释论框架的重构为中心》,载《比较法研究》2020年第4期。

[2] 陈现杰主编:《中华人民共和国侵权责任法条文精义与案例解析》,中国法制出版社2010年版,第125页。

[3] 何琼、吕璐:《"通知—删除"规则在专利领域的适用困境——兼论〈侵权责任法〉第36条的弥补与完善》,载《电子知识产权》2016年第5期。

权益,可以援引‘反通知’程序,要求网络服务提供者恢复”。[1]

《民法典》第1197条将《侵权责任法》第36条第3款规定的“红旗规则”中的“知道”改为“知道或者应当知道”,即把网络服务提供者的主观状态由明知改为明知或应知,应视之为实质性的改动。红旗规则与“避风港”规则联系密切,将之改为“知道或者应当知道”扩展了红旗规则的适用范围,限定了“避风港”规则的适用范围,并为权利人提供了更为广泛的救济,[2]防止反复侵权时网络服务提供者以不明知为由进行抗辩。由于某些网络服务提供者(如内容聚合平台)可以通过放纵侵权行为以牟利,如果不赋予其相当的注意义务,“避风港”规则即可能陷入“打地鼠”困境,[3]即权利人发现一个、通知一个,网络服务提供者删除一个,如此反复循环。在《侵权责任法》起草过程中,已有将“明知”修改为“知道或者应当知道”的建议,而起草者认为其已接受了建议并改为“知道”,因为“从法解释学角度来讲,‘知道’可以包括‘明知’和‘应知’两种主观状态”。[4] 但即使能把应知解释到“知道”的概念之中,也不能忽视从1986年的《中华人民共和国民法通则》(以下简称《民法通则》)开始就有“知道或者应当知道”[5]的立法表述,这一表述在诸多相关法律中都有体现。[6] 根据文义解释和体系解释,法官在审判中可能认为根据《侵权责任法》第36条,“法律将网络服务提供者的主观要件限定为‘知道’”。[7]《民法典》第1197条在立法文本上确定了网络服务提供者更高的注意义务。

相对于《侵权责任法》第36条,《民法典》侵权责任编中的“避风港”规则进行了文本上的细化、准确化,沿着原有的脉络对一般网络侵权适用的“避

---

[1] 王胜明主编、全国人大法工委编:《中华人民共和国侵权责任法释义》(第2版),法律出版社2013年版,第214～215页。

[2] 杨立新:《民法典侵权责任编草案规定的网络侵权责任规则检视》,载《法学论坛》2019年第3期。

[3] 朱开鑫:《从“通知移除规则”到“通知屏蔽规则”——〈数字千年版权法〉“避风港制度”现代化路径分析》,载《电子知识产权》2020年第5期。

[4] 全国人大常委会法制工作委员会民法室编:《〈中华人民共和国侵权责任法〉条文说明、立法理由及相关规定》,北京大学出版社2010年版,第152页。

[5] 《民法通则》(1986)第137条:诉讼时效期间从知道或者应当知道权利被侵害时起计算。但是,从权利被侵害之日起超过二十年的,人民法院不予保护。有特殊情况的,人民法院可以延长诉讼时效期间。

[6] 《信息网络传播权保护条例》第22条第3项,《电子商务法》第45条。

[7] 绍兴市中级人民法院民事判决书(2016)浙06民终2758号。

风港”规则进行了补充完善。

(二)调整特殊网络侵权案件中的适用规则

《民法典》第 1194 条规定网络侵权责任“法律另有规定的,依照其规定”,这一规则是《侵权责任法》第 36 条所不具备的,但是《侵权责任法》第 5 条已规定了“其他法律对侵权责任另有特别规定的,依照其规定”。从文义解释上来看,不论《民法典》生效与否,普遍适用的一般“避风港”规则优先级都低于特别法上的规定。但从我国目前的立法现状来看,这一解读不能绝对化,《保护条例》、《最高人民法院关于审理侵害信息网络传播权民事纠纷案件适用法律若干问题的规定》(以下简称《信息网络传播权规定》)、《电子商务法》、《最高人民法院关于审理利用信息网络侵害人身权益民事纠纷案件适用法律若干问题的规定》(以下简称《人身权益规定》)等不仅各自对特定网络侵权中的“避风港”作出了特别规定,同时也是生效在先的规则,并且作为它们基础的规则也多为《民法典》取代或改造。况且此前《侵权责任法》生效后,即使属于特别法规定的信息网络传播权案件,法院也可能适用《侵权责任法》第 36 条。[1] 因此《民法典》对一般网络侵权“避风港”规则的更新也会影响信息网络传播权及其他有特别法规定的案件的审理,主要包括下列方面:

1.网络服务提供者因错误通知受损可以获得赔偿。《保护条例》第 23 条规定错误通知给“服务对象”造成损失的,承担赔偿责任;《电子商务法》第 42 条规定对“平台内经营者”承担赔偿责任。《民法典》规定造成网络服务提供者损害的也应当承担赔偿责任,其不与特别规则冲突,应以《民法典》为准。

2.根据具体情况判断是否采取必要措施或恢复其合理期限。《保护条例》第 15 条和第 17 条规定,网络服务提供者接到通知或反通知时,应立即删除、断开链接或恢复,而《民法典》则规定根据具体情形采取必要措施。即使在美国法上,网络服务提供者未对投诉采取任何措施,仅仅意味着不得援引“避风港”免责,并不意味着不进行处理导致侵权——是否侵权首先取决于“涉嫌侵权”的内容是否真的侵权——如果网络用户没有侵权,则自始不

[1] 北京互联网法院民事判决书(2020)京 0491 民初 2970 号。

能认定网络服务提供者侵权。[1]《保护条例》的规则督促了网络服务提供者协助著作权人保护知识产权,但忽略了网络服务提供者、用户与权利人之间利益的三方平衡。[2] 即使网络服务提供者未按照《保护条例》的规定立即采取措施,网络服务提供者也不仅仅会因之而承担连带责任。应当以《民法典》的规定为基础,网络服务提供者在合理期间内判断是否采取必要措施,未及时采取且因此造成损害扩大的就扩大部分承担连带责任,在赋予网络服务提供者一定行为自由的同时,要求其对行为自负其责。对于反通知后的恢复措施,《电子商务法》第 43 条第 2 款设置为十五天未起诉的则恢复,《保护条例》第 17 条则是要求有效反通知后无条件立即恢复。《民法典(草案)》三审稿时,仍然设置为十五天,到四审稿时才改为"合理期限"。立法部门的解释是:"有的专家学者、企业提出,'十五日'的期限过于绝对,建议修改为'合理期限',以便于司法实践中根据具体案件情况确定期限。宪法和法律委员会经研究,建议采纳这一意见,将该条款中的'十五日'修改为'合理期限'。"[3]《民法典》设计的反通知等待期更为灵活,该立法理由可推而广之:在特别法适用的案件中,电子商务平台之外的网络服务提供者在合理期限届满后终止措施的,不对用户及权利人承担侵权责任。

3.有效通知的内容应以《民法典》为原则,结合特别法形成标准。《侵权责任法》并未对通知的内容进行明文规定,《保护条例》第 14 条、《人身权益规定》第 5 条、《电子商务法》第 42 条对通知的要求则不尽相同,且都与《民法典》第 1195 条的规定不完全一致。具体来说,《保护条例》包括双方信息和"初步证明材料",《人身权益规定》为双方信息和"删除相关信息的理由",《电子商务法》仅列举了"侵权的初步证据",《民法典》则为初步证据和权利人信息。其中一部分区别可以认为是规则的制定者有意为之,比如《人身权益规定》没有要求提供初步证据或初步证明材料,是因为侵犯名誉权、隐私权等人身权益,较难判断是否侵权,侵权信息本身多数情形下即是证明侵权

---

[1] 薛军:《民法典网络侵权条款研究:以法解释论框架的重构为中心》,载《比较法研究》2020 年第 4 期。

[2] 魏求月:《网络服务提供者侵权责任的障碍与解构》,载《中国高校社会科学》2020 年第 2 期。

[3] 《民法典草案提请审议　明确规定"禁止高利放贷"》,载《人民日报》,http://www.npc.gov.cn/npc/c30834/201912/f5f13920c3a44487baae99adf44587a7.shtml,最后访问时间:2020 年 9 月 25 日。

的材料，[1]此种情形应当优先适用特别法。但值得注意的是，从2013年修改的《保护条例》到2014年的《人身权益规定》再到《民法典》，对权利人（和侵权内容）信息的要求更趋近于实质化，不再强调特定内容或形式：《保护条例》规定通知应当包括地址、网址，《人身权益规定》不再要求权利人提供地址，并且“足以准确定位侵权内容的相关信息”即可，不必须是网址，《民法典》则仅要求权利人的“真实身份信息”。因为特别法上对通知内容的要求更为具体、严格，法院在审理特别法守备范围内的案件时，若已满足特别法对通知内容的要求，应认定通知有效，而在不满足具体要求时，应结合《民法典》的规定分析其是否实质上可使网络服务提供者定位权利人、涉嫌侵权的信息并包含初步证据。至于其是否满足实质要求，则由法院根据具体情形判断，如网络暴力涉及众多用户，并且部分网络服务提供者可从流量中获益，如果要求权利人提供精确的侵权内容信息，可能造成对权利人的二次侵害，[2]此时应适度放宽对通知内容的要求。

三、后法典时代“避风港”规则的不足

最高人民法院认为《民法典》侵权责任编沿袭了《侵权责任法》第36条第2款，适用范围是民事权益，没有明确限定范围。[3] 如此，《民法典》侵权责任编规定的“避风港”规则成了一般的网络服务提供者网络侵权免责规则，在没有特别法规定的前提下不区分权利、网络服务提供者的内部差异。从前文述及的特别法规定来看，在权利种类上“避风港”规则区分了人身权益、知识产权、知识产权中的信息网络传播权；对于网络服务提供者的类型，在《保护条例》中主要分为四类，《电子商务法》则专门针对电子商务平台进行了规定。由于特别法的属性，这些区分的适用范围都相对有限，如《电子商务法》仅仅对一种服务提供者（电子商务平台经营者）在一种侵权（知识产权）中的“避风港”规则作出了特别规定。《民法典》侵权责任编虽然对“避风

[1] 最高人民法院民法典贯彻实施工作领导小组主编：《中华人民共和国民法典侵权责任编理解与适用》，人民法院出版社2020年版，第269页。

[2] 李天佑：《网络暴力侵权中避风港规则的适用分析》，载《绵阳师范学院学报》2020年第1期。

[3] 最高人民法院民法典贯彻实施工作领导小组主编：《中华人民共和国民法典侵权责任编理解与适用》，人民法院出版社2020年版，268页。

港”规则进行了完善，但并未解决一般性的“避风港”规则在面对各类具体案件时遭遇的困境。

(一)不同类型的网络服务提供者适用“避风港”规则的标准应作区分

网络服务提供者或网络服务有多种分类方式，如根据职能分为 ISP(网络服务商)、IAP(网络接入服务商)、ICP(网络内容提供者)、OSP(在线服务提供者)、IPP(网络平台提供商)、ASP(网络设备供应商)等类型，[1]我国学者也提出了若干分类方式。[2] 服务种类不同，则在侵权行为中所可能发挥的作用也有所不同，[3]因此对不同种类的网络服务提供者应区别对待。如区分单纯提供连线服务或技术服务的 ISP 和内容传播平台，对直接获得经济利益的平台赋予更高的注意义务。[4] 按照《保护条例》第 20 条、第 21 条的文义解释，提供自动接入、自动传输、自动存储、自动提供服务等的网络服务提供者，不删除或断开涉嫌侵权的内容，也不影响其免除责任。因为传输信息量庞大，认定提供接入、缓存服务的网络服务提供者“应当知道”的标准也应更为严格。[5] 但随着网络服务提供者、网络服务形态的多元化，网络服务提供者与网络内容提供者的界线也逐渐模糊，如美国苹果公司应用程序商店和微信小程序，虽然类似于自动接入或传输等网络服务的提供者，但开发者必须按平台方的技术要求编写程序，接入平台的程序必须能在平台方的环境中安全运行，[6]平台方也可对开发者进行有力的管理，这与传统的“避风港”模型显著不同：传统模式中侵权人是网站用户，而该案中网站本

---

[1] 全国人大常委会法制工作委员会民法室编：《侵权责任法立法背景与观点全集》，法律出版社 2010 年版，第 579 页。

[2] 如王利明教授将网络服务提供者分为提供连线服务和提供内容服务的网络服务提供者，仅提供连线服务的不对用户的行为承担中间责任；曹诗权教授等将网络服务提供者分为网络内容服务提供者和提供内容服务之外服务的网络中介服务提供者。

[3] 曹诗权、郭静：《论网络侵权》，载《云南大学学报(法学版)》2003 年第 1 期。

[4] 郑直：《“避风港原则”的过度适用及对策》，载《中国新闻出版广电报》2020 年 3 月 19 日第 7 版。

[5] 黄薇主编：《中华人民共和国民法典侵权责任编解读》，中国法制出版社 2020 年版，第 134 页。

[6] 刘文杰：《“通知删除”规定、必要措施与网络责任避风港——微信小程序案引发的思考》，载《电子知识产权》2019 年第 4 期。

身即是直接侵权人，它们又通过平台服务商接入用户访问。[1] 对于内容传播平台，《民法典》第 1197 条规定应当知道网络用户侵权的网络服务提供者承担连带责任，因此在网络服务提供者应当知道侵权而未采取必要措施时，不得再援引“避风港”规则免责，但网络服务提供者内部也有很大不同，不能将之所负的审查义务——适用“避风港”免责的前提条件——等同视之。欧洲议会 2019 年 3 月通过《数字单一市场版权指令》，其中最具争议的第 17 条（在通过之前称第 13 条）虽然不导致一般的监督义务，但规定网络内容分享服务提供者（online content-sharing service providers）满足以下条件时才能对未经授权的对公众传播行为免责：尽最大努力获得授权，并且在权利人提供相关必要信息后按照高的专业标准确保特定作品和其他内容不可用，在任何情况下收到权利人充分具体的通知后，不仅要使之无法访问、移除网页，而且要尽最大努力防止在未来再次上传。这一义务的承担也并非对所有该类服务提供者不加区别，同一条规定，在判断是否遵守上述义务时需要考虑服务的种类、受众，用户上传的作品或其他内容的种类，并且要考虑网络服务提供者合理有效手段的可行性、成本。对于营业额低于 1000 万欧元并且在欧盟对公众开放不到 3 年的，不需要按照高行业标准确保特定作品或内容不可用，如果它们月均访问量不到 500 万，也不需要尽最大努力确保其在未来无法上传即可免责。总之，组织越大，审查标准应越严格，反之亦然。《民法典》并未明文对各类服务提供者进行区分，特别法则对网络服务提供者进行了区分，但适用范围有限：《保护条例》在侵犯信息网络传播权方面对网络服务提供者进行了区分，《电子商务法》专门规定了电子商务平台经营者侵犯知识产权时“避风港”规则的适用。《人身权益规定》第 9 条、《信息网络传播权规定》第 9 条不仅要求根据网络服务提供者提供服务的性质进行区分，而且要考虑是否对信息作出处理等因素以认定是否承担连带责任，即是否有适用“避风港”规则的可能。特别法适用范围有限，而且目前相对于《民法典》属于“旧法”，并以《民法典》之前的法律规范为基础，这些规范有的将被《民法典》所取代，如《民法通则》《侵权责任法》；有的正在酝酿修改

---

[1] 刘文杰：《“通知删除”规定、必要措施与网络责任避风港——微信小程序案引发的思考》，载《电子知识产权》2019 年第 4 期。

之中，如《著作权法》。[1] 因此有必要就排除“避风港”规则适用的“红旗”规则形成更为具体、普遍的标准，反过来确定“避风港”规则适用的标准。

(二)不同侵权行为中网络服务提供者“避风港”免责的标准应作区分

特别法就侵犯知识产权、知识产权中的信息网络传播权、人身权益时“避风港”免责的标准作了区分。但如前所述，特别法适用范围有限，如《电子商务法》仅可用于知识产权侵权时电子商务平台援引“避风港”规则，其他网络服务提供者在侵犯信息网络传播权之外的知识产权时仍以《民法典》为基础并结合《著作权法》、《中华人民共和国专利法》(以下简称《专利法》)等确定“避风港”规则的适用。[2] 但已经进行了专门规制的权利内部存在很大差异，甚至对同一权利的不同侵权行为，网络服务提供者援引“避风港”规则免责的标准不应完全一致。

1.在不同种类知识产权侵权案件中“避风港”规则适用有别

(1)按照《著作权法》第 10 条，被专门规制的信息网络传播权是与 15 项权利并列的权利类型。其中有的侵权行为容易判断，如将盗版书籍通过电子商务平台销售，如果电子商务平台收到有效通知后不及时删除链接则构成帮助侵权，网络服务提供者判断是否侵权时可以通过价格等因素得出结论。[3] 但“洗稿”、抄袭等行为，即使是法院也需要较长时间才能作出判断，如陈喆与余征著作权权属、侵权纠纷案(“琼瑶诉于正案”)中，一审中从法院受理到作出判决超过六个月。[4] 在面对位于临界点、侵权与否分界线附近的内容时，需要运用“抽象测试法”和“整体概念和感受检验法”以分辨是否实质性相似、是否具有原创性，最终判断是否侵权。[5] 即使权利人提供充分的信息，网络服务提供者也需要较长时间才能判断该信息是否充分、满足

[1] 齐志明：《专家在线研讨〈著作权法〉第三次修改重点关切问题》，http://legal.people.com.cn/n1/2020/0602/c42510-31732882.html，最后访问时间：2020 年 9 月 2 日。

[2] 但是杨立新教授认为“不论是电子商务平台上发生，还是在网络媒介平台上发生的知识产权侵权责任，都适用《电子商务法》第 42 条至第 45 条规定”。参见杨立新：《民法典侵权责任编草案规定的网络侵权责任规则检视》，载《法学论坛》2019 年第 3 期。

[3] 上海知识产权法院民事判决书(2019)沪 73 民终 273 号。

[4] 2014 年 5 月 28 日法院受理案件，2014 年 12 月 25 日作出一审判决。

[5] 赵锐、罗旭艳：《论自媒体洗稿的著作权侵权认定与规制路径》，载《中北大学学报(社会科学版)》2020 年第 3 期。

有效通知要求的初步证据，应当就此时网络服务提供者“及时”采取措施作更宽松的要求。如果权利人需要立刻停止该侵权行为，可请求实施诉前保全起诉或要求法院实施保全以断开链接，法院通过要求提供担保的方式防止不当投诉造成无法弥补的损害。

(2)相对于著作权，网络服务提供者判断专利权侵权更为困难，判断是否属于侵权产品必须要分析其技术特点，如果专利权人主张电子商务平台上销售的某产品按“等同原则”属于侵权产品，网络服务提供者则很难核实。[1] 网络服务提供者在判断专利权侵权时所负注意义务应低于著作权的，同理，在专利权内部，对外观设计专利侵权的注意义务应高于发明和实用新型的。适当降低注意义务就应提高有效通知的要求，专利权侵权有效通知的要求应比著作权的更为严格，比如要求专利权权利人主张实质相同时提供技术特征对比表等。[2]

(3)侵犯商标权较判断是否侵犯专利权容易，著作权领域的“避风港”规则的立法目的和适用模式可以移植到商标法中，如欧盟从立法上规定了《电子商务指令》“中间服务提供者责任”一章，限制网络服务提供者在商标侵权中应当承担的责任。[3] 但网络服务提供者的注意义务也与侵犯信息网络传播权的情形有别，包含直接伪造商标，也包括以使用近似商标的方式侵权。

2.侵犯人格权界限相对模糊

《人身权益规定》将姓名权、名称权、名誉权、荣誉权、肖像权、隐私权等人身权益适用的“避风港”规则进行了特别规定。其中，姓名权、荣誉权的较容易把握。姓名权的权能主要包括决定姓名、保有姓名、专用姓名、请求他人正确称呼、拒绝他人使用，[4]前两项主要表现为公法权利、与“避风港”规则无涉，后三种情况下权利人自证其为权利人不需过多证据。《民法典》第1031条规定的对荣誉权的侵犯形式包括剥夺、诋毁、贬损。但民法中的“荣

[1] 王迁:《论“通知与移除”规则对专利领域的适用性——兼评〈专利法修订草案(送审稿)〉第63条第2款》，载《知识产权》2016年第3期。

[2] 刘建臣:《“通知—移除”规则适用于专利领域的理论困境及其破解》，载《知识产权》2019年第1期。

[3] 朱玲凤:《避风港原则在电子商务侵犯商标权中适用的根据》，载《网络法律评论》2012年第2期。

[4] 李永军:《论姓名权的性质与法律保护》，载《比较法研究》2012年第1期。

誉权”通常只能由具有一定公共职能的组织授予，因有权剥夺荣誉的主体才能剥夺，即使无权剥夺的主体宣称剥夺也不会产生任何法律效果，[1]所以是否“非法剥夺”主要表现为公法问题。将涉嫌侵权的内容与荣誉的相关信息比较，不难就是否诋毁、贬损得出答案。对于第1031条第2款规定的记载利益，不论可能侵犯荣誉权的记载错误是否可能由私人网络用户为之，或者说此种记载错误发生时是否仍适用民法而非行政法等公法调整，通过比对信息网络服务提供者可就是否侵权得出明确的结论。

名称权与商标权、姓名权皆有相似性，此处不作单独分析。名誉权、隐私权、肖像权的界限需要与言论自由相协调，尤其是涉及公众人物时，或者在新闻报道中时，这种价值冲突引起的边界模糊涉及公共政策选择问题，尤其需要司法机关判断是否构成侵权。

3.不同侵权对象、侵权方式不能一概而论

在信息网络传播权侵权中，对于热门作品，信息相对充分，网络服务提供者易于审查是否构成侵权，对此应承担更高的注意义务。[2] 基于对象不同，在部分侵权行为中网络服务提供者的注意义务高于其他的。即使是同一权利，侵权方式不同时判断是否侵权的难度也有所不同，如以侮辱方式侵害名誉权比诽谤侵害名誉权更易判断：《民法典》第1025条规定的实施新闻报道、舆论监督影响名誉的不承担民事责任，但仍不可使用侮辱性言辞。而区分诽谤还是免责的新闻报道、舆论监督首先要核实事实的真伪，如果为真则不构成诽谤，传播编造的事实才构成诽谤。[3] 根据初步证据或理由核实事实与辨别是否为侮辱性言论之间，后者对于网络服务提供者的门槛更低，相应地应要求网络服务提供者更快、更有效地制止侵权。在重复侵权中，网络服务提供者不仅应删除现存的信息，还应当就预防将来相同信息反复出现采取措施。

面对不断发展的互联网行业，目前《民法典》侵权责任编中概括性的规则提供了解释的空间，可由法官在具体案件中通过裁量形成标准。但这一标准的形成还需要更为明确的指引，指出裁量所需遵循的原则、所需考虑的要素。

---

[1] 姚辉、叶翔：《荣誉权的前世今生及其未来——兼评民法典各分编（草案）中的相关规定》，载《浙江社会科学》2020年第3期。

[2] 吕炳斌：《网络版权避风港规则的发展趋向》，载《中国出版》2015年第23期。

[3] 张红：《民法典之名誉权立法论》，载《东方法学》2020年第1期。

四、实质化的“避风港”规则适用标准

“避风港”规则在案件中的适用需要结合具体案情，《民法典》侵权责任编所确立的一般性的“避风港”规则无法也不需要考虑十分具体的情形进行特别规定，但仍有必要为法官在案件中如何裁量适用“避风港”规则提供相应标准或者说进行相应指引。既然一般规则无法过于具体是因为需要结合具体案情确定如何适用，那么为求广泛适用，指引如何适用的标准也应更侧重于实质性，而不再强调特定的形式，否则无法适应《民法典》的一般规则。

（一）区分网络服务提供者适用“避风港”规则的考量要素

1.网络服务提供者提供的营利模式，及其是否就侵权内容获利。如果网络服务提供者因侵权内容而直接受有利益，则应承担更高的注意义务。就侵权内容获利越多的网络服务提供者越有故意放任侵权的嫌疑，可视之为应当知道侵权行为并采取必要措施，继而排除对“避风港”规则的援引。

2.网络服务提供者管理信息的能力，是否对信息进行过筛选、为预防侵权所作努力的多寡。如果网络服务提供者有充分的管理信息的能力，但完全不经筛选即允许用户上传内容，并以此为理由主张不知且不应知并援引“避风港”规则，是在放任用户侵权，应视之为应当知道用户侵权。

3.网络服务提供者能够采取的必要措施种类。如在微信小程序案中，微信小程序提供的作品侵权，但内容均存储于开发者服务器，小程序平台在技术上无法精准删除开发者服务器中的侵权内容，技术上可采取的措施只有彻底删除小程序，因此杭州互联网法院认为腾讯公司不具有“通知—删除”义务。但这并不意味着其不承担任何义务，如当权利人主张权利时，此种平台服务商应当提供维权的必要信息。

（二）区分侵权行为适用“避风港”规则的考量要素

1.判断行为是否侵权的难易程度。是否构成侵权越容易判断，对权利人提出的初步证据或理由的要求就越低，网络服务提供者应更快采取必要措施，“合理期限”应更短。判断是否构成侵权的难易程度主要根据权利的类型、侵权的方式等要素进行确定。

2.本案中侵权行为的明显程度。由于原则上网络服务提供者不承担普

遍的、事先的主动审查义务,[1]是否属于“红旗”规则适用范围应结合各项要素考察,即侵权行为是否像飘扬的红旗一样明显、网络服务提供者应当知晓用户侵权并不得援引“避风港”规则。具体要素包括侵权对象的知名度,同一用户侵权行为的频率,类似侵权内容的出现频率,该侵权内容及类似或相关内容的访问量等等。

结语

《民法典》网络侵权规则的出台标志着我国的“避风港”规则立法文本的全面更新。由于《保护条例》《电子商务法》等特别规则相较于《民法典》都属于旧法,因此法院在适用法律过程中,即使就电商平台侵犯知识产权等特别法适用范围内的情形,也不必然适用旧法、特别法,正如此前《侵权责任法》通过之后,部分法院审理侵犯信息网络传播权结合《侵权责任法》进行适用。作为新法、上位法、一般法的《民法典》的规定相对灵活,法院在发现下位法、旧法、特别法的规则适用于本案有所不妥时,可以结合《民法典》的规则,实现本案的实体正义。但长期来看,则有必要对这种程度的“自由裁量”进行改造。尽管随着互联网行业的不断发展,不需要按具体的服务类型、侵犯权利、行为方式进行特别规定,但仍有必要明确“避风港”规则在不同案件中适用不同规则的实质化标准,以更有效地指导“避风港”规则在案件中的准确适用。

[1] 陈现杰主编:《中华人民共和国侵权责任法条文精义与案例解析》,中国法制出版社 2010 年版,第 126 页。

陪审制运行的实证研究*

樊传明** 秦辰杰***

摘要:《人民陪审员法》实施后,关于人民陪审员制度的研究重点,从立法对策研究转变为司法运行研究。立法文本中的规则和相关的理论假设,是否在司法实践中得到落实,需要通过实证资料佐证。本文通过对现任陪审员进行抽样问卷访谈,从陪审员的代表性、陪审员的遴选程序、陪审员参与审前准备、陪审员参与庭审、陪审员参与评议、陪审员参与表决等方面,反映人民陪审员制度的运行情况,以期为规则的落实与完善提供参考。

关键词:陪审制;人民陪审员法;陪而不审;审而不议;议而不决

一、背景、问题与方法

我国关于人民陪审员制度的最早系统性规定,是2004年全国人大常委会审议通过的《关于完善人民陪审员制度的决定》。在此基础上,2010年最高人民法院发布了《关于人民陪审员参加审判活动若干问题的规定》。这两个文件共同组成了我国的陪审制规范。2013年,中共十八届三中全会《关于全面深化改革若干重大问题的决定》在"健全司法权力运行机制"的条目下提出:"广泛实行人民陪审员、人民监督员制度,拓宽人民群众有序参与司法渠道。"2014年,中共十八届四中全会《关于全面推

---

* 本文系2018年国家社科基金青年项目"人民陪审员参审事实问题的证据裁判规则研究"(18CFX037)的阶段性成果。本文的写作分工为:由樊传明拟定写作框架,起草调研问题,联系调研法院和发送调研问卷,撰写本文初稿;由秦辰杰编制问卷电子版,回收调研问卷,整理调研数据,制作本文的图表部分,以及修改本文内容。

** 樊传明,华东师范大学法学院副教授;

*** 秦辰杰,华东师范大学法学院硕士研究生。

进依法治国若干问题的决定》在“保障人民群众参与司法”的条目下提出：“完善人民陪审员制度，保障公民陪审权利，扩大参审范围，完善随机抽选方式，提高人民陪审制度公信度。逐步实行人民陪审员不再审理法律适用问题，只参与审理事实认定问题。”这就在高层级的文件中启动了对现有陪审制的改革。

2015年，第十二届全国人民代表大会常务委员会第十四次会议通过《关于授权在部分地区开展人民陪审员制度改革试点工作的决定》，授权在10个省（区、市）选择50个法院开展为期两年的试点。同一年，最高人民法院、司法部联合发布了《人民陪审员制度改革试点方案》《人民陪审员制度改革试点工作实施办法》两个具体布置改革任务的文件。2016年，最高人民法院向全国人大常委会作了关于人民陪审员制度改革试点情况的中期报告。2017年，第十二届全国人民代表大会常务委员会第二十七次会议通过了《关于延长人民陪审员制度改革试点期限的决定》。同年12月，第十二届全国人大常委会第三十一次会议初次审议了最高人民法院提交的《人民陪审员法（草案）》。2018年4月，全国人民代表大会宪法和法律委员会提交了《人民陪审员法（草案建议表决稿）》，第十三届全国人民代表大会常务委员会第二次会议通过了《人民陪审员法》。

在《人民陪审员法》通过后，最高人民法院、司法部等相关部门，又出台了一些解释性、操作性的配套文件，包括2018年印发的《人民陪审员选任办法》，2019年通过的《最高人民法院关于适用〈中华人民共和国人民陪审员法〉若干问题的解释》《人民陪审员培训、考核、奖惩工作办法》。

在启动本轮改革后，学界涌现出许多关于陪审制立法对策的研究，对陪审的理念、模式、规则及操作机制等进行了讨论。《人民陪审员法》及配套文件出台后，研究的重点应当转向现有规范的实践运行问题。尤其是，鉴于我国原有的陪审制在实施的层面，出现了陪审不审、审而不议、议而不决、陪审员精英化、驻庭法官化、缺乏代表性等问题，[1]应当着重研究新立法和新规范是否有助于解决这些运行问题。本文综合考虑现有的陪审制规范要求和原有的实践问题，从以下方面研究陪审制的运行：(1)现任职的陪审员是否

[1] 关于这些问题的实证研究，参见廖永安、刘方勇：《人民陪审员制度目标之异化及其反思》，载《法商研究》2014年第1期；张嘉军：《人民陪审制度：实证分析与制度重构》，载《法学家》2015年第6期。

具有多维度的代表性;(2)陪审员的遴选程序是否符合随机性原则,尤其是避免出现驻庭法官化的现象;(3)陪审员是否充分地参与了阅卷、庭前会议等审前准备程序,为参加审判做好准备;(4)陪审员是否实质性地参与庭审过程;(5)陪审员是否实质性地参与评议过程;(6)陪审员是否实质性地参与对案件审理结果的表决。

本文通过对现任职的人民陪审员进行问卷访谈,以获得关于上述问题的资料。具体的调研方法为:选取 15 个省、自治区、直辖市(包括山东、天津、重庆、安徽、江西、上海、福建、陕西、西藏、江苏、新疆、辽宁、山西、吉林、河南,以下简称为省份),在每个省份内选择一个基层法院,邀请 3 名现任职陪审员填写电子问卷(如果该法院回收的问卷超过三份,仅统计前三份),最后形成本文的统计数据。受限于课题组的人力、物力条件及联络难题,本文获得的数据仅仅是一个小样本的抽样数据,而且也受到填写问卷的陪审员个体主观性态度的影响。陪审制运行的实证研究是一个非常庞大的课题,应当以各种可能的实证研究方法切入,而且由官方的数据和民间的调研组成,从而形成多个角度的、可以互相对照的实证数据库。因此本文呈现的数据与分析是一个并不完备但仍有其意义的研究,旨在为描绘中国陪审制的实践面貌增添一些材料。

二、陪审员的代表性

(一)理论与规范

陪审员应当能够代表人民或者说社会公众。但是当我们说某些人可以“代表”另外一些人的时候,我们是在何种意义上使用这个词?有三种可能的回答。第一,“委派”(delegate)意义上的代表,即某些人接受其他人的委派,在某个特定场合如实传达后者已经向其表达过的诉求。第二,“信托”(trustee)意义上的代表,即某些人被另一些人视为代言人,他们的任务是提出维护那个群体的利益的诉求。第三,“描述”(descriptive)意义上的代表,即某些人在某些典型特征方面代表了某个群体,他们是这个群体中的典型个体。[1] 在前两种意义上说陪审员代表了人民或者社会中的不同群体，是很难成立的。公众和陪审员之间不存在实际上的授意、委托程序，而且没有办法确保随机遴选的陪审员能够代言其所属群体的利益。陪审员应当是在第三种意义上具有代表性。

陪审员在描述性的或者说典型性的意义上，代表了社会中的不同群体——不同的阶层、职业、年龄、性别、种族、党派、学历、信仰等。因此，他们能够将多元化的立场、倾向、价值、观念、知识带入评议过程，夯实决策的信息基础。"他们多元化的知识和生活经验会使评议过程更丰富，帮助他们理解证据的意义和分量。"[2]"承认陪审员是带着一定程度上由其信仰、种族或性别所塑造的各种观点、价值进入评议室，不是要苛责陪审员去革除偏见，而是将这种极为丰富的对话珍视为民主集会的动因，这正是因为它将来自不同社群的人带入一个公共对话之中。然而，在陪审团之中，这些人必须清楚地理解，他们的目标不是去代表、保护或宣扬他们所属群体的利益；而是与其他人合力探寻真相与共同的正义，在有必要的情况下利用自身的背景积极促进这种探寻，但是与此同时也倾听其他人凭其经验而知悉之事。"[3]

陪审员的这种代表性通过何种规则来保障？以美国法为例，其陪审员遴选程序逐渐形成了以下要求：陪审员从中遴选的名单，必须在某些关键的方面与社区一致。Taylor v Louisiana 案将该要求具体化为"公平交叉"(fair cross section)规则。基本内容为："较大的、与其他不同的群体"必须被包含在陪审员从中遴选的名单上，而且其数量足以反映他们在社区中的比例。公平交叉规则没有具体说明哪些"较大的、与其他不同的群体"应当包含在遴选名单上。但是在联邦法院层面，有判例将妇女、非裔、西班牙裔、犹太裔列入这类群体。[4] 公平交叉规则也没有设定清晰的标准，规定名单

---

[1] 对"代表"含义的这种划分，借鉴了 Michael Singer, *Jury Duty: Reclaiming Your Political Power and Taking Responsibility*, Praeger, 2012, p.94.

[2] Lisa Dufraimont, Evidence Law and the Jury: A Reassessment, 53 *McGill L.J.* 2008, p.210.

[3] Jeffrey Abramson, *We, the Jury: the Jury System and the Ideal of Democracy*, Harvard University Press, 2000, p.195.

[4] 将妇女列入这类群体的判例为：*Taylor v Louisiana*, 419 US 522(1975)；将非裔和西班牙裔列入这类群体的判例为：*US v Biaggi*, 909 F2d 662 (2d Cir.1990)；将犹太裔列入这类群体的判例为：*US v Gelb*, 881 F2d 1155(2d Cir.1989)。

上的群体数量比例应当与社区中的比例有多么紧密的对应关系。而且有判例说明，联邦法院必须足够尊重州法院关于陪审员遴选名单应当如何反映社区的决定。[1]

因此，陪审员的代表性，关键在于陪审员的构成与社会公众的构成，在一些关键特征上具有相似性。对此，我国的陪审制文件有原则性规定。《人民陪审员选任办法》第 18 条第 2 款规定："确定人民陪审员拟任命人选，应当充分体现人民陪审员的广泛性和代表性。"《对〈中华人民共和国人民陪审员法(草案)〉的说明》(2017 年 12 月 22 日在第十二届全国人民代表大会常务委员会第三十一次会议上)指出："坚持人民陪审员选任的广泛性和代表性""人民陪审员的选任应当注意吸收普通群众，兼顾社会各阶层人员的结构比例，注意吸收社会不同行业、职业、年龄、民族、性别的人员，实现人民陪审员的广泛性和代表性"。

(二)调研数据

上述理论和规范中的陪审员代表性要求，在实践中是否得以落实？本文选择了性别、民族、年龄、职业、收入、学历、户籍、政治面貌、专业技能、宗教信仰等维度，来反映陪审员的多元代表性。受访者的回答形成了以下统计数据：

表 1　性别维度的代表性

性别	比例(%)
男性	35.36
女性	64.40
合计	100.00

表 2　民族维度的代表性

民族	比例(%)
汉族	97.80
其他民族	2.20
合计	100.00

[1] *Berghuis v Smith*, 130 S.Ct.1382 (2010).

表3 年龄维度的代表性

年龄	比例(%)
30～34岁	11.11
35～39岁	6.67
40～44岁	15.56
45～49岁	13.33
50～54岁	11.11
55～59岁	22.22
60～64岁	13.33
65～69岁	6.67
合计	100.00

表4 职业维度的代表性[1]

职业	比例(%)
政府工作人员	6.67
基层群众自治组织工作人员	22.22
私企管理者	2.22
私企普通员工	0.00
国企管理者	2.22
国企普通员工	6.67
工人	0.00
个体经营者/承包商	0.00
务农人员	2.22
具有专业知识的人	2.22
高校任教者	0.00
高校其他工作人员	2.22
普通教育工作者	15.56

[1] 本题还有一个附加问题,即是否从事过其他职业。有40%的受访者表示,自己从事过其他职业,所从事的其他职业包括:法律工作者9.09%,政府工作人员4.55%,基层群众自治组织工作人员22.74%,私企普通员工13.63%,国企管理者4.55%,国企普通员工9.09%,普通教育工作者13.63%,事业单位工作人员9.09%,其他职业人员13.63%。

续表

职业	比例(%)
事业单位工作人员	11.11
暂无职业	8.89
其他职业人员	15.56
在校学生	0.00
法律工作者	2.22
合计	100.00

表 4-1　职业维度的代表性(是否从事过其他职业)

是否从事过其他职业	比例(%)
是	60.00
否	40.00
合计	100.00

表 4-2　职业维度的代表性(第二职业的分布)

第二职业	比例(%)
政府工作人员	4.55
基层群众自治组织工作人员	22.74
私企管理者	0.00
私企普通员工	0.00
国企管理者	4.55
国企普通员工	9.09
工人	0.00
务农人员	0.00
个体经营者/承包商	0.00
具有专业知识的人	0.00
高校任教者	0.00
高校其他工作人员	0.00
普通教育工作者	13.63
事业单位工作人员	9.09
其他职业人员	13.63
法律工作者	9.09
合计	100.00

表 5　收入维度的代表性

收入	比例(%)
1～5 万元/年	46.66
6～10 万元/年	44.45
11～15 万元/年	4.45
16～20 万元/年	2.22
26～30 万元/年	2.22
合计	100.00

表 6　学历维度的代表性

学历	比例(%)
初中及以下	2.22
高中/中专/技校	13.33
大学专科	40.00
大学本科	35.56
硕士	6.67
博士	2.22
合计	100.00

表 7　户籍维度的代表性

户籍	比例(%)
本地城市户籍	88.89
本地乡村户籍	4.44
外地户籍	6.67
合计	100.00

表 8　政治面貌维度的代表性

政治面貌	比例(%)
中共党员	55.56
群众	40.00
无党派人士	4.44
民主党派	0.00
合计	100.00

表 9 专业技能维度的代表性[1]

有无职业技能	比例(%)
有	35.56
无	64.44
合计	100.00

表 10 宗教信仰维度的代表性

有无宗教信仰	比例(%)
有	2.22
无	97.78
合计	100.00

(三)分析结论

根据上述统计数据,对现任职人民陪审员的代表性,我们认为在性别、民族、收入、户籍、专业技能、宗教信仰等维度上较为合理,基本能反映社会人群中的分布状况,体现出多元的代表性。尤为重要的是,在专业技能维度上,35.56%的受访者声称具有计算机、工程、医学、农艺、财务金融专业知识、驾驶、摄影、建筑等技术或技能(见表 9)。这有助于丰富陪审员决策的信息基础,体现了陪审员审判相对于法官审,在知识多元性方面的优势。但是上述统计数据也反映出,陪审员的代表性还存在以下问题:

1.年龄维度。《人民陪审员法》规定担任陪审员的年龄条件为年满 28 周岁。但是表 3 数据反映了,在访谈样本中,不存在 30 周岁以下的陪审员。30～39 周岁的陪审员所占比例仅为 17.78%。50 周岁以上的陪审员所占比例为 53.33%,超过五成。这说明了现任职陪审员有"老龄化"现象,不利于将较年轻群体的认知和价值观念充分带入案件评议过程以及最终的裁决中。

2.职业维度。表 4 的数据似乎能体现陪审员的职业背景的多元性,但是这种多元性背后,存在很大的同质性。如果我们将政府工作人员、基层群众自治组织工作人员、国企管理者和普通职工、高校工作人员和教育工作

[1] 选择有某种专业技能的受访者,所回答的专业技术或技能包括:计算机技术、工程技术、医学技能、农艺技能、财务金融专业知识、驾驶技术、摄影、建筑等。

者、事业单位工作人员都划入具有体制内身份或某种官方背景的人群，那么在表4的数据中，此类陪审员所占比例达到了66.67%。尤其是，来自居委会、村委会等基层群众自治组织的陪审员占22.22%。如果我们将陪审员曾经从事过的其他职业也纳入考虑(见表4-1、表4-2)，那么具有这种身份背景的陪审员所占比例会更高。陪审员的代表性，应当具有民间性的底色。该统计数据表明，陪审员的民间代表性不足。陪审员的选任过程可能具有一些导向性，从而导致了上述职业身份背景的同质性。

3.学历维度。陪审员的“精英化”现象是我国原有陪审制运行的问题之一，学历背景可以作为是否精英化的一个衡量指标。《人民陪审员法》第5条规定，人民陪审员的学历条件为“一般应当具有高中以上文化程度”。相对于原有的陪审制度，适当放松了学历门槛，以防止精英化的现象。表6的数据分布基本符合立法上的设定，但是这一分布与我国人口的实际学历状况有很大差异。84.45%的受访者具有大学本科或专科、硕士、博士学历，该比例显然高于相同选项在实际人群中所占的比例。这不符合前述“描述”意义上的代表性以及“公平交叉”要求。

4.政治面貌维度。表8的数据表明，55.56%的受访者为中共党员，4.44%的受访者为无党派人士。只有40.00%的受访者为群众。这一比例分布显然与实际人群中的分布有显著差别。尤其是，这与前述“人民陪审员的选任应当注意吸收普通群众”的要求有冲突。

三、陪审员的遴选程序

(一)理论与规范

典型的英美法系陪审团遴选方式为，在每一个具体的案件中，随机地从居民名单中抽选陪审员，诉讼双方可以行使一定次数的申请无因回避的权利。[1] 我国的陪审员遴选方式，不是在每一个具体案件中直接从居民名单中抽选，而是包含三个遴选阶段，即首先从居民名单中遴选陪审员候选人，然后从候选人中抽选陪审员，最后从陪审员名单中抽取参审具体案件的陪

[1] [美]伦道夫·乔纳凯特:《美国陪审团制度》，屈文生等译，法律出版社2013年版，第190页及以下。

审员。具体规定如下:(1)由司法行政机关会同基层人民法院、公安机关,从辖区内的常住居民名单中随机抽选拟任命人民陪审员数5倍以上的人员作为人民陪审员候选人,对人民陪审员候选人进行资格审查,征求候选人意见。(2)司法行政机关会同基层人民法院,从通过资格审查的人民陪审员候选人名单中随机抽选确定人民陪审员人选,由基层人民法院院长提请同级人民代表大会常务委员会任命。(3)基层人民法院审判案件需要由人民陪审员参加合议庭审判的,应当在人民陪审员名单中随机抽取确定。中级人民法院、高级人民法院审判案件需要由人民陪审员参加合议庭审判的,在其辖区内的基层人民法院的人民陪审员名单中随机抽取确定。[1] 上述三个遴选环节的核心要求是遴选程序的随机性。

除了上述随机遴选的方式,《人民陪审员法》第11条还规定了个人申请与组织推荐的途径,即因审判活动需要,可以通过个人申请和所在单位、户籍所在地或者经常居住地的基层群众性自治组织、人民团体推荐的方式产生人民陪审员候选人,经司法行政机关会同基层人民法院、公安机关进行资格审查,确定人民陪审员人选,由基层人民法院院长提请同级人民代表大会常务委员会任命。通过该途径产生的人民陪审员,不得超过人民陪审员名额数的1/5。《人民陪审员选任办法》第26条还规定了增补的方式。人民陪审员缺额数超过基层人民法院人民陪审员名额数1/10的,或者因审判工作需要,可以适时增补人民陪审员。增补人民陪审员人选从通过资格审查的人民陪审员候选人名单中随机抽选确定。

人民陪审员的任期为5年。关于是否允许连任,《人民陪审员法》未作绝对要求,第12条规定“一般不得连任”。《人民陪审员选任办法》第24条增加了“公民担任人民陪审员不得超过两次”这一规定。

(二)调研数据

以上述规范为参照,本文调研了陪审员通过各种遴选途径被选任的比例、连任的情况、参与具体案件的抽选途径。另外,还调研了法院内部由哪个部门负责抽取参审具体案件的陪审员、无参审经历的陪审员所占的比例、是否仍有“驻庭法官”的现象等。统计数据如下:

---

[1] 参见《人民陪审员法》第9条至第13条、第19条,以及司法部、最高人民法院、公安部联合印发的《人民陪审员选任办法》。

表 11 陪审员选任途径

选任途径	比例(%)
经个人申请后任命	42.22
经单位/组织/团体推荐后任命	35.56
从常住居民名单中随机抽选任命	20.00
通过增补程序任命	2.22
其他途径	0.00
不知道	0.00
合计	100.00

表 12 担任人民陪审员的次数

担任次数	比例(%)
1次	80.00
2次	17.78
6次	2.22
合计	100.00

表 13 是否参与过庭审

是否参与过庭审	比例(%)
参与过	86.67
未参与过	13.33
合计	100.00

表 14 负责选择参审人员的部门

负责选择参审人员的部门	比例(%)
审判庭的法官、法官助理或书记员	38.46
立案庭的法官或其他工作人员	10.26
行政办公室的工作人员	12.82
法院专设的工作人员	30.77
不知道	7.69
其他	0.00
合计	100.00

表 15　选择参审人员的方式[1]

选择参审人员的方式	比例(%)
从本地陪审员名单中随机抽取	76.92
采取其他方式	10.26
不知道	12.82
合计	100.00

表 16　采用何种随机抽取方式

随机抽取方式	比例(%)
人工摇号随机抽选	36.67
电脑系统随机抽选	43.33
其他方式随机抽选	3.33
不知道	16.67
合计	100.00

表 17　是否存在“驻庭法官”的现象

比例(%)	经常	偶尔	极少	从未	合计
陪审员未经抽取主动联系法官参与庭审	5.00	5.00	10.00	80.00	100.00
陪审员确定后法官要求更换陪审员	0.00	10.00	35.00	55.00	100.00
每个办案业务庭有较为固定的陪审员	25.00	20.00	15.00	40.00	100.00
陪审员去过不同业务庭参加陪审	65.00	30.00	0.00	5.00	100.00

(三)分析结论

与立法中强调以随机遴选为主、组织推荐与个人申请为辅的做法不同，表 11 的数据表明，实践中个人申请和组织推荐所占比例过高，分别为 42.22%和 35.56%。经过随机遴选任职的陪审员仅占样本的 20%。这补强

[1] 据受访者回答，“采取其他方式”包括法官助理预约，常驻人民陪审员。

了表4数据所表明的“陪审员的选任过程可能具有一些导向性”这一结论。表12的数据表明，仍有很大比例（20%）的陪审员任职过两届及以上。表13的数据表明，有13.33%已获得任职的陪审员，实际上未参加过庭审。[1]这些数据反映了陪审员遴选的随机性尚未得到保障，“驻庭法官”的现象没有完全杜绝。

从陪审员名单中抽选参审具体案件者的程序，也存在一些问题。表14的数据表明，对于在法院内部由哪个部门负责抽选参审具体案件的陪审员这一问题，尚未形成一致的做法，处于一种混乱、失范的状态。从解决“驻庭法官”现象、保障陪审员职权的角度考虑，不宜由审判业务庭自行选择本庭的陪审员，以免形成业务庭与陪审员的固定联系和控制关系。但是38.46%的受访者回答是由审判庭的人员选择他们参审案件。表15和表16的数据表明，尽管法院主要使用人工摇号、电脑系统抽选等随机抽取方式，来选择参审具体案件的陪审员，但是仍有相当比例（10.26%）的陪审员是通过非随机抽取方式（例如法官助理预约、常驻人民陪审员）参与具体案件的。

表17的访谈数据，通过几个侧面再次反映了实践中存在的“驻庭法官”现象。对于“陪审员去过不同业务庭参加庭审”这一描述，有较大比例的受访者选择了“偶尔”“极少”或“从未”；对于“每个办案业务庭有较为固定的陪审员”这一描述，有较大比例的受访者选择了“经常”或“偶尔”；对于“陪审员未经抽取，主动联系法官参与陪审”这一描述，有较大比例的受访者选择了“经常”或“偶尔”。

四、陪审员参与审前准备

（一）理论与规范

审前准备程序对于庭审实质化具有重要意义。有陪审员参审的案件，应当让陪审员充分地参与一些关键的审前准备环节，从而确保陪审员对于将要审理的案件有充分的准备。

---

[1] 本次调研时间为2020年上半年，有些地方刚完成陪审员换届工作。因此对于这一访谈结果的一个可能解释是，有些新任职的陪审员尚未开始履行陪审职责。

首先，应当在开庭的一定时间段之前完成陪审员抽选工作，并且及时通知陪审员开庭时间等信息，以及开庭前的一些准备事项。最高人民法院《关于适用〈中华人民共和国人民陪审员法〉若干问题的解释》第 3 条规定："人民法院应当在开庭七日前从人民陪审员名单中随机抽取确定人民陪审员。"第 4 条规定："人民陪审员确定后，人民法院应当将参审案件案由、当事人姓名或名称、开庭地点、开庭时间等事项告知参审人民陪审员及候补人民陪审员。必要时，人民法院可以将参加审判活动的时间、地点等事项书面通知人民陪审员所在单位。"

其次，完成陪审员抽选后，应当为陪审员庭前阅卷提供必要条件。根据案件的复杂程度，尤其是证据内容的复杂性，确有必要时应督促陪审员进行阅卷。对此，我国现有规范未作详细规定，仅《关于适用〈中华人民共和国人民陪审员法〉若干问题的解释》第 8 条原则性地规定了人民法院应当为陪审员阅卷提供便利条件。

最后，鉴于许多复杂案件会召开庭前会议，在此类案件中应当通知、督促陪审员参加庭前会议，以了解案件的争议事项等信息。关于陪审员是否参与庭前会议，我国现有规范未作明确规定。[1] 庭前会议的有些事项属于法官的职权范围，无须陪审员参与，如处理回避、证据排除等问题；[2]但有些事项属于陪审员应当参与的范围，如组织控辩双方展示证据、归纳争议焦点、开展调解等。

（二）调研数据

基于上述规范，本文调研了法院是否在开庭 7 日前抽选陪审员、陪审员在开庭前多久接到通知、陪审员是否参与庭前会议、陪审员是否在庭前阅卷等内容。统计数据如下：

---

[1] 《人民法院办理刑事案件庭前会议规程（试行）》第 3 条规定："庭前会议由承办法官主持，其他合议庭成员也可以主持或者参加庭前会议。根据案件情况，承办法官可以指导法官助理主持庭前会议。""其他合议庭成员"当然包括人民陪审员。

[2] 证据排除属于对证据能力的判断，不是对证据证明力的判断。按照英美法系的陪审团制度，关于证据能力（可采性）的判断被作为法律问题，属于法官的职权；对证明力的判断才属于由陪审团解决的事实问题。我国的七人大合议庭陪审模式，陪审员仅解决事实问题，应参照英美法系的这种区分，将证据能力问题完全留给法官判断。

表 18　法院是否在开庭七日前抽选

法院在开庭 7 日前抽选	比例(%)
是	51.28
经常是	17.95
偶尔是	10.26
否	7.69
不知道	12.82
合计	100.00

表 19　陪审员在开庭前多久接到通知

开庭前多久接到通知	比例(%)
开庭前 7 日或更早	33.33
开庭前 3～7 日	41.03
开庭前 1～3 日	25.64
开庭当天	0.00
合计	100.00

表 20　陪审员参与庭前会议

参与庭前会议	比例(%)
经常	15.38
偶尔	41.03
极少	25.64
从未	17.95
合计	100.00

表 21　陪审员进行庭前阅卷

庭前阅卷	比例(%)
经常	35.90
偶尔	25.64

续表

庭前阅卷	比例(%)
极少	17.95
从未	20.51
合计	100.00

表 22 庭前未阅卷的影响

比例(%)	非常有可能	有可能	不太可能	非常不可能	合计
未提前了解案情和证据,庭审时无法充分理解证据内容	35.00	55.00	5.00	5.00	100.00
不知道案件的争议点,庭审时无法把握重点	35.00	55.00	5.00	5.00	100.00
与法官的信息不对称,庭审时跟不上法官的节奏	35.00	50.00	10.00	5.00	100.00

表 23 庭前未阅卷的原因

庭前未阅卷的原因	比例(%)
法院未提供相应场所等硬件设施	23.34
业务庭未通知及时阅卷	28.33
陪审员自身工作忙,时间不够	28.33
陪审员认为庭前阅卷是法官的工作与陪审员无关	16.67
其他原因	3.33
合计	100.00

(三)分析结论

表 18 的数据反映了对于“法院在开庭 7 日前抽选陪审员”这一法定要求,法院落实不够彻底。有 10.26%的受访者认为仅仅“偶尔是”这样,有7.69%的受访者则给出了完全否定的回答。抽选陪审员之后,法院是

否会及时地通知陪审员进行审前准备？表19表明，有25.64％的受访者是在开庭前1～3日才接到参审通知。此时距离开庭时间紧迫，陪审员难以充分进行阅卷、争点整理等准备工作。对于证据材料复杂的案件，或者有其他审理难点的案件，法院会预先召开庭前会议。表20的数据表明，只有15.38％的受访者“经常”参加庭前会议，绝大多数受访者“偶尔”“极少”或“从未”参加。

考虑到中国诉讼程序的职权主义和卷宗审理风格，审判人员在审前准备程序中要完成的一个极为重要的工作就是阅卷。表21的数据反映了陪审员在审前阅卷的表现非常不理想。仅有35.90％的受访者“经常”阅卷，绝大多数受访者“偶尔”“极少”或“从未”阅卷。关于庭前未阅卷的原因，参见表23的数据分布。需要注意的是，有过半的受访者认为，是因为法院或法官的原因（“法院未提供相应场所等硬件设施”或“业务庭未通知及时阅卷”）而导致自己未能阅卷。审前阅卷完成度不高，对于参与庭审的实质化会造成影响，这在表22的数据中得到了印证：对于“未提前了解案情和证据，庭审时无法充分理解证据内容”“不知道案件的争议点，庭审时无法把握重点”“与法官的信息不对称，庭审时跟不上法官的节奏”这三个描述，都有超过一半的受访者认为“非常有可能”或“有可能”。

五、陪审员参与庭审

（一）理论与规范

我国原有陪审制最受诟病的问题之一就是陪审员“参而不审”。鉴于我国诉讼程序的职权主义风格，反映陪审员实质性参与审理的一个标志就是，积极参与法庭调查过程，向当事人、证人、鉴定人及其他诉讼参与人发问。对此，《关于适用〈中华人民共和国人民陪审员法〉若干问题的解释》第11条规定：“庭审过程中，人民陪审员依法有权向诉讼参加人发问，审判长应当提示人民陪审员围绕案件争议焦点进行发问。”

陪审员还应当全程参与案件审理过程，既包括当庭审理过程，也包括合议庭到庭外对证据进行核实的过程。《关于适用〈中华人民共和国人民陪审员法〉若干问题的解释》第10条规定：“案件审判过程中，人民陪审员依法有权参加案件调查和调解工作。”此处的案件调查既包括当庭的举证、质证过程,也包括依法到庭外进行的调查核实工作。

为了确保陪审员实质性参与庭审,我国引进了英美陪审团制度中的法官指示规则,体现在《人民陪审员法》第 20 条:“审判长应当履行与案件审判相关的指引、提示义务,但不得妨碍人民陪审员对案件的独立判断。合议庭评议案件,审判长应当对本案中涉及的事实认定、证据规则、法律规定等事项及应当注意的问题,向人民陪审员进行必要的解释和说明。”法官指示规则既贯穿于庭审过程,也贯穿于庭审后的案件评议过程。现有规范对于法官指示仅作了上述原则性规定。学界对于该规则的意义和具体设计方案已有较多研究。[1]

(二)调研数据

基于上述规范,本文调研了在庭审过程中陪审员是否发问(包括询问当事人、证人、鉴定人,就物证和书证提问),是否缺席某些审理环节(包括庭审过程以及法官进行的庭外证据调查过程),是否遇到审理困难(例如无法理解证据和相关法律规则的内容)。本文还调研了法官指示规则的运行情况,统计数据如下:

表 24　陪审员主动询问当事人

主动询问当事人	比例(%)
经常	12.82
偶尔	48.72
极少	30.77
从未	7.69
合计	100.00

[1] 唐力:《“法官释法”:陪审员认定事实的制度保障》,载《比较法研究》2017 年第 6 期;周欣等:《论法官指示制度之构建》,载《现代法学》2011 年第 2 期。中国学者开展的一项模拟陪审员实验表明,在法官给出指示前后,模拟陪审员对于某些证据证明力的判断有明显变化。可见法官指示对于陪审员参审的意义重大。参见吴旭阳:《陪审团模式之行为实验比较研究》,载《学术月刊》2017 年第 1 期。

表 25 陪审员主动询问证人、鉴定人

主动询问证人、鉴定人	比例(%)
经常	5.13
偶尔	56.41
极少	23.08
从未	15.38
合计	100.00

表 26 陪审员就物证、书证提问

就物证、书证提问	比例(%)
经常	12.82
偶尔	56.41
极少	23.08
从未	7.69
合计	100.00

表 27 陪审员缺席部分庭审

陪审员缺席部分庭审	比例(%)
经常	5.13
偶尔	2.56
极少	28.21
从未	64.10
合计	100.00

表 28 陪审员未参加法官的庭外证据调查

未参加法官的庭外证据调查	比例(%)
经常	25.64
偶尔	23.08
极少	23.08
从未	28.20
合计	100.00

表 29　陪审员无法充分理解证据内容[1]

无法充分理解证据内容	比例(%)
经常	2.56
偶尔	35.90
极少	38.46
从未	23.08
合计	100.00

表 30　陪审员无法充分理解证据规则

无法充分理解证据规则	比例(%)
经常	10.26
偶尔	33.33
极少	41.03
从未	15.38
合计	100.00

表 31　陪审员主动请求法官指示

主动请求法官指示	比例(%)
经常	15.38
偶尔	51.28
极少	25.65
从未	7.69
合计	100.00

表 32　法官是否就这些事项指示陪审员

比例(%)	经常	偶尔	极少	从未	合计
案件争议焦点	40.00	40.00	10.00	10.00	100.00
相关法律规则	45.00	30.00	15.00	10.00	100.00
相关证据规则	40.00	40.00	15.00	5.00	100.00
相关司法政策	40.00	35.00	20.00	5.00	100.00

[1] 本题有一个附加问题："根据您的经历，如果在庭审中出现陪审员无法理解证据内容的情况，您认为主要是因为哪些原因？"受访者给出的回答包括证据专业性较强、案情复杂、庭前未阅卷等。

表 33 法官指示的效果

比例(%)	经常	偶尔	极少	从未	合计
没有让陪审员理解相关问题	10.00	50.00	25.00	15.00	100.00
影响了陪审员的独立判断	10.00	30.00	25.00	35.00	100.00

(三)分析结论

关于陪审员是否实质性地参与庭审,避免"陪而不审"的现象,一个外在的衡量指标是陪审员在庭审中的发问情况。表24、表25、表26分别统计了陪审员主动询问当事人、主动询问证人和鉴定人、就物证和书证提问的情况。三个图表的数据分布基本一致。选择极少或从未发问的受访者接近四成,约五成的受访者仅偶尔发问,只有一成左右的受访者经常发问。这种数据分布情况初步反映了陪审员参与审判的实质性不足,"陪而不审"的现象仍明显存在。表27的数据表明,有少量的受访者认为陪审员会经常或偶尔缺席部分庭审。表28的数据表明,在法官到庭外调查核实证据的时候,陪审员参与度很低:有近半数的受访者认为陪审员经常或偶尔缺席庭外证据调查。这两份数据进一步从外在行为上反映了陪审员参与庭审的实质性不足问题。

表29和表30从参审事实问题是否遇到困难的角度,衡量陪审员参审的实质性。两个图表的数据分布基本一致,均有相当比例的受访者认为,在理解证据的内容、证据法规范的内容方面经常或偶尔遇到困难。这表明应当通过一些规则设置或做法(包括法官指示)来为陪审员澄清疑惑,保障其审理事实问题的实质性。需要注意的是,在"无法充分理解证据内容"这个问题上,选择"经常"的受访者比例只有2.56%;而在"无法充分理解证据规则"这个问题上,选择"经常"的受访者却占到了10.26%。这在一定程度上反映了,陪审员所遇到的审理困难主要来自对证据法规范的不熟悉,而不是来自对事实推理与认知过程的不擅长。[1] 因此诸如法官指示等旨在帮助陪审员审理事实问题的制度,重点在于向陪审员解释法律规范,而不是过分

[1] 关于陪审员在事实问题上裁决能力的研究综述,参见樊传明:《陪审员裁决能力问题研究——优秀的还是拙劣的事实认定者?》,载《中国刑事法杂志》2018年第2期。

干涉其事实推理过程。

表31、表32、表33反映了法官指示规则的运行情况。从表31的数据可以看出,陪审员对于法官指示有较为强烈的需求,选择“经常”和“偶尔”的受访者总计占66.66%。这与表29、表30中受访者反映遇到审理困难的情况相呼应。表32反映了法官对法律规则、证据规则、司法政策、争议焦点等事项,作出指示的频率。表33反映了法官指示的最终效果。法官指示可能有两种不佳的效果,一种是“太强”,以至于影响了陪审员的独立判断;另一种是“太弱”,以至于未能让陪审员充分理解相关问题。值得注意的是,对于这两种效果,均有相当比例的受访者认为“经常”或“偶尔”出现。这表明我们应当关注法官指示的必要限度与具体规则设计,使这一制度运行得更恰当、更合理。就此还需作进一步的实证与对策研究。

六、陪审员参与评议

(一)理论与规范

如果陪审员仅仅参与庭审过程,未实质性参与庭审后的案件评议,就会出现所谓的“审而不议”现象。实际上,陪审制的现代价值证成,极为重视陪审员的评议过程,即所谓的“评议民主”(deliberative democracy,另译“协商民主”)理念。[1] 有学者认为,陪审员在参与评议时,“会为所进行的讨论贡献知识。他们会通过评议得到集体智慧,而不是瓦解成这样一个团体:陪审员在行事时,仿佛其功能就是代表他们所属群体的观念和利益”[2]。该学者认为,为了发挥陪审员的评议价值,应当采取一致裁决规则,不应采用法官审中的多数表决方式:

“一致裁决规则具体体现了一种不同的民主理想——关键是来评议,而不是来投票;关键是取得合意,而不是表达分歧。投票者匿名投票,而陪审员面对面地论辩其分歧。在投票选举中,数字是决定性的,对少数或

[1] 樊传明:《陪审制导向何种司法民主?》,载《法制与社会发展》2019年第5期。

[2] Jeffrey Abramson, *We, the Jury: the Jury System and the Ideal of Democracy*, Harvard University Press 2000, pp.195-196.

边缘群体的代表，可能难有实效。而在陪审团中，一致裁决的实践，表达了这样一种理想：个体的意见，不能被简单地忽略或以多数票否决。在最佳的状态下，一致裁决规则否定了那些狭窄的、有所偏颇的观点的效力——这些观点对于某些群体有吸引力，但是对其他群体没有吸引力。一致裁决规则偏好于那些对于来自各行各业的人都具有说服力的普遍观点。"[1]

但是我国现行陪审制规范，对于陪审员的评议规则没有进行区别于法官审的设置——不仅延续了简单多数表决规则，而且对于陪审员参审案件的评议时间、评议次数、评议的物理环境未予详细规定。仅有的规定就是关于发言顺序的规则，即《关于适用〈中华人民共和国人民陪审员法〉若干问题的解释》第 12 条："合议庭评议案件时，先由承办法官介绍案件涉及的相关法律、证据规则，然后由人民陪审员和法官依次发表意见，审判长最后发表意见并总结合议庭意见。"

(二)调研数据

基于上述原理和规范，本文调研了陪审员是否参与庭后评议、没有参与评议的原因、评议程序的设置方式、陪审员在评议中的表现、评议时间的长短等问题。统计数据如下：

表 34　陪审员是否参与评议

是否参与评议	比例(%)
经常	53.84
偶尔	17.95
极少	23.08
从未	5.13
合计	100.00

[1] Jeffrey Abramson, *We, the Jury: the Jury System and the Ideal of Democracy*, Harvard University Press 2000, p.183.

表 35　未参加评议程序的原因

未参加评议的原因	比例(%)
自己没有时间	10.00
认为参加了意义不大	10.00
已经在开庭审判过程中将自己的意见告诉了法官	53.00
法官未通知参加	22.00
其他原因	5.00
合计	100.00

表 36　评议程序的设置方式

比例(%)	经常	偶尔	极少	从未	合计
庭审结束后,当日或第二天就进行合议庭评议	25.00	35.00	35.00	5.00	100.00
庭审结束后,过了一段时间再进行合议庭评议	45.00	25.00	15.00	15.00	100.00
每次开庭结束后,都组织一次相应的评议	35.00	35.00	15.00	15.00	100.00
在所有的庭审都结束后,只组织一次评议	20.00	40.00	20.00	20.00	100.00

表 37　陪审员在评议中的表现

比例(%)	经常	偶尔	极少	从未	合计
陪审员在评议程序中,无法充分理解证据的内容或相关的法律规定	10.00	40.00	40.00	10.00	100.00
陪审员在评议过程中独立发表意见	55.00	40.00	0.00	5.00	100.00
陪审员先发表意见,法官后发表意见	55.00	10.00	25.00	10.00	100.00

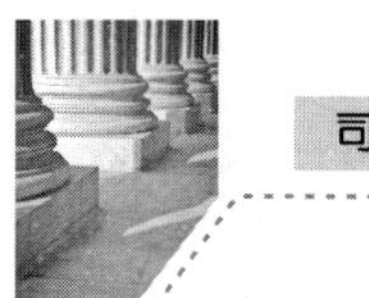

表 38　评议时间的长短

评议时长	比例(%)
1个小时以内	33.33
1～3个小时	64.11
3～8个小时	2.56
8个小时以上	0.00
合计	100.00

(三)分析结论

上述数据显示,陪审员参与评议程序的情况很不理想,这与评议程序的应然重要性极不相称。具体分析如下:

首先,表34数据显示,仅有刚过半数的受访者认为陪审员"经常"参与评议,其他近半数的受访者认为"偶尔""极少"或"从未"参与评议。陪审员不参加评议程序的原因参见表35。其中被受访者选择最多的两个原因是:已经在开庭审判时将自己的意见告诉了法官、法官未通知参加评议。可见,法院和法官对评议程序不够重视,未要求和保障陪审员参与庭审后的评议程序,是导致审而不议的主要原因。

其次,在陪审员实际参加的评议程序中,也存在一些需要解决的问题。表36展示了评议程序的设置方式,可见有相当比例的案件,不是在每次庭审后都即时组织陪审员进行评议。如此一来陪审员关于证据与事实的鲜活印象可能会减弱,甚至遗忘了许多证据信息,最终会影响评议的实质性。表37数据显示,"人民陪审员和法官依次发表意见"这一法定规则在不少案件中得不到落实;陪审员在评议中,时常会遇到无法理解证据内容或相关法规的情况。表38通过一个外在的指标来衡量评议的实质性,即评议程序持续的长短。只有2.56%的受访者回答存在评议时长为3～8个小时的案件,没有受访者回答存在评议时长为8个小时以上的案件。绝大多数受访者认为,案件评议时间不超过3个小时。理想的评议过程,应当是经过细致的讨论、激烈的论辩后逐渐弥合分歧,取得宝贵的合意。但这一数据分布似乎说明,陪审员的评议过程尚未变成一个紧密的协商程序。

七、陪审员参与表决

(一)理论与规范

陪审员不仅应当实质性地参与庭审、评议,而且应当参与最终的表决,其审理意见与法官的审理意见平等地影响案件处理结果。关于陪审员参与表决的程序与规则,我国现行规范如下:

首先,陪审员的表决权限范围。人民陪审员参加三人合议庭审判案件,对事实认定、法律适用,独立发表意见,行使表决权。人民陪审员参加七人合议庭审判案件,对事实认定,独立发表意见,并与法官共同表决;对法律适用,可以发表意见,但不参加表决。[1]

其次,表决规则。与普通的合议庭表决规则相同,有陪审员参加的合议庭评议案件,实行少数服从多数的原则。人民陪审员同合议庭其他组成人员意见分歧的,应当将其意见写入笔录。合议庭组成人员意见有重大分歧的,人民陪审员或者法官可以要求合议庭将案件提请院长决定是否提交审判委员会讨论决定。[2]

最后,增设了问题清单制度。问题清单制度不仅适用于评议和表决程序,而且在开庭前就应适用。七人合议庭开庭前,应当制作事实认定问题清单,根据案件具体情况,区分事实认定问题与法律适用问题,对争议事实问题逐项列举,供人民陪审员在庭审时参考。七人合议庭评议时,审判长应当归纳和介绍需要通过评议讨论决定的案件事实认定问题,并列出案件事实问题清单。[3] 对于问题清单制度,有学者参照比较法提出了详细的设计方案。[4]

(二)调研数据

基于上述规范,本文调研了陪审员参审案件的表决方式、是否采用问题清单制度、陪审员与法官是否出现过意见分歧以及出现意见分歧时如何解决等内容。统计数据如下:

---

[1] 《人民陪审员法》第 21 条、第 22 条。

[2] 《人民陪审员法》第 23 条。

[3] 《关于适用〈中华人民共和国人民陪审员法〉若干问题的解释》第 9 条、第 13 条。

[4] 陈学权:《刑事陪审中法律问题与事实问题的区分》,载《中国法学》2017 年第 1 期。

表39　表决的方式

表决方式	比例(%)
面对面口头表决	43.94
记名式书面投票表决	6.06
不记名式书面投票表决	9.09
通过电话询问意见的方式表决	18.18
直接请陪审员在裁判文书上签字	22.73
其他方式	0.00
合计	100.00

表40　是否采用问题清单制度

采用问题清单	比例(%)
经常	77.78
偶尔	18.52
极少	3.70
从未	0.00
合计	100.00

表41　陪审员与法官是否出现过意见分歧

出现意见分歧	比例(%)
经常	0.00
偶尔	33.33
从未	28.21
极少	38.46
合计	100.00

表 42 出现分歧时如何解决

分歧解决方式	比例(%)
法官会直接忽略陪审员的意见,合议庭按照法官的意见作出裁判	5.26
法官会向陪审员解释相关内容,最终说服陪审员接受法官的意见	34.21
法官听取了陪审员的意见后被说服,合议庭按照陪审员的意见作出裁判	15.79
法官和陪审员分别坚持自己的意见,通过表决作出裁判	15.79
合议庭会将案件提交审判委员会解决	28.95
其他解决方式	0.00
合计	100.00

表 43 审判委员会如何解决分歧

审判委员会如何解决分歧	比例(%)
倾向于维护法官的意见	20.00
倾向于维护陪审员的意见	0.00
没有明显的倾向性,根据案件情况决定,不会当面听取陪审员的意见	26.67
没有明显的倾向性,根据案件情况决定,但是会当面听取陪审员的意见	53.33
其他方式	0.00
合计	100.00

(三)分析结论

表 39 的数据分布表明,陪审员的表决方式尚未在实践中形成一致、固定做法,处于杂乱无章的状态。尤其是,许多法院采用了一些与立法和基本原理相悖的做法。有 18.18%的受访者选择了“通过电话询问意见的方式表决”选项,这就消解了理想的评议和表决程序所预设的面对面论辩、协商模

式。更有 22.73%的受访者选择了“直接请陪审员在裁判文书上签字”选项，这就省略了评议和表决的过程，排除了陪审员参与合议、投票的可能性。这一数据分布也与表 34 中关于“从未”或“极少”参与评议的数据占比相呼应。可见审而不议、议而不决的问题仍显著存在。

表 40 的数据初步显示，《人民陪审员法》创设的问题清单制度已经在陪审员的评议和表决实践中运行起来。有 77.78%的受访者认为“经常”使用该制度。但是由于访谈问题的设置过于粗糙，本次调研未能展示问题清单制度的更多运行细节，尤其是运行的实际效果如何。

表 41、表 42、表 43 的问题是针对陪审员与法官之间的分歧解决，从而显示陪审员的表决权是否得到保障，议而不决的问题是否得到解决。表 41 的数据反映了陪审员与法官出现分歧的情况较少：绝大多数受访者认为“从未”或“极少”出现分歧，只有 33.33%的受访者认为“偶尔”出现分歧，没有受访者认为“经常”存在分歧。陪审员与法官意见的明显趋同性，是否部分地缘于法官在庭审、评议过程中逐渐同化了陪审员，使其难以秉持对案件的独立判断？本次调研未能回答该问题，这一假设需要通过进一步的实证研究证明。表 42 反映了出现分歧后的解决途径。仅有 5.26%的受访者选择了“法官会直接忽略陪审员的意见”这一选项。选择“法官会向陪审员解释相关内容，最终说服陪审员接受法官的意见”这一选项的受访者占比最多，为 34.21%。这说明法官意见对陪审员意见有较强的同化力量，强于后者对前者的同化力量。在表 33 中有相当比例的受访者认为“法官的指引、提示影响了陪审员的独立判断”这种情况“经常”或“偶尔”发生，这强化了前述结论。

尤其需要注意的是，在表 42 中有 28.95%的受访者选择了“合议庭会将案件提交审判委员会解决”这个选项。这是《人民陪审员法》明确规定的一种解决分歧的途径，说明立法将最终的决定权保留给主要由法院内资深职业法官组成的审判委员会。审判委员会在解决法官与陪审员的意见分歧时，是否会有倾向性？表 43 的数据分布显示，有 20.00%的受访者认为审委会倾向于维护法官的意见，没有受访者认为审委会倾向于维护陪审员的意见。绝大多数受访者认为审委会没有明显的倾向性，但是 26.67%的受访者认为审委会在决定案件处理意见时不会当面听取陪审员的意见。这些数据表明，陪审员对于案件的表决权，很可能受制于法院内职业法官的专业意见。解决议而不决的问题，需要对现有规范、程序和做法进行必要的调整。

结　语

本文主要通过调查问卷的方式,参照我国在陪审制改革中业已确立的规范,对司法实践中人民陪审员制度的运行状况进行实证研究。问卷问题的设置,涵盖了诸如代表性、遴选程序、参与审前准备、参与庭审、参与评议、参与表决等立法者预设的能切实保障人民陪审员发挥其应有功能的诸多方面。仅从已回收的数据来看,人民陪审制的实际运行与立法规范之间仍然存在一定的差距:(1)代表性方面,人民陪审员年龄上"老龄化"、职业上"同质化"、学历上"精英化"以及政治面貌上占比不符合"公平交叉"的要求,缺乏描述意义上的"代表性";(2)遴选程序方面,遴选的随机性尚未得到保障,"驻庭法官"现象没有完全杜绝;(3)参与审前准备方面,在我国职权主义和卷宗审理的司法背景下,对于能够发挥陪审制功能来说至关重要的审前阅卷并未得到有效贯彻;(4)参与庭审方面,陪审员经常发问的情况仍属少见,侧面反映出其参与庭审的实质性不足等问题,"陪而不审"的现象依然存在,现行的法官指示规则仍有改进的空间;(5)参与评议方面,现行陪审制规范对于评议规则的笼统性规定,导致实践中的评议程序并不理想,陪审员的"审而不议"未能发挥"评议民主"的现代价值;(6)参与表决方面,表决方式在实践中缺乏一致性,甚至出现与立法和基本原理相悖的做法,"议而不决"的问题仍显著存在,陪审员可能受制于法官的专业意见。受制于调研的客观因素与陪审员的个体主观因素,本文的数据仍属小样本的抽样数据。但初步的数据分析,对我们了解人民陪审制的实际运行状况依然具有意义,可以为司法改革背景下陪审制的完善提供一定参考。

远程办案技术对认罪认罚案件的价值与运用*

王晓华** 张晨露***

摘要:2020年突发的新冠病毒肺炎疫情大大改变了人们的生活工作模式,线上办公成了一种新常态。在司法领域,以远程视频为代表的远程办案技术成了疫情期间司法机关办案的重要工具。远程提审、远程审判应运而生。远程办案技术除了成为防疫期间的应急措施外,也可以成为认罪认罚制度完善过程中的一块拼图。由于认罪认罚案件的特点,可以抵消远程办案技术给直接言词原则、庭审权威等方面带来的负面影响。远程办案技术带来的高效性能可以促进认罪认罚制度寻求的诉讼效率价值、合理分配诉讼资源的目标的实现,同时,该技术还具备完善认罪认罚程序中的律师有效帮助制度、降低认罪认罚案件的羁押率等功能。

关键词:远程办案;认罪认罚从宽;程序参与原则;直接言词原则

前 言

技术的日新月异,促使诸多社会制度发生了深刻变革。法律系统是社会生活的观察者和守望者,因此也必然因此种观察与守望而将信息网络技术纳入其自身的运作。[1] 远程视频办案便是将法律系统与信息通信、互联网经济高速发展融合的产物,是智慧法治建设的一项重要尝试。

远程办案不是一个严格意义上的法律概念,结合司法实践来看,主要是

* 本文系国家社科基金项目"我国刑事质证规则研究"(16BFX079)的阶段性成果。

** 王晓华,华东政法大学讲师、硕士生导师。

*** 张晨露,华东政法大学刑事诉讼法专业硕士研究生。

[1] 段厚省:《远程审判的双重张力》,载《东方法学》2019年第4期。

指程序参与者可以分处各地，通过互联网及现代电子设备通信技术来传递语音、文字和图像信息，完成提审、取证、法律援助、开庭审理等司法活动。早在2006年年底，远程视频办案就在刑事诉讼中得到了应用。[1] 2016年最高人民法院颁布了《最高人民法院关于进一步推进案件繁简分流优化司法资源配置的若干意见》(以下简称《繁简分流意见》)，其中第10条规定："对于适用简易程序审理的民事、刑事案件，经当事人同意，可以采用远程视频方式开庭。"《繁简分流意见》为远程视频办案在刑事诉讼中的适用提供了法律依据。最高人民法院课题组的报告显示，截至2018年7月，18个试点地区法院共适用认罪认罚从宽制度审结刑事案件181177件，占试点法院同期审结刑事案件的52.3%。[2] 2020年新冠肺炎疫情的发生更是进一步推动了远程连线技术在实践中的运用，最高人民法院于2020年2月18日出台的《关于新冠肺炎疫情防控期间加强和规范在线诉讼工作的通知》(以下简称《在线诉讼通知》)中规定，对适用简易程序、速裁程序的简单刑事案件、认罪认罚从宽案件，以及妨害疫情防控的刑事案件，可以探索采取远程视频方式开庭。即在疫情期间，适用认罪认罚从宽制度的案件都可以采用远程视频方式进行审理。

随着我国认罪认罚从宽程序适用比例的逐步提高，远程办案技术是否可以从一项临时性的应急措施转化为办理认罪认罚案件的常态，是一个值得探讨的问题。但是，我国尚未形成系统性的远程办案的程序性规范，《繁简分流意见》和《在线诉讼通知》都是宏观上针对远程视频审判作的原则性规定，认罪认罚乃至刑事案件本身并非其规范的重点，更缺少明确的适用条件和适用程序。创新开庭方式和探索认罪认罚案件庭审方式改革是《繁简分流意见》中的两个重要目标，两者的有效结合能够迸发出强大的能量。如果能够在认罪认罚案件中全面贯彻落实远程办案，这意味着在绝大部分的刑事案件中，诉讼程序参与者可以通过网络技术实现异地讯问、庭审等司法活动，办案效率将进一步提升，司法资源能够得到更合理的分配。但也正因为远程办案技术会对传统的办案模式形成冲击，我们需要更加谨慎地探讨其运用的正当性和规范性。

---

[1] 卓泽渊:《QQ视频审案 司法也时尚?》，载《人民论坛》2007年第4期。

[2] 最高人民法院刑一庭课题组沈亮:《刑事诉讼中认罪认罚从宽制度的适用》，载《人民司法(应用)》2018年第34期。

一、抵消负面作用:认罪认罚程序与远程办案技术的兼容性

(一)协商性弱化了对直接原则的影响

正当程序的第一个要求是保障诉讼主体的参与权,在诉讼法上主要通过直接言词原则来落实这一要求。理论界对于远程办案——尤其是远程视频审判是否符合直接言词原则存在一定的争议。有观点认为,在法律未作扩大解释的情况下,采用远程视频审判的方式,仍应认为被告人未亲自到庭。[1] 我们认为,远程办案符合直接言词原则的"在场"要求,但会削弱证据审查的直接性。直接言词原则强调法官的亲历性,要求被告人、公诉人以及其他诉讼参与人必须亲自到庭出庭审判,法官与诉讼参与人面对面进行交流,感知案件情况,并以在法庭上直接审查过的证据作为裁判的基础。言词原则强调的则是法庭审理必须以口头陈述的方式进行。

直接言词原则中的"在场"并不能僵化地理解为法官与诉讼参与人出现在同一物理空间,到场的目的是让控辩审三方以直接面对面的方式交流,降低沟通成本;而远程庭审借由先进的多媒体通信传输技术,可以在不同场景间同步交换声音、影像,实现虚拟空间上的面对面,使传统庭审的物理空间得到虚拟延伸。被告人的声音和影像能够通过音视频高清交互清楚地展现在法官面前,在保证网络连接质量的前提下,控辩审三方能够与物理在场一样,观察到对方的状态,听到各方的观点和言论,各诉讼主体之间能够进行充分的辩论和交流,与直接言词原则中的言词性要求相符。因此,尽管远程审判和传统审判在形式上有所不同,但是并未影响到庭审的程序进行及当事人在场权的实现。

但是,由于远程审判毕竟不是在一个空间中进行的,在证据审查直接性方面限制了直接言词原则目的的充分实现。直接言词原则除了要求当事人和法官必须"在场"和"到庭"这一外在要求外,还要求裁判者认定事实的证据必须在法庭中经法定程序调查而得。这里的法定调查程序包含举证、质证和认证三个环节。在举证环节,直接言词原则要求证据以法定的方法和

[1] 孙伟杰:《远程视频审判方式的反思与完善——以刑事速裁程序为视角》,载《太原理工大学学报(社会科学版)》2017年第4期。

形式提出，英美法系国家多以传闻证据规则、最佳证据规则等予以保障，大陆法系国家则以法定证据方法予以规范。简言之，在直接言词原则的要求下，证人、鉴定人一般应当出庭作证，实物证据一般应当以原物在法庭上展示、播放或宣读。这样可以保障对方当事人对证据的质证以及法官对证人、证物的直接观察。在远程审判中，由于网络延迟、示证程序的技术限制等原因，质证方和法官对于证据的审查还是受到一定的限制的，肯定不如三方同时在场高效。而物证因其特性无法在远程视频中直观呈现，质证方和法官都无法通过实际接触来判断证据价值，这会使得最佳证据规则成为一纸空文，也会影响法官对案件事实的判断。

在认罪认罚案件中适用远程审判可以较好地避免前述问题。认罪认罚从宽制度是由传统对抗式诉讼模式向合作性模式转变过程中出现的一种新型解决纠纷的制度。首先，在传统的刑事诉讼中，控辩双方普遍呈针锋相对的场面，在罪名、刑罚等方面都存在争议，需要展开激烈讨论。而在认罪认罚制度中，被追诉人为得到从宽处理，减少审判带来的不确定性，放弃了对抗的态度，对司法程序采取配合做法，这有利于司法机关迅速充分收集证据、查清犯罪事实，从而为远程审判、加速案件办理提供了现实可能。其次，由于被追诉人认罪、控方与其协商并达成协议，刑事司法模式不再是对抗式，在庭审中控辩双方对事实认定的争议较小，法庭的事实调查程序能够大幅度简化，举证、质证的形式也不完全受最佳证据规则的制约。法庭的审查重点在于犯罪嫌疑人、被告人是否知晓认罪认罚的法律规定、后果以及认罪认罚的自愿性和真实性，并听取最后陈述意见等。远程审判技术对正当程序的弱化因认罪认罚案件的协商性和低对抗性而得到弥补。因此在认罪认罚案件中适用远程办案技术并没有法理上的障碍。

（二）弱对抗性弥补了对司法权威的侵蚀

远程办案技术对于程序参与原则的负面影响主要体现在降低了法庭的庄严性以及削弱了侦查人员、司法人员对于办案秩序的直接掌控。远程办案与直接“面对面”的传统办案相比，其在现场参与的仪式感、形式效果方面确有一定减弱。当事人对该种新型办案方式的适应度也各有差异，需要一定的接受过程。但必须要承认的一点是，诉讼活动的仪式感、威信度在不同的案件中，对当事人的心理作用效果也各有不同。在案件事实争议较少的简单案件中，法庭的仪式感本身较弱，远程庭审对当事人的心理影响相对较小；反之，在案件事实真伪不明的复杂案件中，形式威信对诉讼当事人心理将产生更大的影响，庭审的正式性、规范性对当事人服判程度有较大的影响。[1]

远程办案技术对于侦查人员、司法人员的办案秩序掌控的影响更加直接。在传统办案模式下，办案人员和审判人员是诉讼活动的控制者和命令者。在同一空间下，侦查人员或审判人员可以更好地掌控诉讼活动的进程。比如，当证人不愿意继续作证时，侦查人员可以对其进行心理疏导和政策宣讲，帮证人陈明利害，鼓励其继续作证；再比如，在审判中发生双方当事人发生争执或者出现妨害诉讼进行的行为时，法官可以当庭采取必要的措施予以制止。这些情况如果发生在远程办案时，证人或当事人可能会直接关闭视频程序，会给侦查人员、审判人员正常进行诉讼带来困难。

认罪认罚案件庭审的主要功能在于对审前认罪协商成果、检察机关量刑建议的确认，审查重点是犯罪嫌疑人、被告人是否知晓认罪认罚的法律规定、后果以及认罪认罚的自愿性和真实性，而证据裁判原则所要求的证据须经法庭调查程序成为例外，庭审过程不需要复杂的技术支持，因此对庭审方式的选择不会影响案件的顺利进行。对于认罪认罚案件来说，证人一般无须出庭，犯罪嫌疑人、被告人一般处于被羁押的状态，即使是处于取保候审、监视居住状态的犯罪嫌疑人、被告人，一般也不敢擅自切断视频信号。认罪认罚案件的弱对抗性也不容易激化控辩双方的矛盾，采用远程审判方式审理案件足以实现其庭审功能而不丧失司法机关的权威。

二、强化价值实现：远程办案技术对认罪认罚程序的正向提升

（一）促进认罪认罚程序的价值目标

当下我国社会经济处于转型时期，《中华人民共和国刑法修正案八》和《中华人民共和国刑法修正案（九）》出台后，醉驾、扒窃等行为入刑、劳动教养制度被废除，犯罪类型呈现出从重罪到轻罪、从重刑到轻刑的趋势。同时，“员额制改革”等一系列司法改革的适用，法院、检察院的人案矛盾进一步加剧，办案质量与办案效率的矛盾也凸显出来。为解决这一问题，2014

[1] 范黎红：《远程审理的适用空间之展望》，载《法学》2010年第2期。

年10月，十八届四中全会《中共中央关于全面推进依法治国若干重大问题的决定》明确提出“完善刑事诉讼中认罪认罚从宽制度”的要求。[1] 从前阶段的实施情况来看，认罪认罚从宽制度既能保障被告人的权利，使其早日回归社会，进而维护社会稳定；同时又符合诉讼经济的本质要求，以公正基础上的效率观为价值取向，实现效率和公正的平衡。认罪认罚制度能否成功的一个重要标志就是是否能够对效率进行充分的关注以及能否在公正与效益之间保持适当平衡，同时这也是衡量程序公正的一项重要标准。[2]

远程审判借助计算机及互联网技术的发展，高度契合了认罪认罚制度的改革目标，成为缓解办案压力、提升诉讼效率，保障被告人权利的助推力量。首先，远程办案进一步实现认罪认罚从宽制度的效率价值。在认罪认罚案件中采用远程办案方式可以使原本就适用简易程序或速裁程序的轻罪刑事案件得到更加快速的处理，实现多方共赢。其次，远程办案有助于实现认罪认罚从宽制度的人权保障价值。认罪认罚从宽制度通过对不同犯罪情况实行区别对待，贯彻宽严相济政策，保障了犯罪嫌疑人、被告人的快速审判权，使其权益得到充分尊重。采用远程办案的方式，办案人员和当事人等诉讼参与人可以在远程审理点实现出庭，省去了出庭所需的在途时间，审理周期相应缩短，使犯罪嫌疑人、被告人得到快速审判，防止其在尚未被定罪的情况下受到不合理的长期监禁，保障被告人得到迅速且经济之裁判的程序利益。另外，远程办案人员的一举一动都在摄像头的监控下进行，有利于减少刑讯逼供的情况，使犯罪嫌疑人、被告人的自白任意性也得到了保障。最后，远程办案有助于实现认罪认罚从宽制度的公正价值。认罪认罚从宽制度是在保证公正的基础上，对犯罪嫌疑人、被告人进行程序及实体上的从宽处理。远程办案可以将各个阶段的声音及图像同步记录、同步储存，并随时可再现办案过程，保障了认罪认罚制度的公正价值。一方面，这种方式可以帮助办案人员在定期宣判的情况下回忆起案件中的关键事实，提高裁判的准确性；另一方面可以通过备案等方式减少同案不同罚的情况，实现对同类案件的同等对待，实现实体公正。远程办案和认罪认罚从宽制度的出发点和落脚点都是兼顾公正和效率，契合宪法人权保障的精神，两者的配合可

[1] 十八届四中全会：《中共中央关于全面推进依法治国若干重大问题的决定》。

[2] 陈卫东：《公正和效率——我国刑事审判程序改革的两个目标》，载《中国人民大学学报》2001年第5期。

以为司法改革提供更为广阔的空间。

(二)减少认罪认罚案件的资源需求

在司法资源有限的情况下,实现资源的正确配置是诉讼程序改革的重要目标。在认罪认罚从宽制度试点开展以前,我国的刑事诉讼程序呈现出“重案不繁、简案不简”的特点。法律只在审判阶段规定了简易程序,审前阶段并无程序分流的机制。认罪认罚制度出现后——尤其是在2018年《中华人民共和国刑事诉讼法》(以下简称《刑事诉讼法》)修改后,这个状况得到了一定程度的改变,这是对我国刑事司法资源分配中的“平均主义”错误的一次纠正。

然而,近几年认罪认罚制度的推进虽然在整体上可以视为成功,但普通程序并没有因此“复杂”起来。相反,由于改革形成的热度不断上升,认罪认罚制度吸引了大量政策、实践和学术资源,原本应该为审判中心主义改革“扫清障碍”的制度却吸走了原本应当属于普通程序改革的注意力。这其中的原因有很多,改革中的资源错配是很重要的一条。认罪认罚制度不仅要在个案中实现办案效率的提升,更重要的是为整体司法资源的合理配置提供空间。[1] 因此,认罪认罚制度的设计应当强调“环保性”,即资源占有的最小性。只有在认罪认罚的案件中尽可能地节约司法资源,我们才能构建实现程序正义、人权保障与事实发现高度统一的普通程序。

远程办案技术可以在这方面为司法资源的正确配置提供更多的帮助。最直接的帮助体现在庭审资源的节约上。传统庭审开庭时,法院需要安排法警前往看守所押解被告人,一般必须按照2∶1甚至3∶1的比例(1名被告人需要警力2~3人)配置警力。[2] 当案件中被告人人数众多时,更是需要调动大批的法警和警车提押被告人,这个过程中的人员、物资和时间消耗是大量的。看守所往往地处城市郊区,在大中型城市,押解一名认罪认罚的被告人到庭的时间往往是正式开庭时间的5~10倍,线下开庭的“性价比”非常低。而采用远程审判方式审理认罪认罚案件,仅需要由法警将被告人提押到远程视频讯问室参加庭审,不仅缓解了提审警力不足的问题,节约了

---

[1] 陈卫东:《认罪认罚从宽制度研究》,载《中国法学》2016年第2期。

[2] 潘金贵、谭中平:《论刑事远程视频庭审规程的构建》,载《法律适用》2019年第9期。

往返途中的交通油耗支出及安保费等司法资源，还解决了法庭空间不足、案件堆积开庭排期困难的难题。某些地区的试点表明，远程审判技术对于降低认罪认罚案件的资源消耗是非常明显的。例如，浙江杭州西湖区法院与区看守所联网建立远程视频审判模式后，运用新的审判方式集中开庭。在适用远程视频庭审的第一年，就有效节省了押解在途时间800多个小时，节约押解警力近1700人次。[1] 除了庭审外，审查起诉阶段的检察官提审也是一项费时费力的工作。通过传统方式提审时，对于许多案情清晰、被告人无异议的案件，检察机关也需要耗费大量精力在提审路途及程序性审查上，造成了办案过程中不必要的效果损耗。远程提审的办案方式使检察人员的提审工作仅需通过网络就可以完成，免去了办案人员往返两地的时间和精力，节约了检察机关办理简单案件中的人力、物力，将更多司法资源和精力投入到其他重大疑难复杂案件的办理过程中去，也可以直接加快办案节奏，提高司法资源的“周转率”，实现资源分配效果最大化。

三、推动制度升华：认罪认罚程序中远程办案技术的制度嵌入

（一）适用的范围与条件

由于目前《刑事诉讼法》将认罪认罚的起点设定在审查起诉阶段，因此侦查阶段并无认罪认罚程序使用的余地。况且在侦查阶段初期，取证工作尚处于起步阶段，大部分的犯罪嫌疑人都会处于拘留状态。犯罪嫌疑人是否会认罪认罚也尚不清楚，因此侦查阶段初期一般不具备实施远程办案的条件。所以，远程办案技术一般应当从审查起诉阶段开始使用。

出于保障办案质量以及维护犯罪嫌疑人权利的需要，批捕程序以及审查起诉阶段的首次讯问不宜采用远程办案技术。而同样是认罪认罚案件，其性质与复杂程度也并不完全一样。犯罪嫌疑人的认罪认罚程度也不尽相同，因此并非所有犯罪嫌疑人认罪认罚的案件都适合完全采用远程办案技术。为了平衡案件质量与诉讼效率，根据不同情况分裂设置远程办案技术的适用条件：

---

[1] 邵天一、黄华、张扬清：《对“网络远程审判模式”的调查与思考》，载《中国审判》2020年第9期。

1.案情简单、犯罪事实清楚、犯罪嫌疑人、被告人对于起诉的事实没有异议，且符合下列条件之一的，人民检察院、人民法院应当优先适用远程办案技术：

(1)犯罪嫌疑人自首或到案后主动供认犯罪事实且同意适用认罪认罚程序；

(2)犯罪嫌疑人、被告人被取保候审、监视居住或未被采取强制措施的；

(3)犯罪嫌疑人、被告人可能被判处管制、拘役或有期徒刑缓刑的。

2.犯罪嫌疑人认罪认罚且符合下列条件之一的，人民检察院、人民法院可以适用远程办案技术：

(1)犯罪嫌疑人、被告人供述曾发生反复，但自审查起诉阶段第一次讯问之后起认罪认罚的；

(2)犯罪嫌疑人申请远程提审或审判的。

当然，出于程序公正和其他诉讼价值的需要，部分认罪认罚案件不宜使用远程办案技术，这个范围可以限定在以下五种情形中：

(1)当事人、诉讼参与人存在聋哑、失明等生理缺陷，或者需要翻译人员为其提供帮助的外国人、不通晓当地语言文字的人。此类案件中存在的交流障碍可能会因远程办案而被进一步放大，从而影响上述人员的诉讼权利。相比远程办案，直接面对面的交流更加直观、便于理解。

(2)犯罪嫌疑人、被告人为未成年人的。办理未成年人刑事案件，要采取教育为主、惩罚为辅及区别对待的原则，在办案过程中需要对其进行教育、感化和挽救，因此直接面对面的交流方式能够缩短各诉讼参与人之间的心理和物理距离，更利于缓解未成年犯罪嫌疑人、被告人对接受讯问、审判的抗拒心理。另外，对于训诫、观护等与人身相关的教育工作，司法人员也应当采取现场办案的方式进行，而不宜采用远程视频办案方式。

(3)犯罪嫌疑人、被告人翻供或不同意适用认罪认罚程序的；共同犯罪案件中，有被告人不同意适用认罪认罚程序的。

(4)犯罪嫌疑人、被告人可能不构成犯罪，或者辩护人作无罪辩护的。在实践中，犯罪嫌疑人、被告人出于对事实、法律的错误认识，可能错误地作出认罪认罚的意思表示。面对这种情况，辩护人可能会作无罪辩护，检察机关和人民法院也可能发现案件存在无罪的可能性，为保障人权，检察院和法院仍应以线下开庭为宜。

(5)案件疑难、复杂，需要犯罪嫌疑人、被告人当面核对证据以及确认认罪认罚自愿性的。

(二)帮助完善律师有效帮助制度

在认罪认罚案件中,犯罪嫌疑人、被告人辩护权的保障问题尤为突出,认罪认罚从宽处理程序之适用需要有效辩护的支撑。[1] 辩护律师的及时指导是犯罪嫌疑人获得有效辩护的基本保障。通过远程办案技术实现辩护律师远程会见和值班律师远程协助不仅不会剥夺或减损犯罪嫌疑人、被告人的辩护权,还能进一步强化辩护律师的有效辩护,调动值班律师工作的积极性。

首先,远程会见有助于解决辩护律师会见难的问题,使犯罪嫌疑人及时得到辩护人的法律帮助。最高人民法院、最高人民检察院、公安部、国家安全部和司法部出台的《关于适用认罪认罚从宽制度的指导意见》规定,公检法机关应当保障认罪认罚案件中犯罪嫌疑人、被告人获得有效法律帮助,确保其是在了解认罪认罚的性质和法律后果后,自愿作出的认罪认罚。然而,由于客观条件的限制,律师会见普遍存在等候时间过长的问题,甚至在部分地区看守所出现了律师通宵排队等候会见的极端现象,律师"会见难"与会见需求增大之间的矛盾日益突出。远程视频会见方式为解决这一问题提供了思路,通过在派出所设立远程视频会见系统,实现辩护人在公安派出所与看守所在押犯罪嫌疑人、被告人进行会见。这样既可以免去律师前往偏远看守所花费的时间和精力,也可以使犯罪嫌疑人、被告人第一时间获得辩护人的专业意见,及时知晓法律规定,认识法律后果,缓解其紧张、焦虑的心情,最终作出正确的抉择,保障被告人认罪的自愿性以及程序选择的自主性。

其次,远程协助有助于调动值班律师法律援助的积极性,使犯罪嫌疑人得到有效高质的法律帮助。为保障犯罪嫌疑人、被告人的自愿性,值班律师制度成了认罪认罚制度中的重要内容之一。但在司法实践中,值班律师制度的运行情况却不容乐观。一方面,值班律师微薄的收益和繁重的任务、路途的奔波不匹配,如此很难调动值班律师办案的积极性,致使许多资深律师都不去参与值班工作,而年轻律师又缺乏办案经验,法律帮助的质量不尽如

[1] 杨波:《论认罪认罚案件中值班律师制度的功能定位》,载《浙江工商大学学报》2018年第3期。

人意。远程协助可以节约值班律师的在途时间和费用，参加法律援助的值班律师可以灵活分配工作时间，减少工作压力，有利于调动资深律师参与值班工作的积极性，使犯罪嫌疑人、被告人获得更加高质有效的法律帮助。另一方面，部分地区还存在值班律师资源不足的难题，在涉众型认罪认罚案件中值班律师短缺的问题更加突出。在这类案件中，犯罪嫌疑人可能被分散关押在市、区两级的多个看守所内，仅凭一个区的值班律师资源难以为全案犯罪嫌疑人提供法律帮助，直接影响了犯罪嫌疑人获得法律帮助的及时性。值班律师远程协助的方式，可以实现值班律师跨区提供法律帮助，市、区两级的值班律师资源灵活调配，使每一名犯罪嫌疑人、被告人都能得到切实有效的法律帮助。当然，保障网络安全和保密性是实现上述目标的基本条件，此外还需要有关部门共同制定配套的实施细则，确保犯罪嫌疑人和律师的视频会见不受监听，让犯罪嫌疑人敢于陈述自己无罪、罪轻的事实，打消律师远程会见顾虑，从而实现实质上的有效辩护。

（三）协助降低羁押措施的适用率

认罪认罚案件中的“从宽”包括程序上的从宽和实体上的从宽。尽管各国在“从宽”的处理模式上各不相同，但在运作程序上几乎都有一个共同特征，即尽量以非羁押的方式进行。[1] 最高人民法院、最高人民检察院、公安部、国家安全部和司法部联合发布的《关于适用认罪认罚从宽制度的指导意见》规定，公检法机关应当将犯罪嫌疑人、被告人是否认罪认罚作为适用强制措施时判断社会危险性的考虑因素。这意味着对于认罪认罚的犯罪嫌疑人、被告人，其社会危险性较小，应当优先考虑适用非羁押强制措施。但实践中，司法机关对羁押措施的适用还是呈现出常态化和肆意化的情况。从中国裁判文书网公开的裁判来看，刑事一审判决书有5902767件，其中认罪的案件有3332969件，占比56.4%，其中采取逮捕措施的有1973398件，占认罪案件的59.2%。[2] 由此可见，司法机关在对犯罪嫌疑人、被告人采取羁押强制措施时并没有将是否认罪作为关键考虑因素，超过半数认罪认罚案件中的犯罪嫌疑人在审前都处于羁押状态。制约办案人员对已认罪被追

---

[1] 闫召华：《“从速兼从宽”：认罪案件非羁押化研究》，载《上海政法学院学报（法治论丛）》2017年第3期。

[2] 数据来源于中国裁判文书网，以“刑事案件”“刑事一审”“判决书”“认罪”“逮捕”等关键词检索所得，最后访问时间：2020年5月19日。

诉人适用非羁押措施的一个重要原因是担心出现犯罪嫌疑人、被告人脱逃、妨碍诉讼等现象，从而无法顺利推进接下来的诉讼活动。

高羁押率与长羁押周期是两个正向影响的因素。导致犯罪嫌疑人、被告人在非羁押状态下逃脱的原因之一是部分侦查、公诉、审判人员对轻微刑事案件用尽最长办案期限。对取保候审的犯罪嫌疑人也没能在合理时间内作出处理，导致犯罪嫌疑人在此期间内迟迟无法获得判决，其生活和工作都受到了重大影响，导致其不堪“讼累”离开所居住的市县或住处，脱保潜逃。这又反过来强化了办案人员“不愿放、不敢放”的心理。

要让办案人员放心地适用取保候审、监视居住这两项非羁押候审措施，既需要办案人员自身观念的转变，也需要一定的高科技手段帮助他们解除后顾之忧。远程办案技术就是其中重要的一环。杭州市西湖区就在2020年推出了“非羁码”的取保候审监管新方式，取得了良好的效果，不捕率从2018年的17.1％大幅上升为2020年的44.6％，“码”上管理的1607人无一脱逃。[1] 这种非接触式的远程管理在技术上已经不存在障碍。如果再配合远程视频提审技术，必定能大大提高办案效率，缩短办案周期，减少适用非羁押措施时犯罪嫌疑人逃跑的可能性，进而提升办案机关在认罪认罚案件中的非羁押措施适用率，形成良性循环。检察机关也可以通过这种远程管理方式对犯罪嫌疑人取保候审期间的人身危险性作更加准确的评估，提高羁押必要性审查的能力。

(四)提升案件辅助办案能力

远程办案能否顺利开展依赖于计算机远程数据传输技术和多媒体设备的发展水平，目前不少地方的远程提审和远程庭审技术已日趋成熟。截至2018年7月，全国检察机关形成了以视频中心为基础的检察视频综合应用体系，全国共有1176个检察院建成远程提讯系统，实现了异地案件的审查监督；1430个检察院建成了远程接访系统。[2] 在安全性方面，司法机关主要采用vpn和有限专用光纤两种网络宽带方式进行涉密工作网、涉密数据的处理，专用网络线路可避免出现数据被拦截、盗用的情况，实现对数据的

---

[1] 范跃红、方芳、方利利：《对非羁押人员“码”上监管——浙江杭州：应用“非羁码”降低审前羁押率提升监管效能》，载《检察日报》2020年11月9日第1版。

[2] 戴佳、高航、唐慧玲：《智慧检务谱写依法治国新篇章》，https://www.spp.gov.cn/zdgz/201807/t20180705_383862.shtml2018-07-05/，最后访问时间：2020年5月19日。

加密传输。我国遍布各地的四级法院局域网,可以成为各级法院安全开展远程庭审的基础。在身份确认方面,我国人脸识别、语音转换等技术在实践中已被广泛运用,并且已经有了较成熟的发展,通过在远程办案系统中加入人脸识别、指纹识别等软件,可以准确核实被讯问(询问)人的身份,提高办案准确率及办案质量。另外,语音转换技术的引入可以实现语音和文字的同步转换,减少司法人员的工作量,提高笔录制作的效率和准确率。在现场效果方面,5G时代的到来和人工智能的发展,也使远程视频技术在传输速度、清晰度、逼真度等方面得到颠覆性提升,足以保证稳定的网络信号和身临其境的现场效果。早在2014年,上海市长宁区法院就利用在看守所建立的高清远程审判系统开庭审理速裁程序案件。该审判系统应用高清摄像头,通过高速专网进行流媒体传输,实现视频与音频高度同步,完全没有延时,且能够满足证据展示等对画质要求较高的审判需求。[1] 为将远程庭审与传统庭审的差距进一步缩小,我们可以通过引进美国的试听多媒体设备来实现三维立体真实效果。美国在2002年就开展了对网络虚拟法庭的探索,经过多年实践建立了成熟的远程审判系统,他们通过让诉讼参与人佩戴头部影像设备,营造出多维立体庭审场景,能够清晰分辨其他人的声音面部表情以及证据形态。[2]

结　语

当信息技术加速进入以"互联网＋"为特征的数字化2.0时代后,大数据、5G互联网等新兴科技对社会的影响是十分深远的,"互联网＋"所蕴含的巨大能量一旦与法律有机结合,必将出现1＋1＞2的效果。原本这种结合可能需要更长的时间来实现,但一场突如其来的疫情迫使人们提前对这一问题展开思考。作为审判中心主义改革的重要配套制度,同样处于发展阶段的认罪认罚程序是刑事诉讼与"互联网＋"技术结合的最优点,远程办案技术带来的高效性能为实现认罪认罚程序的资源分配功能插上一对翅膀。就目前的实践现状来说,远程办案技术的运用仍然非常局限,主要还是

---

[1] 陈芳:《上海:探索"集中审理"为核心的办案模式》,载《中国审判》2015年第17期。

[2] 郑莉:《E-Court模式下简易程序刑事案件远程审判研究》,载《西南民族大学学报(人文社科版)》2019年第10期。

以远程视频技术为主，远程管理、远程监控、虚拟现实等技术的运用仍然处于探索阶段。上述技术一旦成熟，可以给传统的刑事诉讼模式带来革命性的影响，但刑事诉讼强调多种价值的统一与博弈，这种影响是好是坏需要经过理论的反复推敲和实践的不断检验，而认罪认罚程序因其特点能够成为新技术运用的理想试验田。

国有企业市场利益保护的逻辑边界

——优化营商环境视角下的“凉茶之争”

陈　儒[*]　陈洪杰[**]

摘要：当国有企业与非公有制企业利益碰撞进入司法体系进行裁决时，国有企业市场利益保护的逻辑边界该如何划定？广药集团与加多宝集团之间持续七年之久的“虚假宣传之争”，随着最高法的再审判决终于画上了句号。而回顾诉讼历程，在诉讼主体、案件基本事实、证据、法律依据几乎完全一致的情形下，地方法院的裁判结果却与最高人民法院的裁判结果截然相反。虽然法官在就某一案件作出判决时不可避免地会受到法官个人的“前理解”以及舆论、政治等其他外界因素的影响，但在大力倡导打造市场化、法治化、国际化营商环境的今天，明晰作为集体利益合集的国有企业在市场经济中的运营及利益范围的边界，确保市场经济中所有市场主体的利益受到同等保护、平等对待是打造法治化营商环境的必然要求。

关键词：凉茶之争、虚假宣传、优化营商环境

一、问题的提出

近年来，王老吉凉茶之争一直在大众面前上演。“王老吉”凉茶品牌由王泽邦于清道光年间创立，1956 年国家通过公私合营，将王老吉与嘉宝栈等八家企业合组为“王老吉联合制药厂”，[1]该厂由此在我国大陆地区开始

* 陈儒，上海师范大学硕士研究生。

** 陈洪杰，南京大学法学院特任副研究员，法学博士。

[1] 最高人民法院(2015)民三终字第 3 号民事判决书。

运营“王老吉”凉茶品牌，但其真正具有核心竞争力的凉茶秘方一直掌握在王老吉传人的手中。[1] 其传人虽早前在王老吉联合制药厂工作，但并未将秘方交由该厂使用，该厂也未曾掌握秘方内容，而是通过自主研发凉茶配方制作“王老吉”凉茶。而随着时间的推移，当初真正的“王老吉”凉茶秘方却被香港地区的王老吉（香港）有限公司所掌控。因此，“王老吉”凉茶在香港地区十分畅销。

香港鸿道公司看中了“王老吉凉茶”的市场潜力，于是从“王老吉”第五代传承人、在香港执掌王老吉国际有限公司的王健仪手中获得了凉茶秘方的授权，[2]并意图在中国大陆地区发展“王老吉凉茶”。此时大陆地区的“王老吉”商标已经由广州羊城药业股份有限公司王老吉食品饮料分公司注册，该公司也就是广药集团的前身。为拓展市场，鸿道集团于 1995 年与广州羊城药业股份有限公司王老吉食品饮料分公司签订了“王老吉”商标在中国大陆地区的许可合同；之后广药集团成立并承继了广州羊城药业股份有限公司王老吉食品饮料分公司的“王老吉”商标所有权，在广药集团成立的第二天，广药集团与鸿道集团又签订了有关“王老吉”商标的许可合同。

鸿道集团在获得了“王老吉”商标的许可之后，开始生产并销售使用正宗“王老吉”秘方的“王老吉凉茶”，并为此专门投资设立了加多宝集团，以加大对王老吉凉茶的经营运作和宣传力度。经过长期的市场培育，加多宝对“王老吉”品牌的经营使得“王老吉凉茶”从 2002 年销售额还不及 2 亿元到 2011 年的 160 亿元，彰显着“王老吉”品牌巨大的商业价值。但由于鸿道集团董事长为了续签“王老吉”商标的许可使用合同而向广药集团的总经理行贿，由此导致鸿道集团与广药集团签订的《商标许可使用协议》在 2012 年的时候被中国国际经济贸易仲裁委员会裁决为无效协议，鸿道集团与加多宝集团被禁止使用“王老吉”商标。

被禁止使用“王老吉”商标之后，加多宝集团便更换了其生产销售的红罐凉茶的名称，由“王老吉”凉茶变更为“加多宝”凉茶，但其使用的仍旧是“王老吉”秘方，并打出系列改名广告将“加多宝”凉茶迅速推向市场，在继续取得市场成功的同时，也与广药集团发生了一系列的诉讼：其一，为了巩固

---

[1] 杨雄文：《“王老吉”商标与相关权利纠纷的法律解析》，载《知识产权》2012 年第 12 期。

[2] 李扬：《究竟谁动了谁的奶酪——加多宝与广药之争案评析》，载《知识产权》2012 年第 12 期。

市场基础，加多宝集团推出了“全国销量领先的红罐凉茶改名加多宝”这一广告语，而正是该句广告语引发了广药集团与加多宝集团之间长达7年之久的“虚假宣传”诉讼；其二，令“王老吉”凉茶具有显著特征的包装装潢也引发了二者的诉讼之战，两个案子经历了相似的诉讼历程，即均以加多宝集团在地方法院不断败诉而告终。这些本来是正常的商业纠纷，但加多宝集团在经历一系列败诉之后，在自己的官方网站上发表了一篇公开信：《让“非公经济”同样成为党的执政基础——加多宝集团致两会代表委员的一封信》，信中恳请两会代表和委员对“国有企业”广药集团与“非公有制企业”加多宝集团之间的“凉茶之争”予以关注，并且呼唤公平对待非公有制企业。这一公开信认为，“一些地方的国有企业与当地的行政、司法权力结合起来，挤压非公有制企业生存空间的行为相当普遍……而其根源在于：很多地方权力部门认为，‘国有企业’和‘公有经济’是属于国家和人民的，而非公有制经济是属于某些私人甚至是‘富人’，因此在行政、执法和经济纠纷中倾向于‘国有’，为此采取一些与法律法规相违背的‘特殊手段’，甚至是‘保护国有资产’或者‘劫富济贫’的‘善政’！于是，无数违法的勾当，就在这‘正义’的旗帜下悍然行使”[1]。

当前，国家正在大力提倡加快打造市场化、法治化、国际化的营商环境，而王老吉与加多宝之争则给我们提供了一个很好的个案分析与反思对象，其中又数“虚假宣传案”最为典型，加多宝集团因“全国销量领先的红罐凉茶改名加多宝”这句广告语在地方法院经历了六次败诉，因此本文将以此为切入点来尝试理解、反思什么才是一个良好的营商环境所应包含的法治要素。

二、“虚假宣传案”的讼争要点与地方法院裁判要旨

围绕“全国销量领先的红罐凉茶改名加多宝”这句广告语所产生的争议经历了广州知识产权法院、长沙市中级人民法院、重庆市第五中级人民法院、广东省高级人民法院、湖南省高级人民法院、重庆市高级人民法院的六次审理，均被认定为构成虚假宣传。由于上述广告语在不同地区均有推出，

---

[1] 加多宝官网：《让“非公经济”同样成为党的执政基础——加多宝集团致两会代表委员的一封信》，http://www.jdbchina.com/cn/new/jdb_news.asp? id=834，最后访问时间：2020年2月27日。

广药集团及其授权使用“王老吉”商标的子公司大健康公司分别以不同的加多宝公司[广东加多宝饮料有限公司、加多宝(中国)饮料有限公司、武汉加多宝饮料有限公司],以及诉讼地使用了包含涉案广告语商牌的商户或者传播了涉案广告语的媒体为被告,在广东、湖南、重庆三地分别进行了起诉,致使围绕该句广告语发生的所谓“虚假宣传案”经历了六次诉讼。而在这六次诉讼中,地方法院的裁判逻辑实际上是颇值得仔细推敲的。为行文简便起见,本文原告无论是广药集团还是其子公司大健康公司均以广药集团方表示,被告方无论系何地的加多宝公司均以加多宝集团方表示。

(一)虚假宣传行为的法教义学内涵

关于虚假宣传的认定问题,在法教义学层面上所涉及的制度规范主要有《中华人民共和国反不正当竞争法》(以下简称《反不正当竞争法》)第8条:经营者对其商品的性能、功能、质量、销售状况、用户评价、曾获荣誉等作虚假或者引人误解的商业宣传,欺骗、误导消费者的行为属于虚假宣传行为;以及《最高人民法院关于审理不正当竞争民事案件应用法律若干问题的解释》(以下简称《司法解释》)第8条:经营者具有下列行为之一,足以造成相关公众误解的,可以认定为反不正当竞争法规定的引人误解的虚假宣传行为:(1)对商品作片面的宣传或者对比的;(2)将科学上未定论的观点、现象等当作定论的事实用于商品宣传的;(3)以歧义性语言或者其他引人误解的方式进行商品宣传的。以明显夸张方式宣传商品,不足以造成相关公众误解的,不属于引人误解的虚假宣传行为。

综观《反不正当竞争法》以及《司法解释》当中对于虚假宣传行为的定义,主要有两个核心点,其一为虚假宣传,其二为引人误解。法律并没有明文规定是否需“虚假宣传”与“引人误解”两点俱全才可以认定虚假宣传行为。但最高人民法院通过发布指导案例给出了相关意见:商品经营者为推销商品而向市场提供的关于该商品的宣传性信息,如果内容真实,但由于不准确或者不全面的原因,足以导致该商品的销售者或者消费者对商品产生错误认识,误解该商品具有本不存在的品质特征或者其他特点,经营者由此得到利益或者竞争优势,应认定违反了诚实信用的原则,构成引人误解的虚假宣传的不正当竞争行为。[1] 由上可知,认定虚假宣传的关键在于是否

[1] 最高人民法院(2000)知终字第8号民事判决书。

"引人误解",即真实(或片面)的宣传只要其足以引人误解,同样也构成虚假宣传行为。

(二)控辩对抗的争议焦点与地方法院的立场

该案最初由广州知识产权法院审理,广药集团诉称"全国销量领先的红罐凉茶改名加多宝"这句广告语会让消费者产生一定的误解,那就是原来的红罐王老吉既然已经改名加多宝,那么说明王老吉这个名字已被弃用了,不复存在。但事实上王老吉凉茶一直都是存在的,并没有改名。加多宝此举意图将"王老吉"品牌上凝结的一切价值转移到"加多宝"上,掏空王老吉商标的品牌价值。对此,加多宝集团辩称:在过去加多宝集团生产经营红罐凉茶的17年中,"红罐""红罐凉茶"是加多宝公司所生产的知名商品特有名称,有唯一指向性,即加多宝公司的产品,"全国销量领先"是一个限定词,加多宝公司的产品一直以来都是市场销售第一,不存在任何误导。涉案广告语所要传达的意思为:加多宝集团生产的红罐凉茶改名为"加多宝"凉茶。

面对上述分歧,广州知识产权法院认为由于加多宝集团多年来生产和销售的红色罐装凉茶饮料是名称为"王老吉"的凉茶,而不是名称为"红罐"的凉茶。并且中国行业企业信息发布中心2008年至2012年每年发给加多宝集团的《统计调查信息证明》中所表明的系"加多宝公司生产的罐装'王老吉'饮料荣列××年度全国罐装饮料市场销售额第一名",由此判定:"全国销量领先的红罐凉茶"唯一指向的是名称为"王老吉"的红色罐装凉茶饮料。而改名广告语向公众所传递的信息是:红色罐装,名称为"王老吉"的凉茶变更名称为"加多宝"凉茶。

对于该广告语是否虚假,广州知识产权法院认为,虽然生产名称为"王老吉"凉茶的企业发生了变更,但"王老吉"凉茶的名称并未随之发生改变,由于没有证据证明红色罐装的"王老吉"凉茶变更名称为"加多宝"凉茶,加多宝公司所提供的文章和报道中所表述的"红罐""红罐凉茶""红罐王老吉"以及加多宝官方活动网站上的宣传资料也多指向红罐王老吉凉茶品牌,并没有直接言明是加多宝公司生产的凉茶产品。并且文章仅代表作者本人观点,不足以代表公众,所以"全国销量领先的红罐凉茶改名加多宝"是虚假广告。虽然广州知识产权法院在认定"红罐凉茶"所指时不认可加多宝集团提供的学术理论文章和报道,但是广州知识产权法院却又根据部分媒介上出现的关于"王老吉"凉茶和"加多宝"凉茶的报道、评论和转载,以及某商户在出售“加多宝”凉茶时，单据上标注商品名称为“王老吉”，就认定该改名广告使相关公众对两种凉茶产品产生了混淆。最终广州知识产权法院认定“全国销量领先的红罐凉茶改名加多宝”系虚假宣传，侵害了广药集团的权益，扰乱了市场秩序，构成不正当竞争行为。

加多宝集团后上诉至广东省高级人民法院，并称：“全国销量领先的红罐凉茶改名加多宝”仅是对自身生产的红罐凉茶产品更改商标的客观描述，且该广告语并未提及广药集团生产的凉茶产品，更不会导致相关公众认为“王老吉凉茶已经不复存在”，原审法院全然不顾加多宝集团和广药集团分别生产的红罐凉茶虽均曾使用“王老吉”商标，但实质上并不是同一商品的客观事实，而主观臆断将“全国销量领先的红罐凉茶”等同于王老吉红罐凉茶，导致事实认定错误。对此，广药集团答辩称加多宝上诉理由有两个前提错误：一是只关注商品的使用价值，而忽略了商品的品牌价值；二是错误地认为产品的质量、口味等可以影响商品的品牌。

广东省高级人民法院在二审中虽承认加多宝公司独家经营了“王老吉红罐凉茶”十余年，却认为涉案王老吉红罐凉茶一直与“王老吉”商标紧密结合，没有证据显示加多宝公司在宣传中刻意突出“红罐王老吉凉茶”为加多宝公司独家经营，或者刻意将“红罐凉茶”商品与“王老吉”商标区别开来，而单独凸显加多宝公司。另外，尽管是在加多宝集团经营期间“王老吉”商标被评为广东省和广州市著名商标，但由于“王老吉”商标的知名度和显著度，相关公众看到“全国销量领先的红罐凉茶”更多联想到“王老吉”商标，而不能唯一指向加多宝公司生产的凉茶。而对于涉案广告语是否造成引人误解的后果，广东省高级人民法院虽然认可了中国行业企业信息发布中心提供的分析报告所显示的：“加多宝公司生产的”王老吉罐装饮料销量全国第一，却认为从相关公众当时的感官及认知来看，“全国销量领先的红罐凉茶”显然指称的是“王老吉红罐凉茶”，而并非指向加多宝公司产品。而涉案广告语发布之初以及之前相当长的一段时间内，“红罐凉茶”从未脱离“王老吉”商标进行宣传，相关公众尚不关注具体厂家。[1] 对此湖南省高级人民法院同样在审理该改名广告语时认为“在目前委托生产和加工的商业模式普遍存在的情况下，就某一具体的商品而言，普通消费者更容易注意到商品上的

[1] 广东省高级人民法院(2014)粤高法民三终第482号民事判决书。

商标而非商品的生产者”。[1] 所以，在各法院眼中，即便加多宝集团已经经营“红罐王老吉凉茶”十余年，涉案广告语还是无法指向加多宝公司生产的产品，会引人误解。

在其他地区的诉讼中，长沙市中级人民法院以及湖南省高级人民法院的裁判逻辑与上述法院相似，此处不赘。而重庆市第五中级人民法院则认为加多宝集团有权向相关消费者告知其生产的产品更换了商标，但应以合理、恰当的方式进行告知。[2] 重庆市第五中级人民法院一方面认为，“全国销量领先的红罐凉茶”具有唯一指向性，即由鸿道集团及加多宝各关联公司生产的“王老吉”红罐凉茶，并因此而认同涉案广告语在内容上具有一定的真实性；但另一方面，法院还是将“全国销量领先的红罐凉茶”指向“王老吉”商标，认为加多宝集团的广告语会让消费者误以为“王老吉”商标改名为“加多宝”商标，“王老吉”商标已被弃用，由此认为加多宝集团的告知方式既不合理也不恰当。

（三）观点辨析

根据《司法解释》的规定，“人民法院应当根据日常生活经验、相关公众一般注意力、发生误解的事实和被宣传对象的实际情况等因素，对引人误解的虚假宣传行为进行认定”。这说明，判断是否构成引人误解的虚假宣传，主要是相关经济生活领域的日常生活经验和宣传行为的具体情形，按照相关公众中的一般主体是否产生误解，进行判断。这种判断标准虽然具有自由裁量性，但不能脱离一般的社会基础，具有一定的客观约束性。[3]

而该案中的广告语是否会“引人误解”，许多学者都给出了自己的看法。有学者从涉案广告语意图传递的信息出发，认为加多宝使用的广告用语虽不规范，其改名广告意图表达的是加多宝在商标许可使用期间生产、命名为“王老吉”的“红罐凉茶”已经更名为“加多宝红罐凉茶”，该意思表示明确；由于在商标许可期间，广药集团并未生产加多宝凉茶，所以不会有引起相关公

[1] 湖南省高级人民法院（2016）湘民终94号民事判决书。

[2] 重庆市高级人民法院（2014）渝高法民终字00318号民事判决书。

[3] 蒋志培、孔祥俊、王永昌：《〈关于审理不正当竞争民事案件应用法律若干问题的解释〉的理解与适用》，载《人民司法》2007年第5期。

众将加多宝公司生产的红罐凉茶误解为广药生产的“红罐凉茶”的可能性。[1] 还有学者从竞争者进行商业宣传的目的出发，认为企业进行宣传时应当以增加市场透明度和保护消费者知情权为目的进行宣传。若企业宣传的目的并不在于进行“不正当竞争行为”或者“误导消费者”，而在于澄清事实，那么该宣传行为就不应被划入虚假宣传的范围之内。而加多宝集团的“改名广告”澄清了事实，明确了主体，维护了消费者的利益，让消费者明明白白消费，增强了市场透明度，是商业言论自由。[2] 但也有学者认为加多宝集团的广告语构成了虚假宣传，因为众所周知当时的国内知名凉茶即为“王老吉”凉茶，案涉广告语意图传递的就是“王老吉”凉茶不再生产，取而代之的是“加多宝”凉茶。但事实上，广药集团仍在生产“王老吉”凉茶，所以涉案广告语明显为虚假宣传。而加多宝集团也制造了混淆，擅自使用广药集团知名商品的特有名称、包装、装潢，使之和广药集团的知名商品相混淆，使得消费者在购买的过程中会发生误购的情形。但很明显上述认为涉案广告语构成虚假宣传的观点是站不住脚的，且该观点也只占少数。由此可见，在学界中有相当多的学者认为涉案广告语并不引人误解。

在本文看来，地方法院的裁判说理也有诸多牵强和不合理之处。在认定“全国销量领先的红罐凉茶”的指代时，广东知识产权法院虽然根据中国行业企业信息发布中心提供的分析报告所显示的“加多宝公司生产的王老吉罐装饮料销量全国第一”，认定“全国销量领先的红罐凉茶”指向的是名称为“王老吉”的红色罐装凉茶饮料，但忽略了“王老吉罐装饮料”前所限定的“加多宝公司生产”。而即便重庆市第五中级人民法院认可“全国销量领先的红罐凉茶”指向的是鸿道集团及加多宝各关联公司生产的“王老吉”红罐凉茶，但在认定广告语是否引人误解时，还是将该广告语解读为“加多宝商标对王老吉商标的取代”，这样的“过度”解读其实并不符合一般人的日常理解。其次，广州知识产权法院认为，虽然生产名称为“王老吉”凉茶的企业发生了变更，但“王老吉”凉茶的名称并未随之发生改变。对“全国销量领先的红罐凉茶”是否改名，应以发布该句广告语的主体为视角来看待该句广告

[1] 李扬:《究竟谁动了谁的奶酪——加多宝与广药之争案评析》，载《知识产权》2012年第12期。

[2] 李芬莲:《虚假宣传不当竞争行为判定的新思考——从广药集团诉加多宝虚假宣传案谈起》，载《法学杂志》2013年第5期。

语，而广州知识产权法院显然未站在广告发布者的视角对该句广告语进行解读，同样的在长沙市中级人民法院、湖南省高级人民法院、重庆市高级人民法院也发生了解读视角错误的问题。并且在证据的采信方面，广州知识产权法院对于媒介信息的采信偏好也颇有争议，一方面认为相关文章所传达出来的意见仅代表作者本人，并不代表社会公众，对加多宝公司所提出的是“加多宝公司生产的凉茶产品”更多地呈现在公众视角的观点予以否认；另一方面又根据媒介上的相关信息，认为涉案广告语会引起公众的误解，从而认定加多宝公司的广告语构成虚假宣传。

而广东省高级人民法院以产品的宣传只显著突出“王老吉”商标，未突出“加多宝公司生产”为由，否定相关公众认知的是“加多宝公司生产的红罐凉茶”。这明显与事实相悖，“王老吉红罐凉茶”之所以能够从广东省一个地方产品成为中国销量第一的凉茶产品，完全在于加多宝集团的一手打造，其销售量的指数式增长就能够予以证明。对于广东省高级人民法院以及湖南省高级人民法院所言的相关公众尚不关注具体厂家，这在本案中略显牵强。具体厂家与其产出的产品之间具有天然的、事实上的联系，在一般的委托生产和加工的商业模式下，消费者或许真的无法对具体生产商家予以认知和识别，但对于“王老吉”红罐凉茶这个获得巨大成功的商标许可产品，加多宝集团对其长达17年的、耗费巨大的投资宣传使得消费者早已能够将“王老吉”红罐凉茶与加多宝集团生产联系起来。而广药集团自其成立之日，从其前身承继了“王老吉”商标的所有权，就未对“王老吉”红罐凉茶的发展与壮大作出任何实际性的作用。审理“虚假宣传案”的地方六法院以及审理“包装装潢案”的地方法院无一不在裁判文书中肯定广药集团作为商标权人对于“王老吉”凉茶的贡献，显然是言过其实的。

根据笔者的亲身经历，在加多宝集团更换商标，开始生产“加多宝”凉茶之初，有好几次笔者与不同的朋友在大排档点餐的时候不乏有人脱口而出：“来几罐王老吉。”而服务员则会下意识地征询道：“是之前那种口味的‘王老吉’吗？”有的人会在这一瞬间心领神会：“哦，喊习惯了。”而有的人一时没有反应过来，服务员则往往会稍加解释。至少在笔者经历的几次场景中，脱口而出点“王老吉”的消费者实际上真正想要的并不是当时依然冠有“王老吉”之商标的凉茶饮料，而善解人意的商家亦总是能领会当消费者号称要点“王老吉”时，其“所指”与“能指”之间的微妙差异。于是，最后顺理成章摆到消费者桌上的自然是“加多宝”。

显然,从客户的角度,无论该凉茶商标是何,名称谓何,消费者心系的是通过实践反复确认并予以认可的那个口味、效果的产品。不论一个产品其贴上的商标是否知名,消费者都会通过自己的实践来验证该产品是否能够得到其认可,若该产品的实质内容不能得到认同,便会被消费者舍弃。在该案中,"王老吉"红罐凉茶是通过"王老吉"凉茶秘方而得到了广大消费者的认同,消费者所认定的是"王老吉"凉茶秘方。而对于经销凉茶产品的商户来说,其对于"王老吉"凉茶与"加多宝"凉茶之间的区别显然更为清楚,在广药集团与加多宝集团发生争议之前,经销商很清楚地知道"王老吉"红罐凉茶的供货商是"加多宝集团";在大健康公司开始生产"王老吉"凉茶之后,经销商更清楚此时的"王老吉"红罐凉茶非彼时的"王老吉"红罐凉茶,而"加多宝"凉茶才是以往畅销的"王老吉"凉茶。

所以在笔者看来,加多宝集团所使用的广告语并非虚假宣传,反而履行了对消费者的告知义务。对于消费者而言,或许其并不清楚二者之间的是非,但是在面对产品的选择时,正是加多宝的广告语正确地指引消费者选择了他意图选择的商品,而不会在选择了现在的"王老吉"凉茶之后,感叹道:"怎么变了?"尽管地方法院均认为加多宝通过此举获得了不正当的竞争优势,侵占了"王老吉"商标的商誉。但是对于消费者而言,"王老吉"凉茶所指就是"王老吉"凉茶秘方,而大健康公司现生产的"王老吉"凉茶并没有失去消费者,新生产的产品本就是从零开始积累客户群。而加多宝此举也无意获得了竞争优势,只是将原本就积累在其生产产品上的商誉转移至仅商标更改的原产品上而已。

三、最高人民法院的裁判要旨

经过加多宝集团的不断努力,该案获得了在最高人民法院进行再审的机会。最高人民法院从四个方面对该广告语进行了全面的分析,进而认定"全国销量领先的红罐凉茶改名加多宝"是真实和符合客观事实的,加多宝集团发布该广告语的行为并非不正当竞争行为中的虚假宣传。首先,与地方法院对于"全国销量领先的红罐凉茶"的指代认定不同的是,最高人民法院充分肯定了加多宝集团多年以来对于"王老吉凉茶"发展的巨大贡献,认为"在长达十几年的时间内加多宝公司作为'王老吉'商标的被许可使用人,通过多年的广告宣传和适用,已经使'王老吉'红罐凉茶在凉茶市场具有很

高知名度和美誉度”，结合中国行业企业信息发布中心的证明以及广药集团在商标许可使用期间并不生产和销售“王老吉”红罐凉茶的事实认定“‘全国销量领先的红罐凉茶’指向性非常明确，指向的是加多宝公司生产和销售的‘王老吉’红罐凉茶”，因此，涉案广告语后半部分宣称“改名”也是对加多宝集团由生产和销售“王老吉”红罐凉茶改为生产和销售“加多宝”红罐凉茶的客观描述。

其次，最高人民法院从反不正当竞争法规制虚假宣传的目的出发，认为“反不正当竞争法是通过制止对商品或者服务的虚假宣传行为，来维护公平的市场竞争秩序”“侵权人通过对产品或服务的虚假宣传，目的是获取市场竞争优势和市场机会，损害权利人的利益，也使消费者发生误认误购”，但“加多宝公司通过多年、持续大规模的宣传和使用行为，不仅显著地提升了王老吉红罐凉茶的知名度，而且向消费者传递了王老吉红罐凉茶的实际经营主体为加多宝公司”“相关公众普遍认知的是加多宝公司生产的‘王老吉’红罐凉茶，而不是大健康公司生产和销售的‘王老吉’红罐凉茶。在加多宝公司不再生产‘王老吉’红罐凉茶后，其使用涉案广告语实际上是向相关公众行使告知义务，告知相关公众以前的‘王老吉’红罐凉茶现在商标已经为加多宝，否则相关公众反而会误认为大健康公司生产的‘王老吉’红罐凉茶为原来加多宝公司生产的‘王老吉’红罐凉茶。因此，加多宝公司使用涉案广告语根本不存在易使相关公众误认误购的可能性”。

再次，关于涉案广告语是否不正当地占用了“王老吉”红罐凉茶的知名度和良好商誉，使“王老吉”凉茶失去了其原拥有的知名度和商誉的问题。最高院认为“虽然‘王老吉’商标知名度和良好商誉是广药集团和加多宝公司共同创造的结果，但是‘王老吉’商标知名度的提升和商誉却在很大程度上源于加多宝公司在商标许可使用期间大量的宣传和使用。加多宝公司使用涉案广告语的确占用了‘王老吉’商标的一部分商誉，但由于‘王老吉’商标商誉很大程度上源于加多宝公司的贡献，因此这种占用具有一定合理性”。而“大健康公司是在商标许可使用合同被仲裁裁决认定无效后才开始生产‘王老吉’红罐凉茶，此前其并不生产‘王老吉’红罐凉茶，因此涉案广告语并不能使其生产的‘王老吉’红罐凉茶无形中失去了原来拥有的知名度和商誉”。

最后，对于涉案广告语是否会产生“引人误解”的效果，最高人民法院认为：“加多宝公司在商标许可合同终止后，为保有在商标许可期间其对‘王老吉'红罐凉茶商誉提升所作出的贡献而享有的权益,将'王老吉'红罐凉茶改名'加多宝'的基本事实向消费者告知,其主观上并无明显不当""在客观上,基于广告语的简短扼要特点""消费者对'王老吉'红罐凉茶实际经营主体的认知""结合消费者的一般注意力、发生误解的事实和被宣传对象的实际情况,加多宝公司使用涉案广告语并不产生引人误解的效果,并未损害公平竞争的市场秩序和消费者的合法权益,不构成虚假宣传行为。即便部分消费者在看到涉案广告语后有可能会产生'王老吉'商标改为'加多宝'商标,原来的'王老吉'商标已经停止使用或不再使用的认知,也属于商标许可使用关系中商标所有人与实际使用人相分离后,尤其是商标许可关系终止后,相关市场可能产生混淆的后果,但该混淆的后果并不必然产生反不正当竞争法上的'引人误解'的效果"。[1]

四、法律现实主义视角下的"凉茶之争"

(一)无法避免的"其他因素"介入

在案件基本事实和证据及诉讼主体几乎完全一致的情形下,最高人民法院对"改名案"作出了与地方法院截然相反的判决结果,这种不是戏剧却富于戏剧化的反转情节,纵然不是中国法治化进程中的里程碑事件,也不失为法学界人士为之感叹和深思的重大案例。重新审视最高人民法院和地方法院对案件的审判过程,二者审理案件的切入点极为不同,案件事实也随着法官的不同而发生了变化。美国法律现实主义者认为裁判事实问题的裁判庭,特别是陪审团,经常找出它乐意接受的事实,以便使某一个规范能够作出该裁判庭需要作出的一项判决。客观上导致该裁判庭以这种方式作出判决的是有意识和潜意识的态度、信念及偏见。[2] 而观之地方法院与最高人民法院在同样案件中作出不同判决中的裁判理由,二者对于同一广告语的解读也蕴含着不同法官自身的认知偏向,法官通过自己的法律术语构建自己所认可的案件基本事实,并且期待他人能够看到并予以认同其所建构的

[1] 最高人民法院(2017)最高法民再155号民事判决书。

[2] J.W.哈利斯、孙秀珍:《美国法律的现实主义》,载《中南政法学院学报》1993年第1期。

情景。而在弗兰克的眼中，案件事实并非一种客观的历史真相，而是经过法官主观构造的结果，判决因而会随着对事实的理解而不断变动。法官对事实的解释充满着法律名词包装的谎言，凭借主观偏好进行的任意裁剪，甚至存在格式塔式的心理转换。[1]

在“虚假宣传案”中，地方法院的法官立足于所有权人的角度去保护涉案商标，进而对自己眼中的案件事实进行基本剪裁；而最高人民法院的法官立足于整个市场经济，从不同角度对其眼中所应有的案件情景进行描述，进而论述自己的观点。另外，同样是加多宝集团与广药集团对战的“包装装潢案”，一审判决侧重于王老吉品牌在商誉和知名度上对于王老吉商标的不可分和依附性；二审判决侧重于双方对于红罐包装装潢的贡献，以及王老吉商标与红罐包装装潢的密切联系。[2] 尽管案情相同，但是各个法官的判决结果却是相悖的，法律的确定性也在此种情形下显得颇为可疑。

不论是法律现实主义中的“温和的情景主义”还是“激进的情景主义”都认为法官在就某一案件作出判决时，均受各种因素干扰，其中包括法官自身个性或是其他外界因素。在法律现实主义者看来，司法过程中法官表面上接受纸面规则的约束，但实际上，法官不可避免地偷运进去了各种社会因素或个人因素，从而改变了对纸面规则的理解，司法过程中起作用的也主要不是逻辑，而毋宁说是经验，是法官对于社会人情的洞察和体悟。[3] 而在当代司法体制之下，对法官行为逻辑构成支配的不仅有国家治理的需要，同时还有各种利益集团经由国家体制错综复杂的权力关系网络而施加的压力，以及法官自身权力寻租的利益驱动。[4] 其结果是，在“凉茶之争”中，加多宝集团大呼“非公有制经济”遭受不公正待遇。

---

[1] 王彬：《法律现实主义视野下的司法决策——以美国法学为中心的考察》，载《法学论坛》2018年第5期。

[2] 孔祥俊：《论商品名称包装装潢法益的属性与归属》，载《知识产权》2017年第12期。

[3] 唐丰鹤：《法律现实主义的司法裁判观》，载《法律方法》2015年第1期。

[4] 陈洪杰：《从程序正义到摆平“正义”：法官的多重角色分析》，载《法制与社会发展》2011年第2期。

(二)法官判决的考量因素

1.权力因素

在广药集团与加多宝集团发生系列诉讼案件的初期，广药集团不可思议地获得了十九连胜，由此引发了加多宝集团在其官网上发出《让“非公经济”同样成为党的执政基础——加多宝集团致两会代表委员的一封信》，信中讲道：加多宝企业为国企培育品牌、被国企抢夺成果、遭国企索要天价赔偿，希望能通过这封信让权力和地方政府的局部利益能够远离法庭，让“非公企业”加多宝和国有企业广药能够平等地站在法庭上，接受公正的裁决！[1] 加多宝集团认为广药集团在诉讼中能连续获胜，正是其“国企”身份让其在法庭上获得了优势地位，致使法官不得不对案件事实的认定以及判决结果的影响进行深思。在社会矛盾激增的社会转型时期，法官都是干实事的，是要解决实际问题的。当面对一个棘手或敏感的案件的时候，他们不仅应当知道在常规情形下该运用什么策略、动用什么关系来解决问题，而且也很清楚在“非常时期”必须采取“非常策略”。而法官不仅需要平衡情、理、法，既要考虑法官自身以及法院的利益，甚至在必要的时候还要考虑并且协调好法院所在地方政府的利益。[2] 法官不仅仅生活在法律世界中，他还是国家权力体系中的一员。国家权力尤其是司法权的实际分配和运行状况将会成为影响法官审判的重要因素，而权力布局中心的差异亦会在法官的审判活动中有所反映[3]。当以国家利益为重的地方政府与国有企业站在同一战线时，该国有企业的利益也就需要地方政府为之压台。在广药集团为收回“王老吉”商标而召开“王老吉商标新闻发布会”时，广州市国资委副主任、新闻发言人也现身发布会，表示支持广药集团依法收回红罐、红瓶王老吉生产经营权。[4] 此时站在该国有企业对立面的“非公有制经济”也因此

---

[1] 加多宝官网：《让“非公经济”同样成为党的执政基础——加多宝集团致两会代表委员的一封信》，http://www.jdbchina.com/cn/new/jdb_news.asp? id＝834，最后访问时间：2020年3月15日。

[2] 方乐：《转型中国的司法策略》，载《法制与社会发展》2007年第2期。

[3] 秦策：《法官角色冲突的社会学分析——对司法不公现象的理性思考》，载《南京师大学报(社会科学版)》1999年第2期。

[4] 中新海南网：《广东国资委力挺广药收回王老吉　称收回合理合法》，http://www.hi.chinanews.com/hnnew/2012-06-19/240781.html，最后访问时间：2020年3月15日。

大呼："一些地方的国有企业与当地的行政、司法权力结合起来，挤压非公有制企业生存空间的行为相当普遍，甚至有愈演愈烈之势。"[1]

2.舆论因素

随着案件的不断发展，越来越多的人开始关注广药集团与加多宝集团之间的纠纷对决，社会上也引起了广泛的讨论。广药集团主张"保姆与孩子"的正义观，而加多宝集团则打出"养母与幼子"的悲情牌，[2]但不得不承认加多宝集团的悲情牌更能引导舆论导向，毕竟没有人会对自己的孩子不管不顾反而将其交给保姆照看17年。在加多宝集团疾呼"养育之艰辛"，并且得到了广泛的同情及支持之后，占据舆论上风的加多宝集团也逐渐迎来了其诉讼战役上的反转。公众舆论倾向是法官在审判过程中不得不考虑的又一重要因素，并且在现实生活中确实有诸多案件是在进入公众视线之后才能逐渐地被"官方"重视起来，而法官也不得不在公众的注视之下，给公众一个"满意的说法"。对诉诸审判的社会冲突，公众舆论所表现出来的支持、反对等倾向势必影响它对法官审判行为的评价。一般来说，在没有充分信心能够使公众舆论发生逆转的情况下，法官不愿把自己的判决建立在与公众舆论完全相反的基础上。[3] 在某些情况下，传媒对事实的构建起了决定性作用。它们把一个普通的民事纠纷叙述为一个公共话题，并在广大受众（社会力量）的关注和参与下，重构了事实细节，最终塑造了对案件结果具有决定性意义的法律事实。[4] 而加多宝集团也疾呼"非公经济"的声音是多么的微弱和渺小，以至于只有借助不正常的"炒作"才能让全社会听到它们的声音。[5] 这也不免让学者感叹或许真的只有在与公权力对峙甚至对抗

---

[1] 加多宝官网：《让"非公经济"同样成为党的执政基础——加多宝集团致两会代表委员的一封信》，http://www.jdbchina.com/cn/new/jdb_news.asp? id=834，最后访问时间：2020年3月15日。

[2] 冯靓：《论知名商品特有包装装潢的法律保护》，河北经贸大学2014年硕士学位论文。

[3] 秦策：《法官角色冲突的社会学分析——对司法不公现象的理性思考》，载《南京师大学报（社会科学版）》1999年第2期。

[4] 李雨峰：《权利是如何实现的——纠纷解决过程中的行动策略、传媒与司法》，载《中国法学》2007年第5期。

[5] 加多宝官网：《让"非公经济"同样成为党的执政基础——加多宝集团致两会代表委员的一封信》，http://www.jdbchina.com/cn/new/jdb_news.asp? id=834，最后访问时间：2020年3月17日。

的极端处境中，再加上不正常的“炒作”，弱小的私权才能挤进公共价值的视域。[1]

3.政策因素

不仅如此，2019年国务院颁布了《优化营商环境条例》，这是我国首部针对营商环境优化的法规，要求对内资、外资企业一视同仁、同等对待。[2]该条例要求厘清政府与市场的边界，要求确立各类市场主体受到一视同仁对待的市场环境，以法律形式为各类市场主体的合法权益保驾护航。同样地，在“改名案”中，最高人民法院在裁判文书中，通过阐述加多宝集团所作贡献，体现了我国优化营商环境中所倡导的公平对待各种所有制经济的内在要求，加多宝集团的维权之路虽历经波折但最终还是捍卫了其合法权益。起初为了顺利解决纠纷，在案件事实的认定上，外部的、客观的、那些不利于纠纷顺利解决的事实因素就很可能会被悄悄地模糊掉，甚至是被有意地忽略掉。随之该地区相关的社会文化情景、社区的民意导向和地方政府的有关决定以及做法、党在这一时期的政策等有利于调动或推进纠纷顺利解决的社会资源，又都可能被视为事实认定的决定因素。[3]非公有制经济从“公有制经济的必要补充”到“社会主义市场经济的重要组成部分”再到现在“与国营经济同等重要”，其性质的不断改变也暗含着当今我国市场经济发展的朝向。最高人民法院早在2014年的时候就呼唤解决非公企业和非公经济所遇司法不公问题，为非公经济健康发展提供安全有序的法治环境。[4]国有经济的背后有着国家的强力保障，而非公有制经济背后体现的是国民的内在需求，二者皆需要受到同等的保护。当代中国的司法理念与实践具有能动型司法的特征，这意味着司法在讲求居中裁判、超然两造的价值之外，还要兼顾诸如协调社会发展、保护经济发展成果，促进社会和谐等人民司法的特性。[5]司法对于市场经济政策的体悟，以及在面对公有制经

[1] 何莹：《论私权救济中司法与传媒的被动勾连——以“王老吉加多宝纠纷案”为例》，载《西南政法大学学报》2015年第2期。

[2] 中华人民共和国中央人民政府网：《首部针对营商环境优化的法规出台》，http://www.gov.cn/zhengce/2019-10/24/content_5444263.htm，最后访问时间：2020年4月4日。

[3] 方乐：《转型中国的司法策略》，载《法制与社会发展》2007年第2期。

[4] 人民网：《最高法：解决非公企业和非公经济所遇司法不公问题》，http://legal.people.com.cn/n/2014/1127/c188502-26108448.html，最后访问时间：2020年4月4日。

[5] 于浩：《国家主义法律观研究：一个导论》，载《人大法律评论》2017年第2期。

济与非公有制经济对决时的中立地位,是保障我国营商环境不断优化的重要前提。

(三)地方法院判决结果的社会效应

地方法院的判决结果使得"公平理论"受到了严重的冲击。辛勤的耕耘无法收到春天的恩赐,甚至被冬日的寒风将胜利的果实尽数掠夺,还给土壤留下不可磨灭的伤害。司法运作将无法对商誉创造者的劳动予以公平的制度回报,经济价值显著的商誉转移缺乏合理的对价,有悖"谁创造、谁所有"的社会共识和法律基本原则——冲撞社会共识的法律裁判往往容易引发公众质疑,无法达到定纷止争的预期目标。[1]

而不论是"虚假宣传案"还是"包装装潢案",背后所隐藏的均是对"商誉"的争夺。商誉是一种关系利益,是市场经营者在其生产、流通与此直接联系的经济行为中经过长期交往而逐渐形成的社会对其生产、产品、销售、服务等方面的积极的综合性社会评价,使企业在同行中取得优越的地位,在客户中享有良好的信誉,具有获得超额收益的能力。[2] 而地方法院的判决传递出相当不利的信号:当下着眼于商标、而非商誉的纠纷解决思路,势必导致无视企业重要文化资产生成过程的"只见树木不见森林"效应,形成对从商标,到包装装潢,直至广告用语等一系列商誉载体的持续性司法剥夺,而这种对所有商誉载体、商誉本身剥夺殆尽的权属司法分配将对未来商誉创造产生何等负面激励。[3] 如此一来,今后的商标许可市场将被覆盖于阴影之下,被许可人在使用许可商标时将背负沉重的枷锁。一方面,面对竞争激烈的市场,必定要全力以赴才能发挥出许可商标的最大商业价值;但另一方面,若像加多宝集团一般"用力过猛",是否将来也会落得如此下场。这种带有顾虑的竞争必然无法激发市场活力,形成良好的竞争模式,不利于营商环境的优化。

同时在凉茶之争中所适用的《反不正当竞争法》也历经数次修订,其立

---

[1] 吴元元:《在所有与使用之间:商誉保护的制度逻辑——以广药集团与加多宝公司系列争讼为中心》,载《东方法学》2020年第2期。

[2] 王莲峰:《商标许可合同使用者利益之保护——王老吉与加多宝商标利益纷争之思考》,载《社会科学》2013年第4期。

[3] 吴元元:《在所有与使用之间:商誉保护的制度逻辑——以广药集团与加多宝公司系列争讼为中心》,载《东方法学》2020年第2期。

法目的也由维护公序良俗和社会和谐的传统目标,转向强化竞争自由和市场效率的现代观念。[1] 竞争法关注的是对市场竞争机制的维护,而不是简单地保护特定的企业或者竞争者,[2]实现市场中不同市场主体之间的有效竞争。对于竞争法的解释和适用往往需要结合具体的经济情况和竞争状况进行恰当的利益衡量。如果不能准确地把握该法的精神实质,仅仅凭着肤浅的竞争法知识对法律条文望文生义,对其含义作表面化的理解,就有背离立法本意的高度危险性,达不到维护竞争秩序和竞争机制的效果。[3] 司法最基本的功能就是定分止争,在厌讼的观念仍旧残存的今天,公民求助于司法意欲获得一个公正的判决,从而对以后的活动形成指导。若司法无法严防底线,公民个人的权益无法维护,将导致司法公信力的削弱,由此带来的危害是不可估量的。更何况是面对"国有"企业与"非公有"企业的利益之争,司法裁决的公正性尤为宝贵。本案中加多宝集团与广药集团之间的诉讼纠纷涉及多个方面,不仅是本文中所提及的"虚假宣传案"发生了反转,"包装装潢案"也如同本案一般,由广药集团独享包装装潢变成加多宝集团以及广药集团共享包装装潢的结局,甚至被一审判决加多宝方承担 14.5 亿元侵权赔偿的"商标侵权案"也于 2019 年 7 月被最高人民法院发回重审,其结果尚不得而知。纵观国有经济与非公有制经济的数次诉讼历程及结果,可以窥得我国当前所倡导的法治化营商环境的不断变化。

五、从"凉茶之争"看营商环境的法治化建构

营商环境现已成为衡量一个国家或者地区经济实力的重要标准,各级政府的社会治理也围绕着营商环境展开。作为综合实力和竞争力的重要体现,营商环境在一定程度上反映着政府治理能力的高低,是经济社会可持续发展的关键影响因素。营商环境建设既牵涉现代市场体系的完善,使市场在资源配置中起决定性作用,又涉及以转变政府职能为核心的行政管理体

[1] 孔祥俊:《论新修订〈反不正当竞争法〉的时代精神》,载《东方法学》2018 年第 1 期。

[2] 孔祥俊:《保护经营者和消费者与维护公平竞争机制的关系——从一起行政诉讼案的法律适用谈反不正当竞争法的立法目的》,载《工商行政管理》2000 年第 5 期。

[3] 孔祥俊:《保护经营者和消费者与维护公平竞争机制的关系——从一起行政诉讼案的法律适用谈反不正当竞争法的立法目的》,载《工商行政管理》2000 年第 5 期。

制改革,更好发挥政府作用。[1] 正如李克强总理所指出的:营商环境就是生产力。好的营商环境制度,比如良好的产权保护、公正的司法体制、有效的契约执行以及对政府权力滥用的限制,将使得企业家投入更多时间精力,通过生产性活动在市场领域创造财富,而不是在政治和司法等领域从事非生产性活动谋取利益。[2] 早在 2017 年,最高人民法院就印发了《关于为改善营商环境提供司法保障的若干意见》,其中提到坚持平等保护原则,充分保障各类市场主体的合法权益。全面贯彻平等保护不同所有制主体,不同地区市场主体、不同行业利益主体的工作要求,坚持各类市场主体法律地位平等、权利保护平等和发展机会平等的原则,依法化解各类矛盾纠纷,推动形成平等有序、充满活力的法治化营商环境。[3] 结合本案,笔者认为在构建法治化营商环境的同时,应进一步明确市场中国有企业的利益边界,以及优化营商环境的司法要求。

(一)国有企业的利益边界

有学者将国有企业的基本性质定义为:以追求国家利益最大化为终极目标,是公有制的主要实现形式,以弥补市场缺陷、落实宏观调控、执行国家战略为主要功能,成为伴随国家经济社会发展而不断进行战略性调整的一类特殊企业。[4] 正是这样一类企业打着为了实现国家利益的旗号,以竞争者的姿态参与到以"平等"为基本原则的市场经济中。当国有企业与其他市场主体竞争,或者国有企业的利益与其他市场主体的利益有所冲突时,在法律国家主义尚未消弭的今天,是否就需要其他市场主体为其让路,国有企业的利益与国家利益是否就画上了等号?在实践当中,就《中华人民共和国合同法》第 52 条中关于无效合同的适用问题,最高人民法院就通过典型案例明确国有企业的利益不属于国家利益,不需要特别保护。最高人民法院认

---

[1] 娄成武、张国勇:《治理视阈下的营商环境:内在逻辑与构建思路》,载《辽宁大学学报(哲学社会科学版)》2018 年第 2 期。

[2] 刘锦、王学军:《寻租、腐败与企业研发投入——来自 30 省 12367 家企业的证据》,载《科学学研究》2014 年第 10 期。

[3] 中华人民共和国最高人民法院网:《最高人民法院关于为改善营商环境提供司法保障的若干意见》,http://www.court.gov.cn/fabu-xiangqing-56132.html,最后访问时间:2020 年 6 月 10 日。

[4] 刘得扬、杨征:《国家利益与国有企业的"进与退"》,载《财经问题研究》2012 年第 1 期。

为合同法是调整平等主体间财产流转关系的法律,各类市场主体间法律地位平等,根据平等原则,合同法未对国有企业利益进行有别于其他市场主体的特别保护;另外若将国有企业利益视为国家利益,基于国有企业利益受损而主张合同无效,将会严重影响市场交易安全和稳定,破坏交易秩序,这违背了合同法的立法宗旨。[1] 有学者认为构建法治化营商环境,应当要求在市场经济面前,“国有资产”与个人财产一样,只不过是财产的一种形态而已,其所有和流转同样必须遵守市场经济自由、平等、等价有偿、诚实信用等基本原则,否则“国有资产”只不过是骗子中的骗子,强盗中的强盗而已。[2]

但在人们的思想观念上由于中华人民共和国成立初期提出了建立社会主义公有制经济,人们都认为国有的才是社会主义,而一旦引入非公经济,就会被认为是私有化,是反对社会主义的。[3] 作为同在一个运动场的运动员,国企与民企相比,体量超大,组织内和外勤服务资源丰富(营养好、服务足),间或还有裁判员的偏袒,自然造成市场的不公,给民企造成压力。同时,国企自身的优势也是负面影响这些大体量和超能运动员的竞争意识和努力程度的原因,因为他们能够轻而易举地赢得竞争,长此以往,会造成竞争力和创新能力的损失。[4] 而在加多宝的信中也谈道:很多地方权力部门认为:“国有企业”和“公有经济”是属于国家和人民的,而非公有制经济是属于某些私人甚至是“富人”的。[5] 这种思想观念的残留也就在一定程度上形成了法官的“前理解”。

我国一向更为重视具有公有制性质的国家和集体利益,而在改革与转型当中,由于利益群体间利益关系的复杂性与交错性越来越难以实现,当利益冲突客观存在时,国家只能牺牲一部分群体的利益,以维护代表共

---

[1] 最高人民法院(2017)最高法民申 4336 号。

[2] 李扬:《究竟谁动了谁的奶酪——加多宝与广药之争案评析》,载《知识产权》2012 年第 12 期。

[3] 胡梅玲:《国企与民企关系的发展历程与未来展望》,载《成都大学学报(社会科学版)》2016 年第 3 期。

[4] 蓝志勇、孙垂江、吴件:《在营商环境优化过程中继续深化国有企业改革》,载《行政论坛》2020 年第 2 期。

[5] 加多宝官网:《让“非公经济”同样成为党的执政基础——加多宝集团致两会代表委员的一封信》,http://www.jdbchina.com/cn/new/jdb_news.asp? id=834,最后访问时间:2020 年 3 月 22 日。

性的大部分利益即国家利益。[1] 但国民权利意识的觉醒也预示着如果个体利益无法保障的话,集体利益、国家利益将更难以实现。法律国家主义中的重集体轻个人的倾向还是不免会发生,不可否认的是集体利益在一定情形下高于个人利益是具有一定的合理性与正当性的,但同时也必须承认个体利益的合集也就构成了集体利益,个体利益是集体利益存在的价值基础。而集体利益应该是每个集体成员的个人利益得以实现的源泉与保证。[2] 在某个层面上,作为集体利益合集的国有企业在市场经济中的运营更应明晰边界。为打造法治化营商环境,需要继续深化国企改革,全面建设公平、公正的营商环境,由此需要引入真正的竞争机制,按市场规律规范市场的竞争方式,划定竞争组别和场域,鼓励企业全面走向市场,要限制大型国企多元化经营的冲动,鼓励公平竞争和创新竞争。[3] 打造法治化营商环境正是要求市场经济中所有市场主体的利益受到同等保护、平等对待、不可偏颇。

(二)优化营商环境的司法要求

最高人民法院在2020年全国两会中所作的工作报告中提出:营造法治化营商环境,要加强产权的司法保护,坚持各类市场主体诉讼地位、法律适用、法律责任一律平等,保护企业家人身和财产安全,激发创新创业活力。[4] 一个稳定的、有法律保障的营商环境对于经济发展而言是至关重要的,而促进经济发展的关键在于保护知识产权,保护知识产权就是保护生产力。随着我国高新技术的发展,司法领域中所涉及的案件呈现出新颖性、专业化的趋势,部分案件对于行业规则的建立亦有重要的指引作用,相比个案中的利益得失而言,当事人往往更期待法院通过判决明确司法态度,划定合

---

[1] 刘得扬、杨征:《国家利益与国有企业的"进与退"》,载《财经问题研究》2012年第1期。

[2] 吕世伦、贺小荣:《论司法权力运行过程中的国家主义倾向》,载《法制现代化研究》2000年第1期。

[3] 蓝志勇、孙垂江、吴件:《在营商环境优化过程中继续深化国有企业改革》,载《行政论坛》2020年第2期。

[4] 澎湃:《最高人民法院工作报告(全文)》,https://www.thepaper.cn/newsDetail_forward_7683109,最后访问时间:2020年5月20日。

法竞争的边界。[1] 生产力的激发需要市场主体的参与,而市场主体的参与度又取决于国家对于市场竞争界限的划定,每个市场主体能否被平等对待以及他们的劳动成果是否能被尊重也对此产生影响。法治化营商环境正是要求每个市场主体都能被平等的尊重。在社会主义市场经济当中,即便政府不可避免地参与进来,也应当保证竞争机制的公平性,不因其他无关因素而使得竞争结果发生有失偏颇的偏离。而司法作为保障公民权利的最后一道防线更应严守底线,其审判结果不仅是盖有某某法院公章的一纸文书,更代表着国家的立场。

优化营商环境的首要要求就是规范政府职权,明晰其职权边界,划清政府与市场之间的界限,保障审判机关在审理案件时免受其他行政机关的干扰。打造法治化营商环境,政府承担着不可推卸的责任。一方面,政府控制着改革的整体过程,政府行为直接决定着营商环境改革的程度,随着经济社会对优质营商环境需求的增强,政府在营商环境改革中的职责越来越重要;另一方面,随着社会主要矛盾发生变化和全面深化改革的推进,政府为了适应经济社会的发展,应该是逐步弱化其对市场和企业的直接控制。[2] 在市场机制下,竞争是促进资源优化配置的有效方式,可达到优胜劣汰的目的,进而促进经济结果的转变和调整。但在某些领域我国还存在以行政手段干预经济发展的现象,市场主体除了要面对经济发展自然形成垄断外,还要面对行政垄断,地方政府和部门为保护地方和部门利益而抑制、限制相关企业竞争,这不仅不利于市场经济的健康发展,影响经济发展效益,同时也容易滋生腐败等社会问题。[3] 这种地方保护主义不仅损害经济发展,破坏当地法治化营商环境建设,更是在一定程度上体现于司法当中,弱化国民对于司法的信任度。中国司法地方保护主义有着深厚的体制性根源和思想文化根源,在案件的受理、审理和执行等方面都有许多具体的表现,解决中国司法

[1] 北京市海淀区人民法院课题组邵明艳、杨德嘉、张璇、王栖鸾、尹斐、刘佳欣、李莉莎、陆燕、韩乔亚、李思頔、李园园、洪嘉君:《涉网络不正当竞争纠纷的法律适用问题研究——以知识产权司法保护推动营商环境优化为视角》,载《中国应用法学》2020 年第 2 期。

[2] 郭燕芬、柏维春:《营商环境建设中的政府责任:历史逻辑、理论逻辑与实践逻辑》,载《重庆社会科学》2019 年第 2 期。

[3] 袁莉:《新时代营商环境法治化建设研究:现状评估与优化路径》,载《学习与探索》2018 年第 11 期。

地方保护主义问题就需彻底地改造形成“司法权地方化”的体制性因素，基于司法权是中央事权的基本思路，并以此进行相应的司法制度设计。[1] 以最后一道防线维护市场经济中各方主体的合法利益。

[1] 刘作翔：《中国司法地方保护主义之批判——兼论“司法权国家化”的司法改革思路》，载《法学研究》2003年第1期。

校园欺凌案件中学校民事责任的认定

张友连[*] 林 伟[**]

摘要:在校园欺凌治理中,合理认定学校的民事责任具有重要的意义。从2016—2018年校园欺凌典型案件的司法裁判分析,学校民事责任的认定存在义务规定过于广泛、归责原则适用混乱、免责事由证明困难等诸多问题。校园欺凌案件中学校民事责任的认定需要从限制机制、归责机制、免责机制方面加以完善。

关键词:校园欺凌;民事责任;归责原则;免责事由

一、问题的提出

近年来,关于校园欺凌的案件屡有发生。这不仅是对我国教育行业的重大冲击,也是我国法律层面缺失的重大警醒。2018年7月国际应急管理学会公布的中国校园欺凌报告指出,校园欺凌事件不仅是学校问题,而且是一种极其严重的社会现象,在某些情形下更将转化为突发公共安全事件。[1] 这种情况已经在中国有初步的萌芽,2017年张超凡被殴打至死到最近的初中学生被逼吃避孕药等,校园暴力在过去的几年中越演越烈,成为人们广泛关注的社会新型问题。要避免校园欺凌问题的状况升

---

* 张友连,浙江工业大学法学院教授。

** 林伟,硕士研究生,主要从事民事诉讼研究。

[1] 余晓东、董凌楠:《海峡两岸检察机关在少年司法中的定位与作为》,载《人民检察》2019年第10期。

级，不仅需要社会的高度重视，更需要法律层面的完善。构建完善的法律体系，需要考虑各方面的法律关系，建立监督和管控体系，完善惩戒机制。这一盘复杂的体系构造中，笔者认为学校方在其中扮演的角色至关重要，要完善校园欺凌的法律体系首先需要明确学校方在学校欺凌案件中的责任。由于校园欺凌在法律上的定义相对模糊，我国现阶段亦未有相关的专门立法，司法实践中往往从侵权责任或刑事责任上进行审理。2016年4月28日，国务院教育督导委员会办公室发布《关于开展校园欺凌专项治理的通知》对校园欺凌进行了初步定义，但是该通知亦未对学校方的责任进行梳理。

笔者以"校园欺凌"为关键词，以2016—2018为时间跨度，在中国裁判文书网上搜索到包括民事、刑事案件在内的相关案例66起，所涉地域也囊括了我国大部分省区，基本上反映了我国关于校园欺凌案件中学校方责任承担的适用现状。通过仔细研读发现，关于学校方责任的承担基本上适用《中华人民共和国侵权责任法》(以下简称《侵权责任法》)中关于教育机构责任的认定，但《侵权责任法》也仅是对教育机构责任进行抽象的规则概括，未详细定义校园欺凌案件中学校方的责任分配以及免责情形。法律规定的缺失，导致在校园欺凌案件中，相似案情的案件学校方的归责原则适用不一以及免责条款证明标准不一，判决结果千差万别。本文拟在考察近年典型案件的基础上，分析学校民事责任认定中存在的问题，并对如何完善相关认定机制加以思考。

二、校园欺凌案件中学校民事责任认定的基本情况

某调查显示，我国校园欺凌发生率高达33.36%(2016年，针对我国29个县104825名中小学生的抽样)。[1] 校园欺凌事件的频发，导致社会对校园欺凌事件高度关注，案件的判决情况亦引起社会的广泛讨论。本文对近年来公布的校园欺凌案件判决结果进行对比分析，发现在各个案件中，学校方的责任分配未有规范化的规定，判决结果中学校方的举证责任、免责情形都各有不同。

---

[1] 李晗:《〈未成年人保护法〉等法律如何修订？代表委员们这样说》，http:www.sohu.com/a/225887244_119038，最后访问日期:2019年5月6日。

表 1　检索案例(66 件)中学校方责任承担情况

学校方责任情况	有责判决	免责判决	原告未起诉
数量(件)	39	13	14

表 2　有责判决中学校方承担比例情况

承担比例	10%	20%	30%	35%	40%	50%	60%	70%	90%
数量(件)	4	8	16	1	4	2	2	1	1

注:数据来源于“中国裁判文书网”

以上数据表明,当学校方作为被告时,75%的学校被判决承担相应的民事责任,责任比例集中在 20%～30%。在学校承担民事责任的案件中,裁判的焦点集中于以下几个方面。

其一,法院判定学校方是否承担责任的法律适用。笔者通过查阅裁判文书,罗列出法院判决适用条文主要包括:《侵权责任法》第 38 条、第 39 条,《最高人民法院关于审理人身损害赔偿案件适用法律若干问题的解释》(以下简称《人身损害赔偿适用解释》)第 7 条,《中华人民共和国精神卫生法》第 16 条,《学生伤害事故处理办法》第 9 条以及《中小学幼儿园安全管理办法》第 24 条、第 27 条的规定。综合上述情况,笔者发现我国关于校园欺凌案件的法律基本上由行政部门规章设定,关于基本法律仅在《侵权责任法》以及《人身损害赔偿适用解释》中作了抽象规定,其中明确关于学校作为教育机构应当负有教育以及管理义务。

其二,法院对学校方义务的界定。法院在界定学校方义务时往往根据《侵权责任法》的规定,学校和其他相关的教育机构负有教育、管理的职责,其中未成年人遭受人身损害是由于未尽职责范围内的相关义务致使的,或者未成年人致他人人身损害的,应当承担与其过错相应的赔偿责任,以及在《学生伤害事故处理办法》中,罗列了 11 条详尽的学校承责条款以及 1 条兜底条款,包括学校设备不符合国家规定,安全管理制度存在漏洞、食药品不符合标准、教学活动未采取必要的防范措施等情况。但根据国务院对校园欺凌的定义,校园欺凌主体是学生间的行为,该办法中未涉及学生间行为导致人身伤害时,学校是否承担责任,学校的义务又是如何。故法院在对学校方义务的界定上,均是按照《侵权责任法》中的教育、管理职责的规定。

其三,法院对学校方责任承担的界定。法院在界定学校方归责原则时,根据《侵权责任法》第38条、第39条、第40条分三种情况:第一,当受害者是无民事行为能力人时,学校方承担过错推定责任,学校方应当承担证明自己无过错并尽到教育、管理职责的责任。第二,当受害者是限制行为能力人时,学校方承担一般过错责任,由受害方证明伤害事件的发生系学校方未尽到教育、管理职责所致。第三,无行为能力人或限制行为能力人在受到学校、教育机构以外的第三人侵害时,学校方承担补充责任:受害人对多方产生损害赔偿请求权,相应的在主要责任方无法对受害人的损害给予赔偿,可以请求顺位在后的赔偿义务人赔偿。

其四,法院判定学校方免责的情形。第一,校园欺凌时间是否发生在学校规定的上课期间;第二,校园欺凌发生的地点是否在学校内(学校有能力监管范围内);第三,限制行为能力人的校园欺凌事件中,受害方能够举证证明受害结果与学校未尽到教育、管理职责相关;第四,学校能够举证证明自己已经尽到教育、管理职责,校园欺凌的发生不在控制范围之内。

三、校园欺凌案件中学校民事责任认定存在的问题分析

笔者深入研究分析2016—2018时间段中国裁判文书网上的66起校园欺凌案件裁判文书,发现我国法院在校园欺凌案件中对学校方民事责任认定存在以下问题。

(一)学校义务规定过于广泛

根据《人身损害赔偿解释》第7条规定,未成年人在幼儿园、学校或者其他教育机构学习、生活期间受到损害,且系教育机构未尽到教育、管理、保护义务所致,则该教育机构对受害学生承担相应的责任。其中,可以将学校义务分为两大类进行讨论:第一,教育机构内发生的侵权事件,受害方与加害方同为该教育机构的未成年人,此时教育机构负有教育和管理义务;第二,发生在教育机构保护范围内,第三人对未成年人进行的侵权行为,此时教育机构负有保护义务。

1.教育、管理义务。根据《侵权责任法》的规定,教育机构能够尽到教育、管理职责的,不承担责任。但是,在司法实践中教育机构如何举证证明己方已尽到教育、管理义务却成为难题,举证证明规定模糊,法官根据自由裁量权决定教育机构是否尽到义务,致使司法实践中关于教育、管理义务证

明问题适用混乱。

在周某与田某、天峻县中学教育机构责任纠纷一案中[1],被告天峻县中学提交的《拒绝校园欺凌共创平安校园》《反校园欺凌师生签名活动》《参观劳教所加强警示教育》简报各一份,用以证明被告天峻县中学对在校学生进行了校园安全教育,但法院认为侵权行为发生在被告校园内,且仍存在落实不到位的情形,故承担20%的责任。在湖南隆回县的一起类似案件[2]中,被告碧山中学虽然提交了有关安全教育和安全管理制度的相关材料,但法院认为其不足以证明其将相关的制度落实到位,依法也应当承担责任,承担30%的责任。但在另一案情相似的案件[3]中,被告岚皋县石门中学亦仅提供与上案相似的学校教育、管理细则,如班级管理量化考核细则及班会记录,石门中学欺凌专项治理方案,石门中学校园欺凌处理办法,校园欺凌专题教育讲座等书面材料,却得到了法院的认可。法院认为,因发生事故前后,被告岚皋县石门镇石门中学通过召开安全专项会议,履行了其教育、管理职责,故被告岚皋县石门镇石门中学在本次事故发生过程中不存在过错,即不应承担相应的民事赔偿责任。

根据上述案例的对比分析,笔者发现在司法实践中,教育机构证明自身尽到教育、管理义务较为困难,法院倾向于损害事实的发生与教育机构的失职存在相应的关系。大部分教育机构在证明教育、管理义务上,均是提供有关安全教育和安全管理制度的文件,法院不能判定其是否落实到位,认为教育机构仍承担相应责任。不过,该文件亦能作为侵权责任减轻事由,在吉林的一案例[4]中,法院写道:根据学校提供的相关证据表明学校也尽了一定的教育管理义务,但管理教育职责还不够完善,为此仍应承担一部分民事责任。

2.保护义务。在校园欺凌案件中,有一类是未成年学生在校园内和校园周边遭受校外人员暴力伤害的事故。在实践中,存在学生与外校人员之间勾结,于学校门口恶意滋事情形。在前段时间热议的被冷暴力欺凌10年的王晶晶事件中,王晶晶不仅遭到班级和学校同学的精神攻击,还包括外校的围观人员,巨大的精神压力使得王晶晶不能好好完成学业,甚至影响了正

---

[1] (2017)青2823民初125号判决书。

[2] (2017)湘0524民初2647号判决书。

[3] (2017)陕0925民初538号判决书。

[4] (2017)吉0113民初1861号判决书。

常生活。在一起深圳学校暴力事件中,12岁初中生小谢遭到8名13～15岁不等的初中生围殴,其中不仅包括本校学生,还有临近学校的学生。可见在校园欺凌案件中,存在数个学校学生同时欺凌某一学生的情形。还有一类是社会游手好闲人员与学校学生共同欺凌的情况,这类案件中,受害者往往更加凄惨,社会人员的危害程度明显大于学校学生,让受害者更加不敢反抗。在此类事件中,加害者实施暴力的动机是为报复社会或引发关注,故涉案教育机构和伤亡学生一样均是受害者。不可否认的是,这些事故的发生也在一定程度上暴露出涉案学校和教育机构在防范机构之外暴力伤害事故的意识薄弱、监管不力的问题。[1] 上述案件中,法院该如何界定教育机构的保护问题,这种教育机构又该如何举证证明已经尽到职责,在这方面司法实践没有给出统一的答复。甚至是多方学校的保护义务也未在实践中予以考虑,是应当将多方学校合起来考虑,还是根据过错原则分别进行考量,这些都是亟待解决的问题。

(二)学校归责原则适用混乱

法律对于教育机构在校园欺凌案件中的归责原则已经作了相对明确的规定,《侵权责任法》以行为能力确定对教育机构适用不同的归责原则:对无民事行为能力的学生适用过错推定责任原则;对限制民事行为能力的学生适用一般过错责任原则。但是,在司法实践中法院往往考虑未成年人举证责任较弱的特点,在确定举证责任时较为灵活,司法实践因此出现了价值背离的状况。

1.一般过错责任原则。在北京少林武术学院的一起案件中,何某1与其同班同学张某男发生口角,何某1传纸条给张某男,内容为“今天晚上后广场见,谁不来谁怂逼,可以找人代打”,该纸条在传递过程中传到了段某琪手里,段某琪遂在晚自习后,约刘某到后操场等候何某1。后何某1携其两名同学一同至后操场,刘某与何某1发生口角,何某1用脏话骂刘某,刘某遂动手打了何某1。事发后,刘某与何某1商定不将此事告诉学校。后何某1回到宿舍电话通知了其父何某2,何某2通知了少林武校,少林武校通知了刘某的家长并带何某1到北京安达医院诊治。法院综合事件的起因及

---

[1] 葛建遗:《校园外来暴力伤害事故中教育机构的保护义务辨析》,载《现代中小学教育》2016年第4期。

具体情况认为事发时何某1及刘某均为限制行为能力人，应当知道打架系严重违反校规校纪的行为，但何某1在发生矛盾后未及时报告老师，寻求合理的解决途径，而是通过约架的方式自行解决，少林武校在事前不知情、事后及时与学生家长进行沟通并送何某1就医，且何某1未能提供证据证明少林武校未尽到教育、管理职责，故对何某1要求少林武校承担责任的请求不予支持。但二审改判，少林武校在管理上存在疏漏，未尽到安全管理教育职责，故应对本次事件的发生承担一定责任。[1] 而在另一起类似案件中，潘某与同学打羽毛球，李某在旁观看。由于潘某所持羽毛球拍脱手，击中李某面部，造成左眼受伤。一审法院经审理认为，市一中在对学生的安全教育和管理方面负有一定的责任，应适当赔偿李某经济损失。二审法院改判，市一中履行了其相应的职责，对事故的发生，没有过错。[2]

上述两起案件均是限制行为能力人的校园侵权案件，学校方承担一般过错责任原则，由受害方提供证据证明学校方未尽到教育、管理职责。但司法判决结果却截然相反，一个判决学校方已经证明其尽责，另一个则认为学校管理仍存在漏洞。司法判决的不一致，是由于司法实践中考虑到校园欺凌案件的特殊性，以及原被告双方的地位悬殊，采取的变通措施，但引起了同案不同判的问题。

2.过错推定责任原则。过错推定责任原则改变了当事人之间的举证责任分配情况，与过错责任有明显差别。在这种归责原则下，受害方无须承担对权利侵害事实的举证责任，而是根据法律的规定直接推定侵权人具有过错或者加害人举证证明自己无过错。这种归责原则也是对无行为能力人的一种特殊保护，在这类案件中，无行为能力人与学校之间具有较为悬殊的地位差距，为了保护无行为能力人的弱势地位，我国法律采用一种举证责任倒置的方式，来要求学校方在法律中承担证明责任。但是在司法实践中，这种举证责任倒置也意味着学校在举证方面存在巨大的困难。在广西的一所实验小学发生的案件中，学校仅提供了教育、管理文件以及日常计划和工作要求，法院便判定学校方已尽到管理义务，本案属于意外事件学校方不承担责任。[3] 笔者查询其他类似案件，法院则认定学校方提供证据没有证明力，

[1] (2018)京01民终5018号判决书。

[2] 唐柏树、龙翼飞：《侵权责任法审判前沿问题与案例指导》，中国法制出版社2011年版，第165页。

[3] (2018)桂0902民初3008号判决书。

甚者学校方提供证据与本案无关。过错推定责任原则下,学校方在法律地位上处于“弱势”,法院更偏向于判定学校方承担相应责任,但这与立法价值相背离,本文希望通过对学校责任承担制度的完善,解决司法与法律错位的问题。

(三)学校免责事由证明困难

依照《学生伤害事故处理办法》第12条的规定,教育机构侵权责任的免责事由有以下几种情形:(1)自然灾害;(2)来自学校外部的偶然性、突发性侵害造成;(3)学生特有体质、疾病或者心理状况,学校不知道或难于发现的;(4)学生自杀、自伤行为;(5)对抗性体育运动行为;(6)其他意外因素。此外,其第13条、第14条还规定了不属于教育机构承担责任的情形:(1)侵害事件的发生不在学校管理范围之内,侵害时间的发生不在学校工作时间内;(2)学生擅自离校;(3)学校工作人员作出的与职业无关行为或者故意犯罪行为。法律在学校的免责事由上作了较为详尽的罗列,但是笔者发现在司法实践中,校园欺凌的发生主体是学生之间,其突发性让证据的收集变得尤其困难,学校作为责任证明方更是“有苦难言”。

校园欺凌发生在校外以及非学校学习期间的免责条款。根据《学生伤害事故处理办法》第13条的规定,学生自行上学、放学、返校、离校途中发生的;在放学后、节假日或者假期等学校工作时间意外发生的侵权事件,学校方不承担责任。但是,在司法实践中案情往往更加复杂,考虑因素更加多样化,固定的免责条款罗列不能全面地覆盖案件事实。法官也会根据案件事实进行适当的变动。发生在武山县山丹镇的一起校园欺凌案件中,学校方辩称,周庄小学对校外学生之间发生的打架事件没有监督管理责任,且在该事件中学校没有任何过错,不应当承担赔偿责任。本案中刘某1、刘某3发生打架事件是在学校放学以后,在回家的路途中发生的,事故发生的时间、地点都超出了上诉人周庄小学的管理监督范围,对于校外学生的监督管理完全是学生家长的责任,同时学校没有权利也没有义务在学校以外监督学生的家长对学生的安全负责。但是法院却认为,虽然学校制定的安全教育制度里有明确规定小学一、二年级学生由家长接送,但是在家长没有按约定接送学生上学、放学的情况下,学校没有更好地监督学生家长,没有对学生的安全做到全方位的考虑,出于公平原则,学校也应当承担部分责任。[1]

在河南省的另一起案件中,案件发生于晚上 12 点以后,在学校工作人员的非工作时间,但法院却认为学校方对原告索要钱财并进行殴打这一行为没有及时发现并管理,被告白寺一中对在校未成年学生有教育、管理和保护的义务,但其并未充分履行该义务,主观过错较大,应当对原告的损失承担主要的赔偿责任,以 60%为宜。[2]

通过上述两件案例的对比分析,可以发现在校园欺凌案件中,法律明确规定在校外、非学校工作时间发生的学校侵权案件学校方免责,但是司法实践中却背离了法条的明面意思,对学校方的责任要求更加严格,对免责情形也进行更加严苛的限定。在校园欺凌案件中,影响案件判决的因素有很多,仅仅通过对免责情形的罗列是不能解决司法判例中的复杂问题的,这不仅增加了学校的责任义务,而且使得法院判决难以公正、统一。具体而言,可以通过构建校园欺凌预防程序,重新界定学校方义务、归责原则以及免责条款制度,来解决司法实践中存在的问题。

四、校园欺凌案件中学校民事责任认定机制的完善

基于以上种种司法实践案例的分析,可以看出校园欺凌案件中学校方责任认定存在一定瑕疵需要进行完善,总体思路是对学校方教育、管理以及保护义务的判定采取宽严相济的准则,确立学校方校园欺凌预防机制,以通过学校方对机制完成度的举证来判定学校是否已经尽到管理保护义务。由此,本文提出,我国校园欺凌事件中学校方责任判定应完善以下机制。

(一)学校民事责任的限制机制

教育机构的管理、保护义务不是无条件的延伸,其作为一种法定义务应当有一定的边界。在侵权法中,关于“合理人”的认定也应当适用教育机构,其衡量标准(包括义务范围及程度)无须超出同类社会主体通常水平的义务标准。[3] 在具体适用规则上,教育机构的管理、保护义务应当受到两个方

[1] (2018)甘 05 民终 169 号判决书。

[2] (2018)豫 0621 民初 2353 号判决书。

[3] 程春华:《举证责任分配、举证责任倒置与举证责任转移》,载《现代法学》2008 年第 2 期。

面的限制:第一,预见可能性。法律对意外行为往往不进行惩治,只能要求人们对合理范围内的损害采取防范措施。如果损害行为的发生完全不具备预见可能性,则不应苛责学校方承担管理、保护义务,对受害行为承担责任。校园欺凌案件本身具有较强的突发性、隐蔽性,当事人往往会受到恐吓以致第三人难以了解,据国务院教育督导委员会办公室的通报,2018年4月至12月网络媒体报道的80起学生欺凌事件中,91.2%的受害者并未主动求助。但是近年来校园欺凌案件频发,学校方应当更加严格地进行管理教育,敲响警钟。第二,预防措施的合理性限制。学校方应当实行相应的预防措施,但是学校方作为一个能力有限的教育机构,不能过度地承担预防责任,应当由合理性的限制。这种合理性的内在根源,有学者总结为一种经济逻辑,即注意义务的有无和轻重取决于采取防范措施的成本和事故损害的严重性、损害发生的可能性之间的数量比较关系。[1] 根据教育机构义务的限度,学校应当承担的义务包括以下三个方面:

第一,宣传教育义务。校园欺凌受害者缺乏对违法犯罪的防范意识,学校方应当以适当的方式对学校进行定期的安全教育。第二,采取预防措施的义务。针对学校欺凌事件发生的特征,学校方应当完善校园欺凌临时应急方案,对校园欺凌多发年龄段以及多发地方进行必要的巡查,防止校园欺凌事件的发生。第三,事后救济义务。校园欺凌事件发生后,应及时对受害学生进行送医救治,更应在事后对未成年学生进行心理辅导,使其免受心理疾病影响,应成立长期的观察、辅导工作组。

(二)学校民事责任的归责机制

校园欺凌案件十分复杂,这使得其归责原则呈现多元化状态。我国法律规定,关于受害方为限制行为能力人时,学校承担一般过错责任原则;受害方为无行为能力人时,学校承担过错推定责任原则。以年龄作为归责原则的界限没有合理性,我国未成年人法律素养较低,举证能力相差无几。

建立一般过错责任原则与过错推定责任原则的结合归责原则。上文的案例分析显示,我国司法实践中关于归责原则的判定与法律规定相背离,这与校园欺凌案件的复杂性不无关系。只有不以年龄层作为归责原则分类的

---

[1] [美]文森特·R.约翰森:《美国侵权法》,赵秀文译,中国人民大学出版社2004年版,第76页。

界定，学校承担一般过错归责原则与过错推定原则的统一，才适应社会现状。该原则主要呈现出以下特征：第一，学校方均需证明自身已尽管理、教育和保护义务，但是义务证明有一定的限度，此时法官根据自由裁量权结合案件实际情况判定各被告证明标准大小。第二，不对归责原则进行分类，而是对证明标准进行分类，不同年龄阶段有所区别，教育机构对无民事行为能力学生承担高标准的注意义务，对限制民事行为能力学生承担中等以上标准的注意义务，对完全民事行为能力学生承担中等标准的注意义务。[1]

探讨了学校民事责任的规则机制之后，存在于多方学校情况下的校园欺凌案件的学校责任分担机制也值得探讨。多方学校间的校园欺凌案件，在前文已经叙述，主要是受害者学校的保护义务以及施害者学校的管理教育义务之间的认定。笔者认为，对于这类案件不应当秉持同责处理，或者仅处理事发地点学校的保护义务，还应当探讨其他施暴者学校的管理义务。如在现在学校间的寄宿机制，其应当存在监管寄宿学生按作息、按规则行事的义务。在一起校园欺凌案件中，A 校学生爬墙出校门伙同临近 B 学校学生殴打 B 校生的案件中，就应当考虑 A 校存在管理疏忽，使得学生有时间施加暴力。当然对 A 校的管理义务的探讨，也是对 B 校责任的分担。这种分担机制能够使得学校民事责任的规则机制更加完善。第一，学校承担的责任将被分担，在多方欺凌案件中，某一方学校不至于承担全部后果，全方面考虑可能存在义务瑕疵的学校方，能够使得不利后果产生的民事责任分散承担。第二，这是实体正义的必然要求。多方欺凌的案件存在多方学校的义务瑕疵，不仅是暴力施加地或者某一学校的单方责任，甚至是某些学校存在更严重的管理漏洞，多方承担机制将更加公平正义。第三，这也是对受害者的负责，受害者的损害可以由多方承担，使得赔偿的数额和效率都能够得到保障。

(三)学校民事责任的免责机制

根据上文所述，学校方在证明免责情形时举证困难，不管是教育、管理和保护义务的举证，还是关于《学生伤害事故处理办法》中规定的免责情形。法律应当统一规制学校处理校园欺凌案件的程序，如此，在司法实践中学校

---

[1] 彭熙海、吴睿：《教育机构责任归责原则的理性反思与应然构建》，载《湖南人文科技学院学报》2014 年第 1 期。

仅需提供己方校园欺凌预防程序完备的证据便可以证明己方已经尽到管理、保护的义务。

1.构建完整的校园欺凌处理程序。学校应通过细致规则，构建出一项完备的校园欺凌处理流程。首先，应当在各个院校建立“校园欺凌预防小组”，在小组的领导下对校园欺凌预防进行“日常调查—定期培训—矛盾处理—追踪辅导”四步策略。第一步，建立“校园欺凌预防小组”，该小组以校为领导单位，各校设立法律副校长担任小组组长，下级各班选一名教师担任班级分部组长，每班再下设班级干部预防委员，以校级小组统筹，预防委员在班级完成的模式进行监督管理。第二步，由预防委员进行班级成员的日常调查，该调查采取保密制度，由预防委员一人收集，每周定期下发“学生个人报告”让学生填写，通过报告调查学生之间可能出现的矛盾，防止预谋性的校园欺凌以及受害人被威胁、不敢告知第三人的情形出现。班级分部组长亦需留意学生在校的日常活动，细心观察学生的在校情况，包括成绩是否有突发的滑坡、情绪是否反常等。第三步，不定期由学校组织进行校园欺凌教育活动，对校园欺凌案件进行模拟，告知校园欺凌的危害以及后果。活动应在校长的亲自带领下有针对性地开展，以次促进学生与师生之间的情谊。第四步，及时处理调查发现的学生之间的矛盾以及学生出现的异常现象，防止事情恶化。第五步，对问题学生进行长期辅导，不能放任自流。

当然学校一方力量有限，应当与社会合作共同预防校园欺凌事件，形成以学校为中心，社会相关组织和政府机构大力协助的格局。[1] 第一，学校邀请家长代表参与“校园欺凌预防小组”，共同预防校园欺凌事件；第二，学校可以聘请专业的社会人员，对“校园欺凌预防小组”成员以及各个家长进行技术指导，这些人员包括律师、退休的社区老干部及家长、社会学专家、教育专家、心理咨询师等，这样可以使校园欺凌预防小组在面对校园欺凌问题时更具专业性与针对性，也能让家长在发现学生出现异常行为时，作出更为妥善的处理；第三，学校也应当与当地的派出所进行联合，让当地派出所能够在学校设立岗亭，当出现严重的校园欺凌案件时，警察能够第一时间到达现场进行管理。

在学校欺凌预防小组机制、专家指导和社会人员合作机制的共同协调

---

[1] 刘旭东：《以学校为主导：台湾校园欺凌治理经验》，载《河南师范大学学报》2018年第3期。

下，并且保证各项机制能够正常运行的情况下，学校的责任可以降到最低甚至免责。这样的免责机制标准是极高的，是一些“不能监管”的特殊校园欺凌案件的学校方保护通道。明确的免责情形规定，既是对学校方的法律保护，也是对学校方免责情形的高标准规定，从而避免实践中可能出现的误判。

2.学校方免责事由举证责任。根据《侵权责任法》的规定，教育机构能够尽到教育、管理职责的，不承担责任。故如何界定学校方已经尽到教育、管理职责已成为司法实践中的一大难题。上文着重介绍了校园欺凌预防程序，可以根据上述程序来确定学校方是否已尽到教育、管理职责。

关于教育、管理义务的免责举证责任。在校园欺凌案件发生后，学校方应当如何举证证明已经尽到教育、管理义务。结合上文，学校方首先应提供学校设立的“校园欺凌预防小组”计划书，并提供证据证明其正在运行。其次，提供受害方交于预防委员的每周报告，证明校园欺凌预防小组正处于运行之中，并且该受害人的报告没有任何异常情况，校园欺凌事件属于突发情形。最后，举证证明学校多次召开校园欺凌教育活动，并且每位学生均到场参与，学生家长也有相应了解。以上，学校方均能提供便能证明学校方已经尽到教育、管理义务。

关于特殊情形下的免责举证责任。第三人侵害导致的校园欺凌案件，学校方应当承担保护义务的举证责任。此时，学校应当提供学校安保情况，是否成立有校园安全巡逻小组，处理校园突发情况。发生在校外以及发生在非学校工作时间的校园欺凌案件，学校方是否应当承担责任。根据《学生伤害事故处理办法》的规定，发生在校外或者非学校工作时间的校园欺凌案件，学校方不承担责任，但是上文论述道，某些司法实践中法院仍然认定学校应当负有保护义务，仍应承担相应的过失责任。发生在学校能够管辖到的范围内，学校应当承担相应的职责。比如，学校为住宿制，学生每周回一次家来回均由学校接送，这时校车为学校的延伸。又如，在学校门口学校保安对身着己方学校校服的学生有保护义务。发生在非工作时间的校园欺凌案件，需要查阅学生每周报告以及学生是否出现异常状况，要是学生在先前表现出明显的异常行为甚至在周报告中隐晦暗示相关情形，学校方仍无所作为，则应当承担相应的过错责任。

实务研究

智慧司法的运行困境与功能反思

——以南通地区法院为例

魏爱慈*

摘要：庚子春新冠疫情暴发，打乱了各行各业、各个人原本的秩序，为降低疫情对司法工作的负面影响，从最高人民法院到地方各级人民法院均发布了规范在线诉讼的司法文件，这既是为抗疫期间的审判工作提供的司法指引，也是推进智慧法院建设的一个良好契机。各地法院能在短时间内实现将司法活动从线下搬到线上，是近年来智慧法院建设成果的体现，但在推进司法智能化发展的同时，也应当看到智慧司法的运行存在制度与技术困境，这使得在将互联网与司法结合时需保持必要的审慎，以促进后疫情时代智慧司法建设的常态化与长远化发展。

关键词：抗疫期间；智慧法院；智慧司法；后疫情时代；运行困境；功能反思

疫情期间应最大限度地减少人员聚集流动，但群众的各项诉求却依然存在，疫情发生后，全国法院普遍开通诉讼服务网，短时间内迅速建成28068个支持远程审判的科技法庭[1]，从最高人民法院到地方各级人民法

* 魏爱慈，江苏省启东市人民法院法官助理。

[1]《最高人民法院印发加强和规范在线诉讼工作通知为疫情防控提供坚强有力司法保障》，http://jszx.court.gov.cn/main/SupremeCourt/260763.jhtml，最后访问时间：2020年5月21日。

院纷纷出台了一系列规定用于指导疫情期间的审判工作，[1]引导群众通过互联网完成立案、信访、调解、庭审等诉讼活动。各地法院虽暂时关闭了诉讼服务中心和信访接待场所，却能够借助“互联网＋司法”的审判新模式做到“关门不停业”。除全国统一的平台外，部分法院自主研发在线庭审系统亦取得了较好的效果。如南通中级人民法院研发的“支云庭审”平台，具有实时聊天工具的即时通话音质音效、能够实现在线阅读庭审笔录、查阅案卷、签字等功能，当事人无论身在何处，只需一部手机即可参与庭审。

毋庸置疑，信息技术为司法工作的开展带来了诸多便利，但现行的司法制度是在传统的诉讼背景下制定的，新技术的应用一定程度上挑战了传统诉讼规则，因互联网自身的开放性也给法院保密工作带来了新的隐患，这使得技术与司法的结合应保持必要的审慎——技术工具的有用性并不等于其司法适用中的正当性，技术与司法的关系是：技术是手段，司法公正才是最终目的，不能因技术本身的工具与效率价值无限度地将信息技术引入司法，以致陷入“技术蒙昧主义”境地。因此，为实现智慧司法的规范化与长效化发展，应当完善诉讼法律制度与智慧司法建设的技术保障，以制度的张力包容现代科技融入司法，在保障诉讼信息安全的基础上发挥技术的工具价值以满足司法实用主义之需求。

一、智慧司法制度与技术路径的背景考察

(一)智慧法院及相关概念

在讨论互联网时代司法如何演进、智慧法院如何服务群众之前，应首先

[1] 2020年2月10日，最高人民法院与最高人民检察院、公安部、司法部联合发布《关于依法惩治妨害新型冠状病毒感染肺炎疫情防控违法犯罪的意见》。2月18日，最高人民法院发布《关于新冠肺炎疫情防控期间加强和规范在线诉讼工作的通知》。2月1日，江苏省高级人民法院发布《江苏省高级人民法院关于新型冠状病毒疫情防控期间诉讼活动相关事项的通告》，就疫情防控期间江苏省高级人民法院诉讼服务、案件审理、执行和申诉信访等相关事项进行公告。1月31日，南通中级人民法院发布《南通市中级人民法院关于疫情防控期间诉讼服务与申诉信访工作的通告》。2月1日，启东市人民法院发布《启东市人民法院关于疫情防控期间诉讼服务和申诉信访工作的通告》。可以看出，从最高人民法院到基层人民法院，各级人民法院就疫情防控期间诉讼工作的开展均出台了相关规定，并逐级细化。

厘清与智慧法院相类似的诸多概念，如智慧司法、智能化司法、“互联网＋司法”，互联网法院、网上法庭、网络法院，电子法院、电子诉讼制度。

“智慧法院”的概念由周强院长在 2016 年首次提出，它的具体要求是在坚持司法规律的基础上，依托互联网、大数据、人工智能等技术，以高度信息化的方式支持司法审判、诉讼服务和司法管理，以实现“全业务网上办理、全流程依法公开、全方位智能服务”[1]。可以看出，智慧法院不是办公自动化的代名词，而是信息网络时代大数据、人工智能等信息技术融入司法运作的成果，因此也有学者将智慧法院的建设分为法院内部办公系统的信息化建设和以当事人为中心外部法院的建设[2]。

智慧司法/智能化司法是指在遵循司法规律的基础上，将现代科技应用于司法体制改革，研发智能辅助办案系统。[3] 一般认为智慧法院与智慧司法/智能化司法是实质等同的概念[4]，但有学者从广义上理解智慧司法/智能化司法，认为智慧司法/智能化司法的主体不仅包括法院，还应当包括侦查机关、检察机关为实现司法目的运用互联网、大数据、人工智能等技术，推进司法运行和管理体系的信息化、智能化与现代化的过程。[5]

电子法院与互联网法院是智慧法院将审判活动全程网络化的结果。[6] 2015 年 6 月，吉林省“电子法院”正式启动并开通运行[7]，这是首家开通电子法院的高级人民法院，至今我国已有多地设立电子法院，如河北电子法院、哈尔滨电子法院等。2017 年，杭州互联网法院成立，后北京互联网法院、广州互联网法院也依次成立。从总体上来说，互联网法院是智慧法院的

---

[1] 《最高法工作报告解读系列访谈：加快建设智慧法院》，http://courtapp.chinacourt.org/fabu-xiangqing-85042.html，最后访问时间：2020 年 5 月 21 日。

[2] 王福华：《电子法院：由内部到外部的构建》，载《当代法学》2016 年第 5 期。

[3] 《深化智能化建设　提高司法能力》，https://www.chinacourt.org/article/detail/2018/02/id/3205390.shtml，最后访问时间：2020 年 11 月 4 日。

[4] 智慧法院与智慧司法、智能化司法的概念在内涵和外延上并非完全等同，但从《人民法院报》对“智慧法院”的诸多报道来看，他们使用智慧法院与智慧司法、智能化司法表达的内涵基本一致，为方便讨论，本文对这三个概念不作区分。

[5] 冯姣、胡铭：《智慧司法：实现司法公正的新路径及其局限》，载《浙江社会科学》2018 年第 6 期。

[6] 邓恒：《如何理解智慧法院与互联网法院》，载《人民法院报》2017 年 7 月 25 日第 2 版。

[7] 《吉林省“电子法院”正式启动并开通运行》，载《人民法院报》2015 年 6 月 20 日第 1 版。

一种表现形式，之所以在智慧法院已经全面推进的基础上设立互联网法院，是为了搭建专业、高效、便捷的互联网司法审判体系，以将涉网案件从现有审判体系中相对剥离。互联网法院是现代信息技术与法院各项工作深度融合的产物，其不仅仅是传统法庭空间的转移或技术的简单升级，还是智慧法院中的专门法院，有着专门的地域管辖范围、案件管辖范围和专门的审判机制。相比来说，电子法院本质上仍属于地方行政区划内的各级法院，只不过为了提高司法效率在司法活动中融入了互联网的因素。

关于何为“网上法庭”，目前没有明确的概念，但是学术界普遍认可的网上法庭是指在网上进行的法院程序，包括在线诉讼与法院附设的在线ADR，各诉讼参与人可完全通过在线方式交流，而无须面对面地接触。[1]

网络法院是将法院审理与信息技术进行全面融合的一种E时代的法院形态，它没有改变传统的审判程序，只是将诉讼程序通过音视频的方式在线完成，如提交证据、审查证据、法庭辩论等。[2]

电子诉讼一般是指通过将电子联络方式诉讼相关材料从纸面介质转化成电子介质的诉讼。[3] 电子诉讼制度为电子诉讼提供了系列制度保障。

综上，互联网法院、网络法院、电子法院都是智慧法院的一种表现形式，它们都是借助互联网将诉讼的介质从纸面转向电子，进而需要电子诉讼制度为其正常运转提供制度保障。

(二)智慧法院构建的制度基础

客观上，信息技术引入诉讼一定程度上挑战了传统诉讼规则，比如改变了司法审判活动的“在场性”与“亲历性”表现形式。智慧法院的构建需要电子诉讼制度作为支撑，目前，民事诉讼法及其司法解释、其他规范性文件中对网络庭审及电子送达的规定有：《最高人民法院关于适用〈中华人民共和国民事诉讼法〉若干问题的解释》(以下简称《民诉法解释》)第259条规定了经双方当事人同意，可以采用视听传输技术等方式开庭；第136条规定了电

[1] 丁颖：《网上法庭：电子商务小额纠纷解决的新思路——国外主要实践及中国相关制度构建》，载《暨南学报(哲学社会科学版)》2015年第10期。

[2] 周孜予、全荃、常柏：《网络法院：互联网时代的审判模式》，载《法律适用》2014年第6期。

[3] 周翠：《中国民事电子诉讼年度观察报告(2016)》，载《当代法学》2017年第4期。

子送达须经当事人同意并在地址确认书中予以确认;第206条规定了针对行动极为不便、交通极为不便、身在国外短期无法回国的等证人可采用视听传输方式远程作证。

可以看出,我国民事诉讼法律规范中确立了电子诉讼与审判行为电子化的基本规则,使电子诉讼行为合理化,但诉讼法未对电子诉讼行为加以系统性规范,规则供给相对智慧司法的发展来说存在滞后性。

(三)智慧司法推进之必要性及技术基础

根据中国互联网络信息中心于2020年9月29日发布的第46次《中国互联网络发展状况统计报告》,截至2020年6月,我国网民规模达9.4亿,互联网普及率达67.0%。[1] 由此可见,我国已全面进入信息化社会,司法也不应因坚持其固有的传统庭审模式,电子诉讼虽不可能让传统诉讼遁入虚无,但已经具备从根本上改变诉讼功能并成为主流纠纷解决方式的潜能。现代信息技术之所以能够广泛应用于民事司法,应归功于其自身工具价值能够满足司法实用主义之需求。

为适用信息智能时代的发展,各地法院在积极探索互联网、大数据、人工智能等技术在智慧司法中的运用,在应然层面上,充分利用现代信息化技术手段,规范运用互联网庭审系统开展诉讼活动,是司法工具理性与效率理性的体现,也是疫情防控期间的理性选择。可以说,智慧司法并非疫情防控背景下的权益之举,而是顺应信息化发展的长远之计。

信息技术是智慧法院推进过程中的基础性条件,自2000年以来,各地法院开始了网上立案、网络庭审、电子送达等多方面的尝试与探索;2016年,人民法院信息化2.0版基本建成。[2] 此后,中国法院转型升级,开启人民法院信息化3.0版的探索与建设,多地成立电子法院、互联网法院,这是司法主动适应互联网发展大趋势的一项重大制度与技术创新。

---

[1] 《第46次〈中国互联网络发展状况统计报告〉》,http://www.cnnic.net.cn/hlwfzyj/hlwxzbg/,最后访问时间:2020年11月4日。

[2] 《人民法院信息化水平进入2.0时代》,https://www.chinacourt.org/article/detail/2016/04/id/1838996.shtml,最后访问时间:2020年11月4日。

二、南通法院智慧司法推进的基本路径及其效果

近年来，南通法院探索智慧诉服、智慧审判、智慧执行、智慧警务和智慧政务“五位一体”模式，建成“支云”集中送达中心、南通法院驻所支云科技法庭，取得“南通法院支云破产管理系统”“南通法院支云智慧警务系统”“南通法院支云庭审系统”三项软件著作权的登记证书，《南通法院智慧警务管理平台应用调研报告》入选《法治蓝皮书：中国法院信息化发展报告》。南通法院研发的“支云”庭审系统与“支云”送达平台，构建法院内网与外网联通，使其能够在疫情期间实现“关门不停业”。

从网络庭审数据来看，自 2020 年 2 月 10 日支云庭审系统上线至 11 月 4 日，南通地区两级法院借助“支云”庭审平台审理案件达 14700 次，现南通法院支云庭审系统 2.0 版本业已上线，相对 1.0 版本增加了音视频智能分析功能，以对当事人不正当言行进行实时提醒，同时增加微信小程序端，实现 PC 端、移动端和手机端三端融合。从技术角度上来说，2.0 版本优化了系统架构，改 C/S 架构为 B/S 架构，同时内嵌降噪、图像识别等技术。现支云庭审系统已嵌入中国移动微法院，并受到最高人民法院周强院长的批示肯定。

（一）南通法院智慧司法推进的基本路径

1.南通法院内部智慧法院的建设现状

（1）办公电子化系统

南通法院统一采用南通法院综合信息管理平台（以下简称“法综平台”）进行办公，该系统中每个法官都有自己的主页，显示案件办理、案件详情、审限、适用程序、开庭次数、案件上诉情况、缴费情况、法官个人收结存统计、审判信息查询、全省市查询统计等信息，对于接近审限的案件，系统会发出提醒，以便法官及时掌握案件进程，从立案到开庭排期、再到开庭直至最终结案，法综平台实现了审判办公全程电子化。

南通法院现实行诉讼材料即时扫描，把从立案到结案过程中各诉讼阶

段形成的所有案件材料实时扫描生成文档，实现电子卷宗随案同步生成[1]，通过法院档案管理系统对电子卷宗进行电子化管理，各法官可登录本人档案系统查看个人案件电子卷宗。传统办案模式下，法官想要查看某个案件诉讼材料，需要从数本卷宗中查找翻阅，但依托法院综合信息系统办案后，案件资料被智能编排在系统中，法官只需要输入案号，就可以在线查阅诉状、证据材料等内容。同时，电子档案系统还可实现电子卷宗借阅服务，法官如需借卷，只需在系统中提出借阅申请，由档案管理部门审核后即可查看借阅卷宗，相比传统纸质借阅烦琐的审判手续，电子借阅能够节约借卷宗时间，以提升办案效率。

有鉴于此，2019年3月，南通如东法院开展办公全程电子化、无纸化办案的新探索，法庭中在法官的宽屏显示器上，左屏显示着书记员实时记录的庭审笔录，右屏显示着案件的电子证据材料，法官左右屏同时浏览，案件信息一目了然，该系统还提供手写记录方式，法官能够通过手中的智能笔随时进行记录批注。2020年9月，南通如皋法院将所有执行新立案件材料扫描进“中间库”，案件办理过程中形成的纸质材料均由“中间库”保管，实现全流程网上办理、网上流传、网上留痕，开始全面推行无纸化执行。

为方便庭审记录，南通法院各法庭内均已安装讯飞语音系统，该系统能够快速、准确地记录双方当事人庭审中的话语并即时转化成文字保存在庭审笔录中。近两年，南通中级人民法院庭审讯飞语音系统使用率达92%、各基层人民法院使用率达50%，转写准确率均在95%以上。

(2)简单类案法律文书智能生成系统

裁判文书的撰写是审判工作中重要且耗时的工作，法官往往会根据案件类型对应相应“模板”，在“模板”中修改具体个案当事人信息、案件诉讼请求、事实与理由、裁判理由与判决要点。实践中，文书草拟虽可以部分套用模板，但法官的工作量依然很大。近年来，包括南通法院在内的多个法院均开展了司法文书辅助生成系统的研发，文书辅助生成功能也越来越强大，有效实现了最大限度地减少法官的简单重复劳动，提升了审判质效。

---

[1] 2018年1月16日，最高人民法院面向各省高级人民法院发布《关于进一步加快推进电子卷宗随案生成和深度应用工作的通知》，要求各级法院要加快落实电子卷宗随案生成工作，并提供河北法院电子卷宗随案同步生成的分散生成模式及江西法院“收转发E中心”的集中生成模式作为参考。

南通法院法综系统具有简易案件法律文书智能生成的功能。目前,针对机动车交通事故责任纠纷、民间借贷纠纷、物业管理纠纷、信用卡纠纷等简单案件,法官借助文书智能生成系统,对案件进行智能研判,确认案件诉求、提取案件要素信息后,即可实现裁判文书中的"当事人信息""诉讼请求"等内容的一键生成,法官只需在该法律文书智能编写系统中对裁判理由等加以修改,便可以完成一份裁判文书的制作。简单类案的文书一键生成能够提高类案审理效率,助推审判工作繁简分流,这既是要素式审理方式的信息化升级改造,也是法院主动应对"案多人少"困境的积极探索。

2.南通外部智慧法院建设现状

(1)南通法院在线庭审的基本路径

南通中级人民法院在已有智慧法院建设成果的基础上,自主研发了"南通法院支云庭审系统",当事人只需关注南通地区任一法院微信公众号即可实现"支云庭审"App下载并可选择电脑、平板、手机等任一移动终端登录,开庭之前法官将当事人手机号码录入庭审系统并向其发出庭审邀请,当事人接受庭审邀请后即可参与庭审。

"支云庭审"App端本身设有通过人脸识别技术核验当事人身份的功能,同时,法官或书记员在庭前会对庭审参与人及其代理人的身份再次予以复验。在线庭审与线下庭审遵循着同样的司法仪式,庭审开始后,法官会告知庭审参与人在线庭审系统的适用与线下开庭具有同等效力,南通中级人民法院出台《支云系统庭审规范(试行)》,从适用前提、适用范围、庭审程序、法律纪律、司法礼仪等方面进行明确,比如网络庭审的适用需经当事人同意,法院不得依职权强制适用。南通法院司法实践中,任一方当事人同意适用网络庭审后该当事人即可通过网络方式参与到诉讼中来,而无须征得对方当事人同意;针对一方当事人同意在线庭审、另一方不同意的,法院即采取一方适用传统线下诉讼、另一方适用电子诉讼的方式开庭。庭审开始后,当事人可在手机屏幕上看到庭审笔录,若书记员记录有误,其可及时提醒书记员修改内容,庭审结束后,当事人可直接通过移动终端进行电子签名。现南通地区各级人民法院通过"支云庭审"平台开展的简单案件在线庭审活动逐渐进入常态化。

(2)南通法院电子送达的基本路径

除"支云庭审"系统外,南通中级人民法院还研发了"支云"送达平台,经当事人同意后，法官即可通过这一平台向当事人送达除判决书、裁定书、调解书以外的其他诉讼材料，一般2～3天即可送至当事人的移动终端，其效率与成本均优于邮寄送达。

电子送达的前提即是获取当事人的同意，实践中，原告在立案时通过签署地址确认书的方式对是否同意电子送达予以确认，而被告则是由法官先在电子送达平台上选择需要送达的材料向其发起送达任务后，由专门的送达组负责电话询问其是否同意电子送达：如被告同意，送达组人员随即将电子送达材料合并成的PDF文件通过短信、微信或者官方电子送达专用邮箱（12368@ntfy.gov.cn）发送至被告的移动终端；如被告不同意电子送达，则对该被告转邮寄送达。

近期，南通中级人民法院联合南通司法局、南通律师协会联合出台《关于推进律师电子邮箱送达工作的实施细则》（以下简称《细则》），推进律师电子邮箱送达。《细则》规定，经律师事务所同意，由律师事务所提供唯一、专用的电子邮箱，作为律师事务所全体律师在全市法院所有代理案件的统一电子送达地址，用于接收立、审、执审判各节点形成的所有诉讼文书、当事人及其他诉讼参与人提交的各类诉讼材料，集中送达中心工作人员通过电子邮箱方式向律师送达后，将通过电话告知电子邮箱管理人。

南通法院的支云庭审与支云送达系统极大程度地推进了司法现代化进程。其实，在“支云”庭审与送达平台设立以前，南通地区法院的多家法院也已经开始庭审在线化的尝试，比如在2018年2月，崇川法院通过微信视频方式成功调解一起房屋买卖合同纠纷；2018年4月，启东法院通过微信视频审理一起离婚案件。该类案件中视频传输技术的运用有效地节约了当事人的诉讼成本，提高了审判效率。

（二）南通法院智慧法院运行效果

疫情发生之初，为避免人员聚集法院诉讼服务大厅暂时不再对外开放，各承办人不得不整理临近开庭案件并通知各方当事人延期开庭，线下司法服务处于“半停滞状态”。2月10日，支云庭审系统上线后，承办人将延期开庭案件重新整理排期，通过添加当事人微信告知其网络庭审操作方法，网络庭审的开展使法院恢复了正常的审判秩序。

在全国都处在疫情防控形势严峻时期，南通港闸法院审理全国首例防疫物资网络诈骗案，60多家媒体全程直播，1400余万网友在线观看[1]。4月27日，南通启东法院利用网络与远在新加坡的当事人连线实现跨国庭审受案当日即结案[2]。6月23日，央视“社会与法”频道全程直播南通法院住所支云科技法庭开庭的网络“女友”诈骗案[3]，并专题播放《为了“清零”的目标——南通中院在全国首创“2+6”住所直运科技法庭纪实》[4]。毋庸置疑，包括在线立案、在线审理、在线调解、电子送达等在内的在线解决纠纷方式在疫情防控时期具有传统线下司法工作所无法比拟的优越性。目前，南通两级法院共配备“南通法院支云庭审系统”86个，实现了在全市9家基层法院、34个人民法庭的全覆盖。截至11月3日，南通地区两级法院共通过“支云”庭审系统开展网络庭审达14770件。

三、智慧司法的运行困境与功能反思

(一)智慧司法与传统司法的冲突

1.削弱司法剧场效应

边沁曾将专门进行司法活动的场所比作是“司法的剧场”，而剧场中的司法活动就是一台“司法剧”，剧场中不同的法律角色(如法官、双方当事人、旁听人、证人等)都是司法剧中按照司法程序依次登场表演的“演员”[5]，不同的法律角色各式各样的着装是为了区别参与人的身份，但司法剧场同其他剧场的区别是：司法剧场中表演是真实的、正在发生着的事件，而一般剧场中的表演基本都是虚构的。通过对诉讼程序运行过程的参与，剧场仪式对庭审参与人产生了福柯意义上的“规训”，促使其潜移默化地接受法律剧场中的司法仪式，这一过程实质上是向庭审参与人甚至是向社会公众展示

[1] 《港闸法院宣判首例网络诈骗防疫物资案》，http://www.ntfy.gov.cn/contents/89/14874.html，最后访问时间：2020年5月21日。

[2] 魏爱慈、倪栋威：《启东运用“支云”跨国庭审当日结案》，载《江苏法制报》2020年5月8日B版。

[3] 侯敬华、顾建兵：《“抠脚大汉”假扮“清纯美女”骗钱领刑》，https://www.chinacourt.org/article/detail/2020/06/id/5317302.shtml，最后访问时间：2020年11月4日。

[4] 顾建兵：《全国首创“2+6”模式，全面破解刑事开庭难题》，http://www.ntfy.gov.cn/contents/50/16032.html，最后访问时间：2020年5月21日。

[5] [日]大木雅夫：《比较法》，范愉译，法律出版社2001年版，第6页。

司法程序的过程。因此,法庭的一个重要功能是法律教育,通过庭审活动来影响庭审参与人、旁听人员的行为模式,正如丹宁勋爵所言,“参加司法活动对于培养英国人的守法习惯所起的作用要超过其他任何活动”[1],将庭审活动从线下搬到线上,无疑会削弱司法的剧场效应。

司法剧场场景的部分丧失改变了诉讼的方式,改变了物理意义上法官的在场形式与庭审参与人的司法亲历性,各诉讼参与人通过互联网连接打破物理空间距离,进入一个虚拟的法律剧场中,法官与诉讼参与人之间也有了物理空间上的“隔绝”,这可能导致法官的权威无法直接辐射当事人,相对来说,当事人在法庭庄严的氛围下会尽可能地说实话,而面对远程庭审中的法官及法庭可能就不会产生对法律的敬畏。如江苏某基层法院在线庭审时,当事人开庭时着装不符合规范、边走路边开庭,甚至连边骑电动车边开庭等情况都有出现,这些不规范都体现出远程审判中当事人对法庭及法官的不尊重,折损司法权威。

2.冲击司法亲历性

智慧司法与传统司法最大的不同在于,传统司法中诉讼参与人与法官之间的交流建立在物理空间“面对面”基础上,而智慧法院则建立在科技设备所打造的“屏对屏”的基础上。疫情期间网络庭审的大量适用是否符合“在场原则”与“直接言词原则”是争议较大的一点,传统诉讼的“在场性”要求法官与各诉讼参与人共同出现在物理意义无隔绝的法庭中,即使不在法庭,也要共同存在于同一物理空间内,如溜索法官的巡回审判法庭、马锡五式设在田间地头的法庭等等。

司法剧场场景的部分丧失改变了诉讼的方式,随之而来的问题是信息技术的大量使用可能会导致诉讼活动中的科技主导代替法官主导,因在线庭审不仅对法院在线庭审系统及网络提出了要求,也对当事人的网络状况提出了较高要求,实践中,因当事人网络信号不佳导致庭审中断的案例不在少数,这就导致法官不得不休庭等待网络信号恢复,延宕诉讼进程。此外,传统诉讼开庭时法庭内禁止私自录音录像,而随着现代电脑及手机上录屏功能的广泛应用,在网络庭审的情景下,法官似乎只能提醒却无法避免该行为的发生。

---

[1] [英]丹宁:《法律的未来》,刘庸安、张文镇译,法律出版社1999年版,第39页。

(二)法律规则供给欠缺

现行民事诉讼法及其司法解释中对电子送达、在线庭审等诉讼行为作出了基本规定,除此之外,大量电子法律交往的形式尚有待立法或司法确认。比如当下远程作证具有浓厚的非正式色彩,诉讼法对程序如何启动、如何进行等均无明确规定,法官对此拥有不受限制的自由裁量权[1]。

电子法律交往的合法性在立法上予以确认是最为关键的问题,我国应通过修改诉讼法的方式对在线庭审、电子送达、电子证据提交与证人远程在线出庭作证、当事人及其代理人在线诉讼行为以及电子阅卷等电子诉讼内容进行全面规范。

(三)智慧法院建设不完备

法治与经济的发展息息相关,各地难免会出现智慧法院建设进程不一致的情况。一方面,信息化技术发展水平不一导致各地智慧司法建设发展不均衡,发达地区与欠发达地区智慧法院建设存在较大差距。比如东部沿海地区经济发展较快,民众观念超前,更容易接受电子诉讼行为;而中、西部地区信息科技发展相对比较缓慢,民众对新生事物的接受程度相对较低。另一方面,各地重建设轻使用的现象大量存在,就内部电子法院建设来说,据了解,南通启东法院的简单类案裁判文书自动生成系统的使用率并不高。

(四)网络信息安全面临挑战

疫情防控期间各地法院推出了微信公众号、微信小程序等司法服务平台提供在线诉讼服务,在此期间,网上立案、网络庭审、电子送达等各诉讼流程通过第三方网站进行信息交互,这无疑给网络信息安全及法院的保密工作带来了新的隐患,且无纸化办公的推行力求将所有案件流程都通过网络完成,法院的智能化司法平台大多采用技术外包的形式,这对司法信息及当事人隐私造成了极大威胁,系统、平台随时可能会因为设备、网络故障或者病毒、黑客的入侵而陷于瘫痪状态,审判机密存在被窃取或篡改的风险,这

[1] 李峰:《远程作证的条件及其衡量——基于澳大利亚司法个案的观察》,载《浙江工商大学学报》2019年第3期。

给诉讼的安全性带来了极大挑战。

四、如何完善智慧法院建设:后疫情时代智慧司法如何演进

(一)完善智慧司法建设的制度支撑

最高人民法院和各地人民法院出台的政策对网上立案、网络庭审、电子送达等诉讼行为作出了基本规定,为疫情防控期间的诉讼行为提供了司法指引。后疫情时代,智慧法院应在已有建设的基础上,总结疫情期间智慧司法建设经验,将相关政策性要求上升到立法高度,通过修订诉讼法对网络庭审、电子送达等诉讼程序的实施加以规定,以增强在线纠纷解决方式的规范性及在司法实践中的可操作性。

1.在线庭审的适用范围

互联网等现代交往工具的广泛应用,极大地改变了传统熟人社会的交往方式,“自我”与“他者”之间的联系开始日渐超越传统依赖血缘、地缘的“在场”交往形态而在全球化的背景下发生深刻勾连。[1] 因此,对庭审中的“在场性”也应当作“与时俱进”的理解,现在已非“车马很慢”的时代,视频通信技术的发展使“在场性”的方式也发生了相应变化,规范的远程审判系统亦可为当事人营造出“在场”的氛围。

电子诉讼的发展是世界性潮流,当然,这并非“一刀切”地要求所有的诉讼服务都通过电子方式来进行,司法现代化的目标是通过线上线下相结合的方式为民众提供立体化的、全方位的司法服务,在不同类型的纷争中,人们对诉讼的在场性和仪式感也会有不同的需求。例如,对适用小额程序审理的简单案件以及当事人主要追求快速解决纷争的案件,其对诉讼效率的追求要优于对在场性与仪式性的追求。因此,我们可以灵活地运用案件分流机制,根据具体案件对诉讼的仪式性与在场性的不同需求,进行灵活处置。

(1)是否使用:当事人选择与法官裁决相结合

当事人的程序选择权是电子诉讼制度正当性的基础。在南通地区的实

---

[1] 陈洪杰:《现代性视野下司法的信任危机及其应对》,载《法商研究》2014年第4期。

践中，在线庭审可以是双方均通过网络参与庭审，也可以是其中一方通过网络，另一方在法庭里。这里就产生了一个问题，在线庭审的适用是需要经过当事人同意的，那么究竟是只需参与方同意，还是需要对方也同意呢？《民诉法解释》第259条规定："当事人双方可就开庭方式向人民法院提出申请，由人民法院决定是否准许。经当事人双方同意，可以采用视听传输技术等方式开庭。"南通法院目前在司法实践中要求"谁参与谁同意"即可，不需要对方也同意。针对当事人一方在法庭，另一方通过网络参与的情况，法官甚至都无须庭前告知在法庭一方，在该庭审中对方当事人是通过网络参与的。这一做法的好处是可以提高在线庭审的适用率，但一方在法庭另一方网络庭审的模式，某种程度上会导致诉讼混乱。

因此，对于当事人主动选择网络庭审的情形，法官可根据具体个案判断是否能够适用网络庭审以及是否可单方适用网络庭审；与此同时，还应赋予法官在自由裁量后强制适用电子诉讼的权利，以实现在当事人选择权与国家电子诉讼推广之间的平衡。

(2)什么案件适用：案件适用白名单与黑名单

部分简单案件的当事人对司法效率的追求大于对司法仪式的追求，如适用小额程序审理的简单民事纠纷案件、民事案件中机动车道路交通事故责任纠纷案件、信用卡纠纷等，该类案件应当以适用电子诉讼为原则，不适用为例外。

对科技手段的追求不能忽视程序正义的初衷，还应考虑当事人的实际状况，如果在所有的案件中都强制适用在线庭审，会使当事人因无法真切地感受到法院的存在，而失去发泄心里不满或寻求倾诉及心理治疗的情景[1]，从而失去对司法的信赖，影响司法权威。对涉及人身关系的案件应规定原则上不可适用在线诉讼，俗话说"见面三分情"，在该类案件中法官应当尽量促成调解，以实现案结事了。

电子诉讼操作的简便性是便民性的重要考量因素，对于案件当事人来说，由于设备、网络及操作等原因，电子诉讼较之传统诉讼方式而言更为复杂，且大多当事人一辈子可能只涉诉一次，特别是对于年纪大的当事人，学习电子诉讼操作技术的时间成本过高，导致案件当事人对适用电子诉讼有抵触心理。

---

[1] 王福华：《电子诉讼制度构建的法律基础》，载《法学研究》2016年第6期。

(3)在线庭审的纪律保障

为规范在线庭审秩序,南通法院出台了《支云庭审规则暂行规定》,除《人民法院法庭规则》规定的庭审记录外,还增加了"禁止对庭审活动进行录音、录像、拍照或使用移动通信工具等传播庭审活动"的规定。对当事人违反庭审纪律作出了如下规定:"庭审开始后,当事人无正当理由、未经法庭准许中途退出的,当事人庭审故意脱离庭审视频画面的,均视为中途退庭。原告拒不到庭或中途退庭的,按自动撤诉处理;被告如有以上行为则进行缺席审判。"当然,因技术、网络故障等客观原因导致退出庭审的,法官一般会给予合理时间排除故障。

2.电子送达的具体适用

(1)是否以当事人同意为前提

《民诉法解释》规定电子送达的适用以当事人的同意为前提,目前,南通法院的"支云"送达平台的电子送达流程是由专门的送达组负责打电话询问当事人(一般是被告,因原告在立案时会签署是否同意电子送达的地址确认书)是否同意电子送达,在询问时送达工作组人员会对案件作简单介绍,到这里,其实被告已经基本知晓自身涉诉情况。实践中,部分当事人为逃避诉讼,会出现既不同意电子送达,也不提供线下送达地址的情况,导致送达难的问题未被很好地解决。针对此类情况,应该实行推定送达制度,即根据涉诉当事人的个人身份信息,查询到其在关联案件中的送达地址信息、在三大运营商申请的实名卡号、淘宝关联地址等向其送达,将诉讼材料强制送达移动终端,送达后能够在平台上获取送达回证。

此前,南通启东法院适用"中国移动云MAS业务平台"(http://mas.10086.cn/login)向当事人进行电子送达,对电子送达须经当事人同意这一原则进行突破,因该系统可向当事人有效手机号码进行短信送达,并且在诉讼相关材料送达到当事人移动终端后,系统会自动发生送达回执。

(2)电子送达的范围:判决书等能否适用电子送达

最高人民法院在《关于全面推进人民法院诉讼服务中心建设的指导意见》中,认可即时通信系统的送达程序,《中华人民共和国民事诉讼法》第87条规定,判决书、裁定书、调解书等不适用电子送达,但目前上海法院已有所突破。[1] 南通法院也有所突破，其在诉讼文书电子送达新规中规定可以通过电子邮箱送达立、审、执审判各节点形成的所有诉讼文书、当事人及其他诉讼参与人提交的各类诉讼材料。[2]

2019 年 12 月 23 日，最高人民法院发布《对〈关于授权在部分地区开展民事诉讼程序繁简分流改革试点工作的决定（草案）〉的说明》中，试点主要内容的第 5 项规定了在试点地区“明确电子送达的适用条件、适用范围和生效标准，经受送达人同意，可以采用电子方式送达判决书、裁定书、调解书”[3]。这表明立法者也对判决书、裁定书、调解书不适用于电子送达文书的规定已有所放开。因此，为了促使包括电子送达在内的电子司法充分发挥其应有的作用，应当适当拓宽电子司法的适用范围，让电子司法最大限度地发挥其积极性和优势。

（二）完善智慧司法建设的技术保障

1.保障智慧司法网络信息安全

电子交往的安全性也是智慧司法发展的前提性条件，智慧司法对信息网络的依赖不言自明，人民法院内网与外网平台信息交互使用给信息网络带来了安全隐患。一方面，智慧法院应完善网络信息安全防护系统建设，在信息交换安全、反篡改、反查看等方面加强对网络安全的建设，保证在线诉讼平台自身的网络安全性。另一方面，应完善身份认证保障，当事人如通过网络参与诉讼，可能全程都不会到法院，在线诉讼系统应完善身份认证系统，如通过人脸识别等生物特征识别技术确认诉讼参与人身份，保障诉讼参与人身份的真实性，同时也能够保障诉讼当事人的信息不被其他第三人获取。

2.智慧司法服务平台至少应实现省以下统一

智慧司法服务包括网上立案、提交证据材料、电子送达、调解、网络庭审等诸多环节，在司法实践中，立案、送达、开庭、调解等事项分立在不同的平

---

[1] 邱饰雪：《抗疫期间法院在线解决纠纷的路径》，载《上海法学研究》2020 年第 1 期。

[2] 《南通法院诉讼文书电子送达新功能，电子邮箱送达来啦》，https://mp.weixin.qq.com/s/vnju3r2YcKlM4BYtqO-GVw，最后访问时间：2020 年 5 月 21 日。

[3] 《南通法院诉讼文书电子送达新功能，电子邮箱送达来啦》，https://mp.weixin.qq.com/s/vnju3r2YcKlM4BYtqO-GVw，最后访问时间：2020 年 5 月 21 日。

台或系统中，当事人或代理人往往需要通过登录多个系统或下载多个软件才能完成诉讼全部流程。因此，推进网上诉讼服务中心的提档升级，整合所有在线诉讼服务，提升应用系统融合度，实现系统间数据共享、待处理事项统一提醒、统一查询、统一办理等功能，是落实最高人民法院“一网通办”的应有之义。

各地智慧司法发展进程虽不同，但至少应当在省一级开发适合本地区实际的司法辅助软件，确保软件的统一性、兼容性和交互操作性，保证所有包括元数据在内的数据都应得到统一和规范，避免出现当事人或代理人去一个地市学一种在线诉讼操作规范的尴尬局面。

结 语

智慧法院的建设既是疫情防控背景下的时机需要，也是司法活动现代化的时代需要。疫情防控期间的不间断司法服务是对智慧法院成果的考核，也是推进智慧法院发展的良好契机。信息化背景下催生的智慧司法，需要法律赋予其正当性。远程审判等现代诉讼方式获取民众信任的关键在于制度建设，通过立法对远程审判的程序加以严格限定，给诉讼参与人营造出传统庭审中的严肃与庄严感，通过信息技术对现实的虚拟给当事人营造司法仪式感。毋庸置疑，后疫情时代在线解决纠纷的方式也将继续被适用，这是司法现代化的必然发展趋势。

比较法研究

欧洲陪审团制度新发展：西班牙与俄罗斯的陪审团

史蒂芬·萨曼[*]著　高一飞[**]　译

一、简介

近来再次对俄罗斯(1993)和西班牙(1995)陪审团审判模式进行介绍的原因有两个方面。第一，在废除传统陪审团审判的情况下，要么采取仅由职业法官组成的法院审理案件，要么由职业法官和审讯顾问合议来判断所有的事实问题、法律问题并作出相应判决，这是一种令人惊闻的倒退。第二，因为俄罗斯与西班牙的审判模式是在19世纪法国大革命背景下产生的，进而就欧洲大陆法系的刑事诉讼程序改革中陪审团是否应扮演催化剂的角色引申出一系列问题。

刑事诉讼程序公正的现代概念已得到各国宪法和国际人权公约的普遍认可。这种程序公正的理念源自如下英美法概念，并在有陪审团参与的对抗式审判背景中逐步发展起来：(1)无罪推定原则；(2)反对强迫自证其罪的权利；(3)诉讼双方地位平等；(4)获得公开审判、言词审判的权利；(5)控诉原则；(6)法官独立审判，不受行政部门及相关调查机构的干涉。传统对抗制刑事诉讼分权理论认为：中立的法官负责决定涉及法律和审判的相关问题，由普通人组成的陪审团则负责犯罪事实的认定。在这种分权理论中，相

* 史蒂芬·萨曼(Stephen Thaman)，纽约大学法学院教授。

** 高一飞，广西大学君武学者、法学院教授、博士生导师。

关证据规则得以产生。例如，分权促进了传闻证据规则及相关性原则的发展、非法证据排除规则的产生[1]，自由心证原则也从传统的证据规则中分离出来。这些重要的发展促使了刑事实体法中对证据的出示和评价、事实问题与法律问题的分离、对刑事犯罪的主客观构成要素的分离，这些是由法官指导陪审团如何把法律条文运用到具体的案件中所决定的。[2]

虽然我们以上讨论的大多数原则已被以前采用纠问式刑事诉讼程序的大陆法系国家所接受，但同刑事审判过程中的其他原则相比，孕育产生上述原则的陪审团对抗式诉讼模式框架的外壳已被大陆法系国家所抛弃，例如(1)国家(检察官、法官和预审法官)负有查明案件真实情况的义务；(2)为了查明有罪或者无罪的需要进行审查判决的必要；(3)强制起诉原则(法定原则)。罪刑法定原则不仅反对那些拥有自由裁量权的陪审团因为同情怜悯作出无罪判决或废除严酷惩罚条款[3]，而且也反对神化政党所控制的刑事审判：辩诉交易(一种与英美陪审团审判产生环境相同的实践典范)。

因此，陪审团制度已经在很大程度上被废除或是为了依旧贯彻上述原则，改变运行的形式转化为更容易实施的外行陪审员参与制：由职业法官和“外行”审判参与者所组成的“混合法庭”共同对所有的法律问题、事实问题、罪与非罪及判决负责。

上述法律原则与大陆法系国家司法体系结构的对抗关系引申出了很多思考。对于那些以对抗制陪审团审判中的传统分权为中心的英美法系刑事诉讼程序，大陆法系国家到底能借鉴吸收多少呢？在审判程序开始之前，如果法官已经查阅过相关侦查文书并发现此案卷中包含足够的直接证据来证明有罪，他还能说服自己假设犯罪嫌疑人无罪而作出公正的审判吗？为了作出客观公正的判决，把法官从调查中解脱出来保持独立，传统陪审团真的能发挥催化剂的作用吗？如果法官有揭示案件事实的职责，而且被告声称其有沉默权，那么当法官也是犯罪事实的查明者时，这种揭示真相的权力怎么才能做到有效？有罪判决的含义是什么？法文中的翻译是“在一个‘混合

[1] John H.Langbein, The Criminal Trial before the Lawyers, 45 *U.CHI.L.REV.* 263, 306 (1978).

[2] 俄罗斯最高法院已经作出了巨大的贡献，将犯罪行为的证据作为陪审团的事实问题，而犯罪事实作为一个法律问题。

[3] Albert W.Alschuler & Andrew G.Deiss, A Brief History of the Criminal Jury in the United States, 61 *U.CHI.L REV.*867, 871-75 (1994).

法庭'中根据自己的良心做出判决"。在"混合法庭"中的主审法官有权翻阅卷宗并负责起草判决书的情况下,还要加上上诉审查的各种要求吗?

1993 年颁布的《俄罗斯陪审法》和 1995 年颁布的《西班牙陪审法》的比较研究主要集中于它们对传统陪审制度的移植情况以及移植的效果上。两国最臭名远扬的案件,不论在俄罗斯还是西班牙,如米克尔·奥特吉(Mikel Otige)案件就显示出新的陪审团制度的脆弱性。在该案中,一位年轻的巴斯克民族主义分子奥特吉谋杀了两个巴斯克警察。他在 1997 年 3 月 7 日被释放,依据是由于先前警察袭扰导致被告人行为能力减弱和狂热激情愤怒所引起的控制能力减弱。该案的无罪判决在西班牙引起很大反响,大众提议修改或废除陪审团法,至少在巴斯克地区暂停其使用。

二、简明的历史背景

虽然 1812 年、1837 年和 1869 年的自由西班牙宪法规定了一些必须交由陪审团审判的案件,笔者只发现 1872 年的《刑事诉讼法典》中有一些立法规定,再后来就是 1888 年的《陪审团法》。只有后者实施过一段时间,从 1888 年到 1923 年。在 Primo de Rivera 专政期间,该法被暂停实施,之后从 1931 年到 1936 年才继续运行。

尽管随后的立法取消了陪审团对政治和新闻犯罪的审理权,陪审团参与审判的模式在亚历山大二世的 1864 年司法改革中被介绍到了俄国,并一直到 1917 年被布尔什维克主义者废除。

通过后的 1978 年《西班牙宪法》第 125 条规定,公众可以通过陪审团审判机构参与到司法中去。这一条款被认为是佛朗哥专权后刑事司法系统民主改革中至关重要的一步。然而,在 1978 年至 1995 年期间,大部分西班牙法官质疑把陪审团制度作为刑事司法改革催化剂的合理性。他们强调,自 1888 年发现西班牙陪审制度经验不足后,是引进陪审团制还是参审制就一直争论不休,参审制是指现代各国流行的民众参与形式(德国、法国、意大利和波兰模式)。

对抗式审判模式和作为俄国司法事务管理宪政基础的陪审团制度在戈尔巴乔夫政治经济体制改革中开始实施,在颁布《俄国陪审团法》时达到了极致。改革的目的是让陪审团取代传统的苏维埃"混合法庭",这种"混合法庭"在反对司法专制和政党操控司法判决中已经完全失去作用。

三、陪审团的司法管辖权

在俄罗斯，被告在任何有管辖权的第二级法院都有要求陪审团进行审判的权利。西班牙立法选择授予第二级法院最初权，即最高法院之下的省级法院可以用陪审团审理某些特定类型的案件(如公职人员基于职务便利实施的侵犯他人人身、荣誉、自由和安全甚至纵火类案件)。

在俄罗斯和美国，被告可以放弃陪审团审判的权利。在俄罗斯，一大部分被告放弃了由陪审团对他们审判的权利，而更倾向于通过传统的混合法庭或者是由 3 名专业法官组成的合议庭审判。从另一方面来看，在西班牙，陪审团法庭有其专属管辖权，因为诉诸陪审团法庭审判的权利体现了公民作为陪审员参与司法的权利。

四、陪审团的组成

在西班牙，陪审团法庭由 9 名陪审员和两名替补陪审员组成。在俄罗斯，陪审团法庭由 12 名陪审员和两名替补人员组成。1 名职业法官主持庭审。

不论在俄罗斯还是西班牙，选民登记表都是选任准陪审员的来源。[1] 尽管在这两个国家的选举权都设定为 18 岁，但俄罗斯陪审员的资格限制得更为严格，即年满 25 岁或以上有选举权的人才能成为陪审员。[2] 同时这两个国家还限制一些特定的公职人员担任陪审员，同样也限制执法人员及从事法律职业的人员成为陪审员，而且在年龄、困难及疾病等方面又给予法院自由裁量的空间。[3]

在西班牙和俄罗斯，为了某一特定案件的审判而选取的陪审团人员是从至少含有 20 名准陪审员的名单中随机抽选产生的。[4] 经过简单询问陪审员判别其公正能力后，控辩双方可以就案件进行相互指证，可能仅反对某些陪

---

[1] See LOTJ art.8; LOC art.80.

[2] See LOTJ art.8; LOC art.80.

[3] See LOTJ arts.9-12; LOC art.80.

[4] See LOTJ art.38; UPK RSFSR art.434.

审员(在俄罗斯一次只能针对两名,而在西班牙是一次可针对4名)[1]。

五、陪审团参与的案件的初步调查和预审听审

俄罗斯的陪审团法没有引进初步调查程序,而是由在内政部法制办或独立起诉部(它的职责即查清案件事实)受过法律培训的官员收集证据并决定是否提交检察院来起诉。西班牙的陪审团在确定法官查明法院对所指控的案件有管辖权的情况下,为控辩双方的积极参与提供条件。[2] 一旦诉讼双方被告知法院拥有管辖权,就会启动相应的对抗制诉讼程序,在此诉讼程序中,诉讼双方可以用防御的诉状对其被指控的事实进行回应,并要求采取进一步的调查措施。[3]

西班牙的预审听证是由调查法官主持,而且被视为初步调查的延伸。预审听证在必须进行的调查活动完成和被告对起诉书作出有罪答辩后方能举行。[4] 在预审中,诉讼当事人双方可以请求调查法官进行更深入的调查行为,撤销指控或是整个罪名,或是修改指控使其包含一个与"可审理事实"相关的其他单独罪名。[5] 在陪审团法院有管辖权的情况下,如果有足够证据证明被告人有罪,法官就可以发出命令对被告人进行庭审。[6]

俄罗斯的预审听证是由主审法官主持的,主审法官在决定是否对案件进行审理和哪些证据能在庭审上使用之前需要查阅整个初步调查的卷宗情况。尽管预审听证在本质上具有对抗性,但不能引入新证据,判决所依据的证据也必须以调查卷宗内容为依据。如果法官认为证据不足以作出有罪判决,他可以作出撤销案件的决定。然而,更常见的补救措施是法官将案件退回侦查机关进行补充侦查。[7]

俄罗斯立法强调调查卷宗完整无缺的重要性。但西班牙立法以意大利

---

[1] See LOTJ art.40; UPK RSFSR art.439.

[2] See LOTJ art.25-28.

[3] See LOTJ art.29.

[4] See LOTJ arts.30-31.

[5] See LOTJ art.31.

[6] See LOTJ art.32.

[7] 根据俄罗斯最高法院的统计数据,从1993年11月1日至1995年1月1日审理的所有案件中,有18%进行了补充调查,俄罗斯司法部称,1994年和1995年,36.1%的陪审团案件被退回作进一步调查。1996年和1997年,这一比例分别下降到25.8%和22.5%。

1988年的《刑事诉讼程序法典》为蓝本，使预审听证模式化，其很大程度上取消了强调直接审判原则的审判和在法庭上口头对卷宗的口头调查和辩论。在初步听证会上，调查法官准备好“庭审文件”。这份文件包括在法庭上不能重复出示的证据、尚需得到法庭批准使用的证据、其他诉讼上打算在审判中出示的证据。

俄罗斯宪法禁止那些以违反俄罗斯宪法或是刑事诉讼法的方式收集的证据在预审程序中使用。上述原则在俄罗斯的预审程序中得到了很好的贯彻。[1] 特别需要指出的是，许多被告人的供述不能被采纳。因为这些供述的取得侵犯了被告人咨询会见律师的权利(通常与从逮捕那一刻起进行的官方侦查密切相关)，或是因为犯罪嫌疑人没有被告知根据宪法规定其有权保持沉默。俄罗斯法院也明确规定运用“毒树之果”理论来抑制某些证据的使用，如根据法典条文规定在收集证据时没有发现的残存在衣服上的精液、血渍或其他客体。在法庭审判过程中如果有证人证言表明证据是非法获取的，那么也可以请求对其不予采用。据此提出请求的证人证言是必不可少的。调查方式的非法性通过证人证言一次排除，而且诉讼双方可以传唤其他的证人来支持或反对该请求。

在西班牙，对在审前调查阶段侵犯基本人权而排除证据的请求，通常在法庭审判的初步调查环节中进行。[2] 然而这种补救性措施的有效性受到质疑，因为主审法官手头没有完整的调查卷宗，而且没有其他证据来佐证。[3] 因此，人们普遍认为这些请求不得不在审判程序中解决。虽然据笔者了解，被告在陪审团开始参与审理案件的第一年就不被允许提出这类请求。

六、审讯

(一)诉讼参与双方角色的变更

俄罗斯立法的主要目的之一是剥夺审判法官对案件事实的审判权，以

[1] See KONST. RF art. 50. Thaman, The Resurrection of Trial by Jury in Russia, 31 *STAN. J. INT'L L.* 61 (1995), at 90-94.

[2] See LOTJ art. 36(1).

[3] See Thaman, Spain Returns to Trial by Jury, 21 *HASTINGS INT'L & COMP. L. REV.* 241 (1998), at 283-84.

此来消除苏联刑事诉讼程序在法庭审理中留下的烙印。因此,法官不再阅读起诉书,在新的陪审团审理的案件中也不再主持被告和证人之间的相互质证。当检察官没有参与庭审或是把案件退回侦查机关时,法官可能不会再阻止检察官的撤诉(检察官本应起诉的职责)。

在陪审团法通过之前,西班牙刑事审判也许是欧洲大陆上最强调对抗式诉讼的国家。[1] 尽管西班牙陪审法基本保持审判程序不变,但庭审法官掌控收集证据的能力因缺乏阅读侦查卷宗而大大减弱。审判以阅读检控方的起诉书、被告和自诉人(通常代表所指的被害人、被害人的家人、近亲属)的应诉书为开端。[2]

俄罗斯和西班牙的陪审团审判制度在很大程度上都受"扩大受害人或诉讼中较弱势一方"的刑事诉讼程序权利思想的影响。在这两个国家,检察机关提出的撤诉请求只有在被害人(自诉人)同意的情况下才被允许。[3] 在俄罗斯,被害人的文化素质通常不高,没有律师帮助维护其合法权益,当然被害人更不了解调查取证的相关知识。受害一方当事人在庭审中经常由于情绪爆发,脱口而出一些不予采纳乃至被限制的证据,从而扰乱法庭的正常审理程序。[4] 同时审判法官也不得不从诉讼程序的方方面面对被害人作出费力的解释。对于被害人以违法的方式向陪审团披露被告应判死罪的证据,俄罗斯最高法院采取睁只眼闭只眼的态度,甚至可以推翻其无罪判决。因为审判法官在被害人缺席的情况下可以继续审理案件。

在西班牙,审判中律师通常陪同被害人一方到场,而且对陪审团审判有重大的影响。特别是被害人出席庭审现场,能在与被告人类似的普通公民组成的陪审团审理的情况下,削弱陪审团对抗检察官的优势。受害者律师的出席营造了一种更加对抗的模式。在此模式下,检控方才会采取相对公正的解决办法,自诉人才能够最大限度地维护自己的权利。这种情况下,也允许受害人律师在更丰厚的酬劳的驱使下更加卖力地办理案件。

---

[1] 法官查明事实真相的责任是这样表述的:"在进行审判时,注意防止不恰当或目的不是旨在确定真相的讨论,但不限制辩护所需的自由。"Art.683 of the Ley de Enjuiciamiento Criminal (B.O.E.1882, 126).

[2] See L.E.CRIM.art.649.

[3] See UPK RSFSR art.430; LOTJ art.51.

[4] On the role of the victim, see Thaman, The Resurrection of Trial by Jury in Russia, 31 *STAN.J.INT'L L.*61 (1995), 15, at 107-08.

(二)调查取证所应遵循的初步程序

俄罗斯和西班牙采取了大陆法系的取证程序。大陆法系的诉讼程序以阅读检控方的起诉书和被告人的答辩词为开端,接着讯问被告人、出示证人证言、鉴定结论。庭审以被告的最后陈述结束。[1] 在这两个国家,现行的刑事诉讼法条文与新的陪审法之间在某种程度上是不冲突的。[2]

在西班牙,诉讼双方包括被害人在内都可以在宣读起诉书后作出公开陈述。陈述能给诉讼双方机会来解释他们的诉求,列出他们认为能够证明的事实,陈述陪审团的裁决及他们认为自己可能被判处的刑罚,他们也可以提议听取新证据。[3] 俄罗斯立法就没有这样给诉讼双方平等的机会。

(三)有罪答辩

在俄罗斯与西班牙,如果被告承认对其指控就会首先被讯问。[4]

在西班牙,如果有罪答辩的刑罚是不超过6年的剥夺自由刑,犯罪事实不存在疑问,在辩护律师没有反对的情况下,陪审团就可允许被告对起诉书的指控作出有罪答辩和同意检控方或被害人律师提出的最高量刑。一旦双方达成一致意见或是妥协,审判即终结,同时作出宣判。[5] 西班牙的和解模式类似于意大利在一个地区实行的一种简易程序。不论在初步刑事侦查阶段还是在审判阶段,控诉方和受害人的这种积极对抗参与的实践操作方式都是最好的"刑法私有化"的产物。"刑法私有化"是德国一些评论员在交流得出一致意见后提出的。尽管俄罗斯法律允许被告在陪审团面前认罪,与法官和所有诉讼方达成一致意见,甚至在没有任何证据的情况下简化程

---

[1] For a summary of the Russian procedure, see Thaman, Das neue russische Geschworenengericht, at 202-04.For a summary of the Spanish procedure, see L.E.CRIM.arts.688-93.

[2] See UPK RSFSR art.420; LOTJ art.24.

[3] See LOTJ art.45.Opening statements are also a part of the U.S.criminal trial.

[4] See UPK RSFSR art.278; L.E.CRIM.arts.688-90.

[5] See L.E.CRIM.arts.694-95.

序，但是陪审团依旧必须权衡和决定被告人的最终命运。[1]

(四)证据交换

在这两个国家，审判都以告知被告有权不得自证其罪为开端。[2] 如果被告声明放弃该权利，检察官就开始讯问被告。[3] 几乎所有的西班牙一审程序中，被告都可声明放弃他的作证权，以避免自证其罪。俄罗斯刑事诉讼案件中，114 例中只有 1 例违反了不得强迫自证其罪原则，其他的都没有违反。和美国的做法相同，一些法官允许被告在听取起诉情况后才决定是否作证。对于强调无罪推定的刑事司法体系而言，检察官负有证明责任，被告有权保持沉默。在侦查人员获取有罪证据之前对被告进行讯问，在英美法系和大陆法系中都存在，始终都无法去除纠问式的痕迹。

在俄罗斯和西班牙的陪审团审判中，最初是由诉讼双方对证人进行讯问的，反方有权进行交叉讯问。法官在各方结束讯问之后才能介入。[4] 俄罗斯法官与他们的西班牙同行相比，更扮演着一种支配性的审判角色。俄罗斯与西班牙的陪审法要求陪审员交由主审法官提出书面的、有意义的问题。

俄罗斯陪审法并不限制陪审团接触初步侦查所获取的文件，也不对证人和被告事先陈述的使用进行规范。[5] 然而在西班牙，主审法官并不引导预审听证程序，在审判时也不出示证据文件。因此，主审法官和陪审员仅限于了解审判中提出的证据。两国在程序中的差异有效预防了西班牙法官像他们的俄罗斯同行那样扮演一种纠问角色。

---

[1] See UPK RSFSR art.446.陪审团宣判一名俄罗斯男子无罪，罪名是谋杀和强奸。在革命前的俄罗斯陪审团制度中，俄罗斯被告过去常常认罪并表示悔恨，从而赢得陪审团的无罪释放。例如，一名妇女被控企图毒害丈夫，无视律师的建议认罪，并在证词中否认指控。她在西伯利亚被陪审团判处劳役。当她的律师问她为什么做这种蠢事时，她回答说，如果她被无罪释放，她就得回去和丈夫住在一起了！在美国，多达 95% 的刑事案件中，被告选择放弃陪审团审判的权利，并签订“认罪协议”，以换取保证比被告出庭受审时轻的刑期被判有罪。

[2] See L.E.CRIM.art.688.

[3] See L.E.CRIM.arts.699-700；UPK RSFSR arts.278，446.

[4] See UPK RSFSR art.446；L.E.CRIM.art.708.

[5] 在俄罗斯第一次审判中证人未能出庭的情况下，为了弹劾被告或证人，广泛阅读卷宗是很常见的。See Thaman，The Resurrection of Trial by Jury in Russia，31 *STAN.J. INT'L L.*61 (1995)，at 107.

尽管西班牙陪审法允许诉讼双方对证人的先前陈述进行质疑，这些言词陈述不能被视为证据，也不能理解为诉讼双方当事人有权探寻陈述事实中的真相。[1] 新的程序对律师提出了挑战。据笔者观察，在巴利亚多利德、格拉纳达、科尔多瓦地区发生的三起杀人案的审理中，虽有证据证明，但被告都否认他们记得在凶杀案当天都发生了什么。不能够使用初步调查时的言论，检察官发现很难控告那些声称记忆变差的被告，从而导致陪审员和旁听者对审理的困惑。

新的俄罗斯法律禁止非法获取的证据出示。这给俄罗斯的被告带来了许多复杂的策略上的问题，因为检察官和受害人都可以就陪审团的无罪开释提出上诉。首先，许多案件的无罪开释被俄罗斯联邦最高法院所否决，因为主审法官排除了那些高级法院认为可以使用的证据。因此，律师必须认真评估到底是否能够排除那些存疑不利证据。另外，在一些早期审判中，辩护律师有时会等到在庭审中排除证据，这样法官就不会退回案件作进一步的调查。所以陪审团就可能接触到非法证据。[2] 在一些案件中，对于非法讯问活动，俄罗斯联邦最高法院要么通过被告或者其他证人证言，要么通过辩护律师的终结辩论，推翻先前的无罪判决，因为被告不能排除那些有罪供述是通过逼供取得的。

最终，俄罗斯立法取消了在陪审团面前提及被告人过去犯罪记录这一规定。[3] 为了实现对等，俄罗斯联邦最高法院规定在陪审团面前同样不能出示良好品格证据。[4] 这项规定不允许被告向陪审团展示“使人同情的”证据，进而诱导他们提出宽大处理。因为“同情”证据能帮助取消死刑，其不作为已受到大家强烈的指责。[5] 例如，俄罗斯联邦最高法院曾经支持对一个以残忍方式谋杀亲夫存疑的女人定罪，即使她不被允许引入有关她丈夫坏脾气的证据。法院认为，认可这些证据会把对案件的审理演变为对受害

---

[1] See LOTJ art.46(5); L.E.CRIM.art.714.

[2] See Thaman, The Resurrection of Trial by Jury in Russia, 31 *STAN.J.INT'L L.*61 (1995), at 92.

[3] See Thaman, The Resurrection of Trial by Jury in Russia, 31 *STAN.J.INT'L L.*61 (1995), at 103.

[4] See SCRF Decision No.9.

[5] See generally Nasonov, supra note 75, at 183-85; Pashin, supra note 47, at 385.

者的审判。[1]

(五)法官和陪审团在事实裁判中的角色

俄罗斯和西班牙的立法都反对英美法系国家只简单地要求陪审团给出“有罪”或“无罪”的做法。相反,俄罗斯和西班牙效仿法国模式——这一模式19世纪逐步为大陆法系其他国家所接受,要求向陪审团提出“问题与建议清单”。[2]

在辩论结束和被告人最后陈述前,西班牙法官拟出裁决建议表格,表格中的内容有些有利于被告,有些不利于被告。陪审团必须判断表格中的事实在审判中是否被证实。这些建议当然仅限于诉讼双方在审判过程中提出的、与被指控的犯罪要素相关的、改变或排除犯罪、加重或减轻被告刑事责任的事实。最后,要求陪审团采用或否决那些诉讼双方在诉状中指出的犯罪行为中证明被告有罪的证据。如果陪审团相信犯罪被一个或多个指控所证明,陪审团可能会建议使用缓刑或者要求政府完全赦免或部分赦免罪刑。[3] 法官的预设判决必须经过诉讼各方的讨论,各方对表单内容的反对意见可能会成为上诉的诱因。[4]

俄罗斯的“问题清单”要求列出以下三个基本问题:(1)犯罪事实是否已经得到证明;(2)被告的犯罪行为人身份是否得以证明;(3)被告是否有悔罪情节。[5]

俄罗斯与西班牙的立法机构都以“问题清单”的判决模式来给职业法官提供事实基础,以便其作出合理的判决。在这两个国家,事实基础都是法定的或是依据宪法规定的。但是,就是否真正希望限制陪审团来决定“赤裸裸的历史事实”或让陪审团查明每个被指控的犯罪“有罪”或“无罪”方面而言,两国的立法机关又是含糊其词的。俄罗斯法律禁止法官提出那些需要严格司法评估才能回答的问题。同时像把实体法中的法条应用到被告身上那样,也要求法官就实体法内容对陪审团进行指导,即陪审团把法律运用到事实中。俄罗斯联邦最高法院认为陪审团只决定“赤裸裸的历史问题”。最高

[1] See Supreme Court Decision of June 3, 1997 (Case of Shayko).

[2] See MEYER, supra note 3, at 48-108.

[3] See LOTJ art.52.

[4] See LOTJ art.53.

[5] See UPK RSFSR art.449.

法院甚至把犯意定义为“法律问题”剥夺陪审团决定犯意的权力。[1]

西班牙法院也被同样的问题所困扰。许多法院都试图在被告造成受害者死亡的案件中,减轻或加重情节的情况都不是真正存疑的地方。然而,陪审团已被直接问及谋杀是否涉及“背叛”或“过度残忍”,通常包含待解决问题自身法律术语的定义与措辞。西班牙法院也没有试图回避直接询问陪审团有关被告精神状态这种行为。例如自杀是否是有意的、轻率的、完全疏忽的、轻微疏忽的或偶然实施的。据一些评论家所言,对全国几个案件判决争议比较大的原因是陪审员在家庭内和酒吧内发生的“激情犯罪”特别是自杀案件的意图没有界定清楚。这就导致了法官就区分故意犯罪与过失犯罪、自杀与责任事故对陪审团进行指导。

俄罗斯的司法体系把构成犯罪的问题分成三个部分。在陪审团已经确定犯罪事实,被告的犯罪事实已被证明的情况下作出无罪释放,预示陪审团的判决可能无效。在1878年著名的Vera Zasulich案中,在所有的犯罪要素都得以证明的情况下,陪审团依旧对一个拍摄沙皇官员的年轻革命者作出无罪判决。像陪审团被要求改正判决中的错误一样,西班牙法律要协调犯罪事实、犯罪者身份和悔罪情节之间的关系。[2]

西班牙的司法体系不是通过得出一个行为在法律层面上构成犯罪的结论,而是通过限制陪审团审查被告实行的犯罪行为的范围来更加明确地削减陪审团在认定罪与非罪方面所发挥的作用。[3] 但是西班牙立法机构采取了更严格的“反废止”方法,防止陪审团对在斯巴克地区因涉嫌谋杀两名警察的奥特吉作出无罪释放的判决。尽管证据确凿足以证明这两起故意杀人案,陪审团还是完全有能力开释这位年轻人。因为包括构成实行犯罪行为理由的行为能力和精神状况在内的犯意问题也是陪审团需要考虑的“事实问题”。西班牙也认可以暂时精神错乱为基础的理由,即使这种精神错乱

[1] In SCRF's Opinion No.9.

[2] See LOTJ art.63(1)(d).

[3] LOTJ art.60(1).

是由于自我醉酒或其他原因引起的。[1] 在俄罗斯,如果有可能会排除刑事责任认定的相关精神病证据出现,法官必须解散陪审团,启动精神病鉴定程序。[2] 直到1996年新刑诉法颁布,自我醉酒问题——一种实至名归的俄罗斯全民消遣方式,只在醉酒情形影响被告犯罪严重程度时,才会被提交给陪审团。尽管这种法定加重刑罚的因素在俄国革命之前就存在,但俄罗斯的陪审团成员倾向于减轻醉酒者的刑事责任,且一贯宽大仁慈。

同俄罗斯的第一审程序一样,一些西班牙法官限制判决书中那些证明犯罪的必要构成要件、加重或减轻犯罪情节的环境要素的陈述的使用。然而其他案件中都有陪审员确定或反对起诉书或辩方诉状的所指,如巴利亚多利德第一陪审团所受理的54个提议中,有好几个提议与犯罪的重要构成要素没有相关性。针对在圣赛巴斯蒂安发生的臭名昭著的奥特吉案中,我们对受理此案的陪审团进行访谈,陪审团成员表示对于95%提交给他们的问题在理解上都有极大的障碍。[3]

判决书的拟制完成,各方辩论完毕,被告作出最后陈述后,西班牙的主审法官以内敛的、陪审团可接受的方法对陪审团成员进行指导:

(1)陪审团的功能;

(2)拟定判决书的内容;

(3)基于讨论发现的案件本质、决定构成被指控犯罪的情形、排斥或修改构成犯罪的指控;

(4)议事和表决规则;

---

[1] 在奥特吉案中,辩方提出的64个问题中,大部分与被告在杀人前一天晚上和早上喝酒以及他之前与巴斯克警察的接触有关。陪审团以多数票确认了以下问题:(问题69):奥特吉先生的性格倾向或倾向于感受到厄尔特扎因扎方面的痛苦和迫害;(问题70):奥特吉先生存在着一种与上述厄尔特扎因扎的痛苦和迫害感有关的预先存在的病态或疾病或潜在的精神障碍,他以极端的方式经历了这种痛苦和迫害,使他的人格无法忍受;(问题76):1995年12月9日下午至晚上,奥特吉喝了过量的酒精饮料,直到他达到醉酒状态;(问题77):C部分第69号至第76号中列出的所有事实,或者,作为替代,已经证明的事实的结合,因此,在发射武器的那一刻,奥特吉先生完全无法控制自己的行为。See Verdict Form from the Otegi Case in San Sebastin Provincial Court (Mar.7, 1997).

[2] See Thaman, The Resurrection of Trial by Jury in Russia, 31 *STAN.J.INT'L L.* 61 (1995), at 127.

[3] See Thaman, Spain Returns to Trial by Jury, 21 *HASTINGS INT'L & COMP.L.REV.*241 (1998) to Trial by Jury, 21 *HASTINGS INT'L & COMP.L.REV.* 241 (1998), at 333.

(5)最终判决形成。[1]

法官在判决前的法庭辩论总结阶段必须严格保持中立公正,必须指示陪审团成员不得考虑任何不具有可采性的证据。[2] 法官还需要指示陪审团成员打消所有疑虑来支持被告。[3] 西班牙法官在他们是否应在被指控罪名方面给陪审团成员指示有不同意见,因为法律明文限制陪审团只能对被告是否实施被指控犯罪行为作出决定。

尽管俄罗斯联邦最高法院实质上限制俄罗斯陪审团成员就"赤裸裸的行为"作出判断,而且也不允许他们决定揣测犯意,法官在其法庭辩论总结阶段仍旧可以就实体法的适用给出完整的指导。从 1888 年到 1931 年,俄罗斯采取西班牙的一种实践做法,即法官也需要总结证据,整合各方立场。到 1931 年,这一做法才被取消。因为在庭审结束时没有对被告辩护作出回应,上述做法将会被中立的法院视为最终指控的替代品和等价物。一些案件的判决都被俄罗斯最高联邦法院推翻,要么因为主审法官最终总结的片面性,要么法官忽视了提及一些证据。

(六)陪审团表决方式及法官对异常裁判的否决权

陪审团合议在俄罗斯和西班牙都是在完全秘密的状态下进行的。主审法官不被允许参与合议,陪审团成员也不能泄露任何关于合议的信息。[4] 在西班牙,如果作出不利于被告的审判,则需要 7 : 2 多数通过;如果作出有利于被告的判决,5 : 4 多数通过就可以了。陪审员只要没有对合议的内容作出实质性改变,就可以修改他们提交的决议。改变选择也不会导致加重被告人的刑事责任。[5] 同样,作出有罪判决需要 7 票,作出无罪判决或缓期判决、从宽判决只需要 5 票。[6] 陪审团可以对判决要求更多的法官指示或说明,如果陪审团在合议后 2 天内没有作出决定,法官就可以把陪审员们召集到法院来决定他们在对判决理解上是否存在问题。[7]

---

[1] See LOTJ art.54.

[2] See LOTJ art.54.

[3] See LOTJ art.54.

[4] See LOTJ arts.55-56; UPK RSFSR art.452.

[5] See LOTJ art.59.

[6] See LOTJ art.60.

[7] See LOTJ art.57.

虽然西班牙和俄罗斯对陪审团给出详细问题清单的做法，能使法官揣测其推理过程，但西班牙又进一步要求陪审团成员对于他们的判决提供一份简明的判决理由，指出判决所依据的证据和证明待审案件成立或不成立的原因。[1] 除了对《奥地利刑事诉讼法》规定的陪审团进行解释时提到的一个不具约束力的声明有过类似规定外，[2]这是迄今为止要求陪审团说明裁决理由的唯一的立法尝试。

尽管有一些陪审团对他们如何发现指控被证明给出详尽的说明(例如，解释为什么他们相信一位证人，或是不相信被告或是指向专家证言)，但大多数陪审团只提供一些例如“证人证言、鉴定结论”“证据、专家、被告供述”等短语。最简单的是一项裁判中陪审团的裁决理由只写了“证人”二字。[3]

在奥特吉案之前，一些评论家指出要求陪审团对于无罪释放给出理由这种做法违背了“无罪推定原则”和“自由心证原则”。上诉法院在审查陪审团的裁决时，只需要确定证据要素的客观性即可。而这些证据必须能够使陪审团得出一定结论。事实上，许多无罪判决都是在没有充足证明的情况下作出的。1997 年 6 月 27 日，巴斯克地区的高级法院以证据不足为由推翻了陪审团作出的无罪审判，法院认为陪审团对排除合理怀疑只作出粗略的说明。陪审团对于 91 个事实问题没有给出最低限度的解释，这使法院对其做法感到惋惜，“陪审团只提供了虚假动机或是可代替的整体动机”。

要求存在对事实的怀疑，这是陪审团试图证明其结论的依据。但是，陪审团往往忘记了要在得出结论前先找出原因，为了运用《刑事诉讼法》第 54 条第 3 款，陪审员们通常先入为主、不作深思，用一些看似高深复杂的心理学陈述作出回应，解释存疑的原因。有“不需要详细说理”这个规则作为护身符，陪审团就大肆渲染自己被各种存疑所困扰，要排除所有存疑是不可能的，因为他们的职责是从最有利于被告的角度出发来解决问题。陪审团不会指出存疑源自何处、存疑程度如何、何种方式能消除存疑或者存疑造成的负面影响。

为了避免判决出现瑕疵，陪审团可以请求法院助理来帮助他们起草判

[1] See LOTJ art.61(1).

[2] See art.331(e) StPO.

[3] See art.331(e) StPO.at 355.

决。[1] 一些评论家认为这是参审制法庭潜在影响的结果。[2] 事实上，在一些一审案件中，受过职业训练的法院助理对陪审团提出的专业法律问题都进行了回答。

接到陪审团的判决书后，法官必须找出其中的不足，并要求陪审团作出必要的修改。在西班牙，如果法官三次重返判决书让陪审团修改，在陪审团不予修改的情况下，法官可以解散陪审团，组成新的陪审团继续该案件的审理。如果新组成的陪审团不能就上一陪审团遇到的相似问题作出判决，法官本人就可以要求作出无罪判决。[3]

在陪审团作出有罪认定后，法官基于诉讼双方所作出的有罪判决必须建立在陪审团查明的真实案件事实的基础上。法官有资格在判处刑罚之前弄清楚这一点。[4] 西班牙法官表示强迫自己接受那些和自己观点不同的陪审团判决很无奈。而法官在混合法庭中经常会遇到这种情况，在投票表决中法官很难胜出那些外行陪审人员。在巴塞罗那的一次审判中，法官在一份长达 26 页的判决书中指出其与陪审团意见不合。陪审团认为被告刺中其女友 7 处关键身体器官不能证明其有故意杀人的动机。法官感叹道，对于嫌疑人的主观意图需要作出法律上的解释和判断，“法学家心中的痛苦就源自这些司法技术”。[5] 在一个案件的二审中，法官对陪审团的判决质疑。在这份判决中，陪审团的事实认定使该法官在量刑时不得不对一名被告判处 30 年的刑罚。该法官补充道，被迫作出这种判决使其像普通人一样，情绪在低谷中进行了漫长的挣扎。

当不带有最简单意义法律文化的单纯的充满正直感的个人倾向来代替

---

[1] See LOTJ art.61(2).

[2] See Thaman, Spain Returns to Trial by Jury, 21 *HASTINGS INT'L & COMP.L.REV*.241 (1998) to Trial by Jury, 21 *HASTINGS INT'L & COMP.L.REV*. 241 (1998).

[3] See LOTJ art.65.俄罗斯法官也可以要求陪审团重新评议，以纠正裁决中的矛盾。See UPK RSFSR art.456.

[4] See LOTJ art.70; UPK RSFSR art.459.俄罗斯和西班牙都可以对有罪判决和无罪判决提出上诉。西班牙规定了第一次上诉，在上诉中可以援引新的证据，提出最高上诉，并向西班牙最高法院提出上诉。See L.E.CRIM.art.846(a)-♂.俄罗斯在最高上诉中只提供了一个级别的上诉，即直接上诉到最高法院.See UPK RSFSR arts.463, 464.

[5] Thaman, Spain Returns to Trial by Jury, 21 *HASTINGS INT'L & COMP.L. REV*.241 (1998) to Trial by Jury, 21 *HASTINGS INT'L & COMP.L.REV*.241 (1998), at 385-86.

法律技术应用原始判断标准的知识时，思维有时就会受到焦虑的困扰。[1]

结　语

不论在俄罗斯还是在西班牙都很难看到陪审团审判的将来。在这两个国家，尽管陪审制都有宪法上的保障，但是专家、法官、职业律师对于陪审团这种社会机构是否有助于司法公正都持否定意见。在增加口语化、即时性，减少对调查卷宗的依赖性的同时，两国陪审团在刑事审判中是否能真正起到催化剂的作用尚有待考证。

自 1998 年 11 月 1 日起，俄罗斯的新刑诉法已经实施了 5 个年头，但是陪审团参与审判还没有扩展到 9 个地区。[2] 从 1993 年 2 月 15 日到 1997 年 7 月 1 日，近 978 个陪审团对 1719 名被告作出了判决。[3] 被告申请有陪审团管辖权的地区法院进行审理的案件比率在 1994 年是 20.5%，1995 年是 30.9%，1996 年是 37.3%，1997 年是 36.8%[4]。这些数据表明由陪审团进行审判至少在部分人群中得到普及。无罪释放率在 1994 年为 18.2%，1995 年下降到 14.3%，但 1996 年又回升至 19.1%，1997 年回升至 22.9%。[5] 然而必须对这些数字作出比较，一般的无罪释放率在 1994 年是 1.3%，在 1995 年是 1.4%[6]。另外，许多法院陪审团审判以作出宽大处理或特别宽容处理来结束审判。[7] 苏联时期的刑事诉讼程序中刑事调查员和警察之间互不信任情况严重，警察在使用严酷的讯问手段的同时，并不相信被告的供述。[8] 现行的俄罗斯陪审团制度的相对宽容也许可以理解为对苏联残酷的刑事司法体系的回应。诉讼双方在出示证据时更加活跃，

---

[1] Thaman, Spain Returns to Trial by Jury, 21 *HASTINGS INT'L & COMP.L. REV.*241 (1998) to Trial by Jury, 21 *HASTINGS INT'L & COMP.L.REV.* 241 (1998), at 384.

[2] These nine regions are named supra note 13.

[3] See Praktika realizatsii, supra note 27, at 4.

[4] See Spravka, supra note 27.

[5] See Spravka, supra note 27.

[6] See Gagarsky, supra note 41, at 4.

[7] See Thaman, Das neue russische Geschworenengericht, , at 212.

[8] See Thaman, The Resurrection of Trial by Jury in Russia, 31 *STAN.J.INT'L L.* 61 (1995), at 66-67, 91-94, 130.

对证人的询问也会导致较高的无罪释放率。

俄罗斯联邦最高法院的上诉理论从根本上限制了陪审团决定犯意、大多数谋杀案件的焦点问题、可能触动死刑的加重情节等问题的权力。这些问题包括法定从重情节、主观方面、抗辩理由(例如正当防卫、激情犯罪等其他理由)。1994年,俄罗斯联邦最高法院对42.9%的案件的判决结果进行了更改,包括9起无罪判决,占20.1%。虽然俄罗斯联邦最高法院在1995年[1]推翻了31.5%的判决,在1996年推翻了22.2%,而且也推翻了一大部分无罪判决,之后这些案件又上诉的在1995年占17.3%,1996年占30.7%,1997年占48.6%。[2] 上诉程序可以推翻陪审团的无罪判决是俄罗斯及西班牙陪审团审判与美国陪审团审判的重要区别(在美国,陪审团对事实的裁判要遵循“人民不会犯罪”“事实审一次性”的规则,不能被上级法院推翻,上诉法院只能以程序违法为由发回重审;而俄罗斯及西班牙陪审团对事实的认定可以被上级法院推翻——译者注)。另外,在美国,只有上诉人和被告提出上诉才可以产生上级法院的审查,而俄罗斯联邦最高法院能在不听取任何一方意见的前提下主动审查,改变判决结果。

除了对奥特吉案作出的判决,西班牙法院在第一年并没有作出过轻的处罚。笔者分析过的52起凶杀案判决中,有34起案件陪审团接受了检察官的意见,这34起中有3起是由于精神错乱而作出了无罪判决。[3] 陪审团接受自诉人(受害人代表)起诉要求的次数只有3次。陪审团在几个案件中发现自诉人很少对过失杀人或致人受伤提出诉讼,然而自诉人对无罪释放的起诉是10次,10次中有7次都不是由检察官提起的。[4] 在两种案件中,陪审团实际作出的判决比辩护方要求的更轻。[5] 其他评论家还发现在

[1] See Praktika realizatsii, supra note 27, at 4; Gagarsky, supra note 41, at 4.

[2] See Spravka, supra note 41, at 7-8.

[3] See Thaman, Spain Returns to Trial by Jury, 21 *HASTINGS INT'L & COMP.L.REV.*241 (1998) to Trial by Jury, 21 *HASTINGS INT'L & COMP.L.REV.* 241 (1998), at 392-97.

[4] See Thaman, Spain Returns to Trial by Jury, 21 *HASTINGS INT'L & COMP.L.REV.*241 (1998) to Trial by Jury, 21 *HASTINGS INT'L & COMP.L.REV.* 241 (1998), at 392-97.

[5] See Thaman, Spain Returns to Trial by Jury, 21 *HASTINGS INT'L & COMP.L.REV.*241 (1998) to Trial by Jury, 21 *HASTINGS INT'L & COMP.L.REV.* 241 (1998), at 392-97.

陪审团运行的第一年(1996年5月27日至1997年6月1日)作出的77个判决中只有极少数的“异常判决”(与职业法官作出的不同的可能会被审判长或者上诉法院推翻的判决)。[1]

当然,奥特吉被无罪释放就是“异常”判决中的一个。继1996年5月第一次审判陪审团这种机构被人们忽视后,奥特吉被无罪释放的判决再次吸引了西班牙大众的眼球。奥特吉判决通过呼吁执政党暂停了巴斯克地区的陪审团制度的运行,因为公众一致认为判决没有依据证据作出,而是要么是陪审员对巴斯克民族主义者的同情心,要么担心因对年轻的民族主义定罪而遭到报复。

其他改革的建议包括:

(1)改变类似案件审判地;

(2)限制袭击陪审团法院管辖受理案件范围的警官或其他政府官员;

(3)限制陪审团认定事实问题,并把有罪发现和涉及精神病、醉酒引起的减轻处罚情节交由职业法官断定;

(4)改革上诉程序,允许更广泛的无罪上诉;

(5)变革传统的法庭审判为“混合法庭”。[2]

在西班牙,不论精神病、醉酒或是其他类似的情形导致完全或部分精神错乱即可宣告无罪,导致一审中许多案件以此理由进行防御。虽然大多数陪审团都拒绝了此辩护理由,但正如加利福尼亚州在Dan White案后修改法律,联邦体系在John Hinckley案后作出修改一样,奥特吉案件中的无罪释放也将会成为西班牙立法机关修改法律的动机和理由。可以看出,作为外行事实发现者的陪审团的到庭审判是如何影响对犯罪的定义和被告在实体法中的辩论。

尽管在整个西班牙只有谋杀和其他一些特定案件才会交由陪审团审

---

[1] See Thaman, Spain Returns to Trial by Jury, 21 *HASTINGS INT'L & COMP.L.REV.*241 (1998) to Trial by Jury, 21 *HASTINGS INT'L & COMP.L.REV.*241 (1998), at 394.

[2] See Thaman, Spain Returns to Trial by Jury, 21 *HASTINGS INT'L & COMP.L.REV.*241 (1998) to Trial by Jury, 21 *HASTINGS INT'L & COMP.L.REV.*241 (1998), at 405-12.

讯，但在陪审法运行满一周年之际，即 1997 年 5 月 27 日[1]，几个省区甚至没有进行一起陪审团审判。检察官或者指控罪刑较轻的犯罪，或者在敲诈勒索、盗窃、贿赂等轻微犯罪中与被告达成协议，避免陪审团法院行使管辖权。

且不谈法学教授、律师、法官和政治家对其的接受与支持，尽管到目前为止，陪审团审判的数量相对较少，欧洲大陆法系纠问制土壤能孕育出陪审团制度这一现象本身就值得关注。陪审团制度不仅给过分书面化、过于官方的欧洲刑事司法体系注入了活力，而且使欧洲法学家开始重新思考刑事司法系统依据的程序性和实体性原则。

---

[1] 据我所知，截至 6 月 1 日，西班牙 50 个省中至少有 7 个省尚未举行陪审团初审，1997-Segovia，Jaen，Cuenca，Cantabria，La Rioja，Soria，and Tarragona.See id.at 515-16.

美国非法证据排除规则的原理与体系*

陈邦达**

摘要:美国宪法第四修正案对非法证据排除规则发挥了重要作用,它保护公民隐私权、约束政府执法行为。有关非法证据排除规则的理论源泉,主要观点有二:第一,认为它源于第四修正案的规定;第二,认为它是联邦最高法院创设的理论。法官在衡量是否适用排除规则的分析工具主要包括犯罪控制模式与正当程序模式、成本收益分析、"毒树之果"理论。近20年来,非法证据排除规则的命运一直在发生变化,主要体现在联邦最高法院对适用排除规则作出的限制。这些限制主要包括:当事人申请适用排除规则的资格,近因分析(渐弱理论)、独立来源原则、不可避免发现原则、污点消散原则和善意例外原则。每一项原则的背后都以联邦最高法院的经典判例作为诠释。

关键词:非法证据排除规则;理论源泉;体系;判例

引　言

美国非法证据排除规则主要以保障公民第四修正案的宪法性权利为逻辑起点,并通过联邦最高法院的判例确立起非法证据排除规则的解释路径和基本体系。而我国非法证据排除规则的目的在于规范警察的取证行为,

* 本文系2017年度国家社科基金项目"司法鉴定意见可采性问题实证研究"(17BFX063)及上海市司法鉴定理论研究会课题资助项目"司法鉴定意见质证规则研究"(2020SSJYJ1004)的研究成果。

** 陈邦达,华东政法大学刑事法学院副教授、法学博士。

确保证据的真实性、合法性,防止警察使用暴力、威胁、刑讯逼供等违法取证方式造成冤假错案,由此建构我国的非法证据排除规则体系。由于我国的非法证据排除规则不以宪法性权利为逻辑起点,因此有关非法证据的外延常常因“非法手段”的不同表现形式而无法穷尽列举,非法证据排除程序适用中存在启动难、证明难、认定难、排除难等问题。[1] 美国非法证据排除规则通过大量经典判例不断总结成型,考察美国非法证据排除规则的理论、体系与经典判例,有利于我们准确比较和借鉴美国的非法证据排除规则,从而为我国非法证据排除规则的完善提供他山之石。

一、第四修正案对非法证据排除规则的作用

美国的非法证据排除规则,所“排除”的主要是针对取证行为违反宪法修正案规定所获得的证据。其中,第四修正案在非法证据排除规则中占有重要地位。这一宪法修正案在诉讼中主要发挥着两个方面的关键作用:[2]

第一,它是保护公民隐私权的重要法律源泉。第四修正案禁止“政府及其雇员对公民住宅和个人隐私的侵入”。美国大部分诉讼制度史表明,隐私保护只是一种宪法性宣示的口号,但这种保护很少被付诸实践。因为只有联邦的警察才受到 Boyd 案[3]所确立规则的约束,那时候,第四修正案只适用于联邦政府,但联邦政府的刑事司法机构规模较小。地方警察存在侵犯公民个人隐私的可能性,而这些执法机构不受联邦宪法或其他法律的严格约束。这种状况直到 1961 年 Mapp 案[4]宣判后才发生变化,当最高法院判定第四修正案的排除规则适用于联邦及各州的案件,该案赋予第四修正案在全国的强制力。

第二,第四修正案发挥作用的重点不仅在于保护公民的个体利益,更在于约束政府的执法行为。第四修正案规制所有的政府执法人员,但在刑事诉讼中,它几乎总是针对警察。第四修正案对警察的约束,犹如侵权法对普

---

[1] 易延友:《公民宪法权利的刑事程序保护与非法——美国联邦宪法第四修正案为中心展开》,载《清华法学》2011 年第 4 期。

[2] See Ronald J.Allen, William J.Stuntz, Joseph L.Hoffmann, *et al*, *Criminal Procedure Investigation and Right to Counsel*, Wolters Kluwer, 3rd ed., 2016: p321.

[3] Boyd v. United States, 116 U.S.616 (1886).

[4] Mapp v. Ohio, 367 U.S.643 (1961).

通人的行为规范一样，这是对刑事司法人员主要的法律约束。因为美国每年有上千万的案件适用逮捕，超过 75 万名刑警在联邦及各州一线办案，所以规范警察执法工作的任务很重要。对警察的搜查、逮捕行为进行法律约束构成了第四修正案的主要内容。虽然各州也有制定规范警察搜查、扣押的法律，但它们以往的效力相对薄弱。在 1961 年 Mapp 案以前，各州有关搜查和扣押的判例非常少。如今，依据各州宪法条款(效力平行于第四修正案)的搜查、扣押案例数量攀升。这些判决的结论和说理倾向于遵循第四修正案的核心要义。在警察的培训方面，1961 年 Boyd 案判决以前，政府忽视对警察法律专业知识的培训，如今培训中提供了翔实的法规解释，大部分均是围绕第四修正案的法律。

大部分的宪法性条款设定了政府权力范围的边界。对于警察而言，第四修正案是刑事执法中的主要法律规范。它调整警察与犯罪嫌疑人在刑事诉讼追诉过程中的关系。第四修正案致力于保护公民隐私、规范警察行为，这两大方面的功能将在今后发挥更大的作用。随着技术侦查的发展，如今的侦查手段比起过去警察仅靠肉眼、耳朵等原始侦查手段，更容易造成公民隐私权的侵犯。在打击恐怖主义的时代，警察需要实施很多的监控。严厉规范警察的侦查破案行为也造成了许多命案无法侦破。公民隐私权面临的问题并不罕见，其已引起美国立法和司法的审视，有的美国学者甚至质疑他们老祖宗创设的第四修正案是否为一种明智的选择，在充分保护公民隐私的同时，不至于削弱甚至剥夺警察保障公共安全的权力，排除规则是否足以应对犯罪手段层出不穷给侦查带来的挑战？

第四修正案的文本并不复杂："公民所享有的人身、住宅、文件和财产不受无理搜查和扣押的权利，不得侵犯。除依据合理理由，以宣誓或代誓宣言保证，并具体说明搜查地点和扣押的人或物，不得签发搜查和扣押状。"[1] 第四修正案的第一条款定义禁止内容，即禁止警察"无理搜查和扣押"；第二条款规定了签发搜查令的一些程序性条件。最重要的条件是必须有"合理理由"。两个条款之间的关系，从文本字面上看并不明确。从第四修正案文

---

[1] 第四修正案的原文表述是：The right of the people to be secure in their persons, houses, papers, and effects, against unreasonable searches and seizures, shall not be violated, and no Warrants shall issue, but upon probable cause, supported by Oath or affirmation, and particularly describing the place to be searched, and the persons or things to be seized.

本的文义解释分析，这也是 Mapp 案[1]以后最高法院的意见，对"合理理由和司法令状作为界定合理搜查和扣押的一般前提"。然而，今天最高法院越来越多地将"合理"作为一个宽泛的概念，不限定于司法令状及合理理由。

尽管非法证据排除规则在 60 多年来一直被认为是美国宪法性授权，但最高法院现在逐渐认为：判断非法证据排除规则在具体案件中是否适用应当考虑的因素，与当事人主张的第四修正案权利是否受到侵犯的结果没有必然的联系。根据这一观点，非法证据排除规则只是司法创设的用以震慑尚未发生的警察违法行为的救济手段。它不是"受害当事人的个人宪法性权利"的救济或弥补，它"既不是也不能用来弥补当事人既已遭受的侵害"，在合适的情况下，非法证据排除规则的救济延伸至警察非法侵入所直接、间接获得的果实。也就是说，任何违反宪法取证行为得到的"果实"——不管这些"果实"是有形的证据（如非法搜查得到的实物物证）、无形的证据（如窃听得到的言词证据）。

二、非法证据排除规则的理论源泉和分析工具

（一）非法证据排除规则的理论源泉

美国宪法第四修正案规定："公民的人身、住宅、文件和财产不受无理搜查和扣押的权利，不得侵犯。除依据合理理由，以宣誓或代誓宣言保证，并具体说明搜查地点和扣押的人或物，不得签发搜查和扣押状。"然而，美国宪法并没有明确如果政府违反权利法案（Bill of rights）行为产生的后果，也没有明确公民的宪法性权利被政府侵犯的救济手段，更没有明确规定通过违反该条款得到的证据必须排除。因此，第四修正案未置可否的问题至今仍然是美国法学界对非法证据排除规则理论依据的争点。其中，代表性的观点有两种：第一种观点认为排除规则的理论来源主要是第四修正案的规定，持该观点的美国学者认为，排除规则是第四修正案的组成部分，其功能主要在于震慑警察的违宪取证行为。虽然第四修正案没有明确指出该类证据必须排除，但宪法也没有附加说明允许政府自由地利用违宪取证的收益。

第二种观点认为排除规则是联邦最高法院创设的理论。持该观点的学

---

[1] See supra note 3.

者认为，非法证据排除规则在第四修正案中并无表述，它实质上是最高法院在判决中确立的发挥震慑作用的手段，从而使警察遵循宪法有关的规定。[1]就如美国联邦最高法院所指出的，“虽然非法证据排除规则的演变很复杂，但最高法院从未将排除规则应用于民事诉讼”。[2]

美国联邦法院在 1961 年 Mapp 案之前必须适用排除规则的时候，有关排除规则来源的判决也一直存在困惑。这些困惑可以追溯至早期的判决。第一个是 Weeks 案[3]，第二个是 Wolf 案[4]。在 Weeks 案中，联邦最高法院认为，排除规则是第四修正案的宪法性组成部分。威廉·戴法官(William Day)在撰写多票数判决意见时分析指出，排除规则是必不可少的，因为“如果信件和私人文件可以任意扣押并作为指控公民犯罪的证据，那么第四修正案赋予公民享有免受非法搜查、扣押的权利将束之高阁”。对于当事人来说，也因此失去宪法的保护。威廉·戴法官分析了排除规则的第二项理由：维护司法整体的需要。执法主体整体主义的观点认为，一旦政府某个机构存在违宪取证的行为，则政府所有的其他机构都必须禁止使用违法获得的证据。这一理论认为，政府是一个执法机构整体，整体中的每个部分必须承担其他部分所犯错误的后果。

在 Wolf 案件中，[5]弗兰克·福特法官(Felix Frankfurter)提出了对排除规则的不同见解，认为排除规则不是宪法的要求；相反，它是联邦最高法院创设的、用以震慑警察尚未发生之违法取证行为的司法救济手段。作为司法救济手段，该规则并不要求在所有违反第四修正案的情况下，都必须排除非法证据。弗兰克·福特法官对排除规则的定性表明他所支持的观点：在执法主体局部主义模式中，警察侵犯公民宪法权利的取证行为，应当认定为独立的事件，而不是政府所有其他部门都不能利用这些存在“污染”的证据。因此认为法院可以区分不同情形，判断警察非法收集的证据是否必须在庭审中排除。

---

[1] See Jerold Israel, Yale Kamisar, Wayne LaFave, *et al*, *Criminal Procedure and the Constitution*, *Leading Supreme Court Cases and Introductory Text*, 2017 (*American Casebook Series*), West Academic Publishing, 2017, p.57.

[2] United States v. Janis, 428 U.S.433, 96 S.Ct, 3021, 49 L.Ed.2d 1046(1976).

[3] Weeks v. United States, 232 U.S.383 (1914).

[4] Wolf v. Colorado.338 U.S.25, 69 S.Ct.1359, 93 L.Ed.1782.

[5] Wolf v. Colorado.338 U.S.25, 69 S.Ct.1359, 93 L.Ed.1782.

Mapp案[1]毫无疑问结束了非法证据排除规则来源的争辩,尽管在近几年许多争论都围绕着排除规则的适用范围。如果按照最高法院经常表明的,排除规则的主要目的是震慑警察行为,然后具体判断的问题才是排除规则在怎样的情况下,能够对警察的行为产生震慑作用。最高法院在Leon案[2]、Hudson案[3]、Herring案[4]中给出了这个问题的回答。第四修正案之所以能发挥作用,是因为排除规则的存在。非法证据排除规则的主要目的,根据美国学者Jacob Landynski的解释,在于让警察违反第四修正案的侦查取证丧失任何利益来实现"保护第四修正案生命力"之目的。Tom Clark法官在Mapp案件判决中的多票数意见中写道,除非采取有力手段,否则第四修正案将变得形同虚设。[5] 宪法文本并没有提及排除规则。尽管如此,排除规则的固有价值对保障权利法案(Bill of Rights)的具体规定有重要作用。Bradley Cannon总结这些价值:"尊重公民的隐私和自治,为实现控制政府权力、平等对待政府和公民关系,实现法治,这些都存在于排除规则本身。"排除规则的许多争议都围绕第四修正案,除此之外还包括第五修正案规定的反对自证其罪、第六修正案赋予的获得律师帮助的权利,以及第十四修正案有关正当程序的条款。[6]

(二)非法证据排除规则的分析工具

1.犯罪控制模式和正当程序模式的权衡

帕卡的犯罪控制模式和正当程序模式理论,解释了刑事诉讼中两种极端的价值取向,这也是联邦最高法院保守派、激进派两种政治派别的分歧观点所在。[7]

帕卡认为,刑事诉讼程序的种类受到一系列价值的冲撞和摩擦,有意识或无意识地,用来解决制度的紧张关系。这些价值代表着现实中屈服于几

---

[1] See supra note 3.

[2] United States v. Leon, 468 U.S.897 (1984).

[3] Hudson v. Michigan, 547 U.S.586 (2006).

[4] Herring v. United States, 555 U.S.135 (2009).

[5] See supra note 3.

[6] Thomas N.Mclnnis, *The Evolution of the Fourth Amendment*, Lexington Book, 2009.

[7] Herbert Packer, The Courts, the Police, and the Rest of Us. 57 J.*Crim.L.*, *Criminology* & *Police Sci*.238,239 (1966).

乎无限变化(调制)和妥协(折中)的极端。但是两个极端是可以描绘的。帕卡所归纳的“犯罪控制模式”和“正当程序模式”是两种理想、极端的模式,犹如彩虹之两端,现实中的司法价值取向,更多地介于两种模式之间。犯罪控制模式将提高诉讼效率、对犯罪嫌疑人进行可靠的甄别和处置,作为刑事诉讼程序的核心价值。正当程序模式认为上述功能受制于、服从于每个人尊严和自治的维系。犯罪控制模式是行政性的、管理型的,而正当程序模式是对抗式、司法性的。帕卡将犯罪控制模式比喻为流水线,而将正当程序模式比喻成障碍赛。[1]

2.成本收益分析理论

成本收益分析理论是联邦最高法院法官在衡量特定案件中是否适用排除规则时经常援用以分析思考的理论工具。这里的“成本”主要是适用非法证据排除规则造成的代价。有罪证据一旦被排除,往往造成放纵犯罪行为,使刑事司法被迫接受辩诉交易,社会安全防范出现疏漏等后果。而“收益”指的是适用非法证据排除规则带来的好处。它主要是通过非法证据排除规则实现对警察违宪行为的震慑作用。[2] 如何权衡非法证据排除规则的利弊,成本收益分析理论经常用于联邦最高法院斟酌是否排除证据的论述中。

既然排除规则的目的在于震慑警察违宪取证行为,那么成本和收益分析理论在运用中就体现为如何衡量适用排除规则的成本和收益,并且收益必须超过成本,这样的情况下适用排除规则才能达到震慑尚未发生的警察违法行为的效果。随着震慑理论的地位日益突出,它显著地影响“稀释理论”。“去除污点”的概念尝试着划清排除违法取得证据与维持该类证据效力之间的界限,当警察非法行为的损害后果变得淡化,以至于排除规则不再适用(除非它的震慑收益能超出它的社会代价)。也就是说,成本收益分析是判断排除规则是否适用的主要方式,至少在部分情况下,而减弱分析则是一种辅助的方法。减弱可能发生,当因果关系是距离遥远的。减弱也可以发生,即使在直接因果关系的情况下,宪法保障的利益受到侵害,无法通过

[1] 犯罪控制模式和正当程序模式的概念不可否认地反映两种价值取向,这两个概念有助于人们表达和关注这些价值取向。但它们能否代表刑事诉讼活动的两种“模式”?美国学者格里菲斯对这个问题有不同的看法。See Griffiths, Ideology in Criminal Procedure, or a Third “Model” of the Criminal Process, 79 *Yale L.J*.359(1970)—EDS。

[2] See Thomas K.Clancy, *The Fourth Amendment: its history and interpretation*, Carolina Academic Press, 2014,p.757.

排除证据来弥补。“对政府的惩罚,会反过来施加在社会身上,因为政府官员违法必须承担法律所要达到的目的。”

3.“毒树之果”理论

“毒树之果”理论形象地将非法取证行为比喻为毒树,将非法取证收集的证据比喻为毒树结出的果实,毒树之果既包括非法搜查、非法扣押获得的主要证据,也包括通过这些主要证据派生的一些衍生证据。[1]“政府不得违反第四修正案,使用非法手段获得的证据来指控犯罪。政府不能直接使用案件中的非法证据,也不能通过非法证据得到的其他证据来指控犯罪。所有这些行为都是非法的,通过非法取证获得的有罪供述归于无效。”[2]

在典型的“毒树之果”案例中,当事人申请排除的非法证据往往是警察通过一些违反公民第四修正案权利的方式获得的证据。而法院遇到的问题在于:是否警察违法行为与取证结果的因果关系链条变得弱化,或者存在其他介入性的因素所切断,而导致消除违法行为施加在证据身上的污点,从而造成非法证据排除规则不能适用。

在将非法证据排除规则的非宪法化和震慑理论置于首要地位的前期,美国联邦最高法院通过 Wong Sun v. United States 创造并运用经典的“毒树之果”理论,用来决定联邦检察机关起诉的毒品和口供是否必须排除。法院面对被告人 Wong Sun 的口供,一方面承认他的逮捕是缺乏合理理由的,同时联邦最高法院认为被告人“没有签名的供述不是逮捕的果实,因此可以采纳为证据”。法院认为被告人供述是其自由意愿的独立行为,因此消散警察的违法取证污点。法院分析认为 Wong Sun 已经在他提交保证书之后被释放,在合法的传讯之后,他几天之后重新自愿地作出供述。

霍尔姆斯大法官还指出:“当然,这并不意味着非法取证行为发生后警察所取得的证据都是不可采,如果这些证据是通过独立来源获得的。”[3]易言之,好比法庭发现了违反第四修正案的侦查取证行为(毒树),但我们必须考虑存在一种合法的可能性,即特定的“果实”来自另一棵树(非毒树)。这就是所有的“独立来源原则”,此外,即使是“毒树之果”,还可能因为稀释而变得可采。

---

[1] See Thomas K.Clancy, *supra* note 19, pp.13,31.

[2] Walder v .United States, 347 U.S.62,71 S.Ct.354,98 L.Ed.503(1954).

[3] See Joshua Dressler, George C.Thomas III, *Criminal Procedure Investigating Crime*, 6th ed., West Academic Publishing, 2016,p.521.

三、非法证据排除规则的体系与判例

(一)总体概况

近20年来,非法证据排除规则的命运一直在发生变化。主要是最高法院不同的大法官在经典判例中表明最高法院对适用非法证据排除规则作出限制的态度。以下主要结合联邦最高法院的标志性判例,从非法证据排除规则的一般范围和限制两个方面展开分析。

美国霍尔姆斯大法官认为:"立法规定禁止通过某些非法方式获得证据的根本要求,不仅仅在于禁止这样取得的证据在法庭上使用,而且在于此类证据根本不能用。""政府不能违反第四修正案,利用非法取得的证据去指控犯罪。政府也不能间接地使用这些证据。"[1]

Sivershorne Lumber Company v. United States[2]是美国非法证据排除的经典案例,该案表明不仅排除非法获得的实物证据,而且排除根据实物证据记载的内容形成的书面证据。该案中,两名犯罪嫌疑人某天早晨在家里被捕,被拘禁数个小时。在没有司法令状授权的情况下,警察到犯罪嫌疑人公司办公室翻找了所有书籍和文件。犯罪嫌疑人申请向地区法院要求警察返还非法扣押的物品。地区法院发现,警方扣押文件的行为违反了犯罪嫌疑人的宪法权利。在警方返还非法扣押的文件后,令人意料不到的事情发生了。原来,警方已经复制了扣押的文件,并根据复印件指控犯罪嫌疑人犯罪。法院认为,警察在返还非法扣押文件的同时,不能复制上述文件然后用这些信息指控被告人。非法证据排除规则不仅禁止非法获得的证据在法庭上使用,而且禁止使用它的复制信息。

在许多案例中,警察通过非法逮捕、搜查及扣押获得有罪证据。例如,警察通过非法搜查获得毒品,这些毒品将受到排除规则的限制,禁止使用。然而,警察也会获得一些间接、衍生的证据。例如,警察可以非法逮捕犯罪嫌疑人,然后在警察局讯问获得犯罪嫌疑人的口供,并通过口供发现重要的物证。在什么情况下这些间接、衍生的证据仍然会因为之前违宪的取证行

[1] See Joshua Dressler, *et al*, *supra* note 21, p.521.

[2] See Joshua Dressler, *et al*, *supra* note 21, p.520.

为“污染”而排除？在什么情况下这些间接、衍生的证据仍然是“毒树之果”？Wong Sun案中法官通过“毒树之果”理论分析非法取证行为与有罪证据之间的因果关系。

第一，独立来源原则。是否“除非”(But for)警察非法证据，否则证据就无法被发现？如果证据是通过其他合法途径发现的，那么排除规则在这种情况下就不适用。这意味着，如果违反第四修正案的行为不是警察发现有罪证据的“原因”，那么该证据就不属于先前违法取证行为的结果，排除规则就无用武之地。这样看来，侵犯公民宪法权利的取证行为并不总会造成被告人逃避法律制裁的后果，如果他的罪行可以通过其他与违宪取证行为无关的，或“未污染”的证据所证实，则被告人的罪行仍然可以追究。

第二，“不可避免发现原则”是不同于“独立来源原则”的另一个因素。它又称为“假设的独立来源规则”(Hypothetical Independent Source Rule)。它强调的不在于是否警察事实上依据“无污染”的途径获得了某些证据，而在于是否事实上非法获得的证据将不可避免地、终究地被合法地发现。如果是不可避免地发现了，那么非法取证行为并非发现证据的根本原因，警察仍然会通过各种各样的合法方式发现这些证据，这样的证据是具有可采性的。

在Wong Sun案件之后，[1]联邦最高法院确立了判断衍生证据可采性问题的基本分析思路。随后的案例进一步解释了“近因分析”和“要不是”(But for)因果分析。在Brown案[2]和Utah案[3]中反映了联邦最高法院如何发展近因分析理论。Murray案[4]、Nix案[5]和Hudson案[6]中则进一步揭示、拓展了事实因果关系或“要不是”分析，聚焦于独立来源和不可避免发现原则。

(二)申请适用排除规则的前提：资格(Standing)

非法证据排除规则，亦即违反第四修正案取得的证据在庭审中被排除

[1] See Jerold Israel, *et al*, *supra* note 6, p.335.

[2] Brown v. Illinois, 422 U.S.590 (1975).

[3] Utah v. Strieff, 579 U.S., 136 S.Ct.2056 (2016).

[4] Murray v. United States, 487 U.S.533 (1988)

[5] Nix v. Williams, 476 U.S.431, 104 S.Ct.2501, 81 L.Ed.2d 377(1984).

[6] Supra note 13.

的规则——典型地建立在震慑理论基础上，警察如果意识到自己违反第四修正案的取证方式会导致前功尽弃——千辛万苦获得的证据被排除，那么在今后的执法中就会避免类似情形再度发生。在证据排除之前，法庭必须首先决定当事人是否有资格主张第四修正案的权利，这就是申请适用排除规则"资格"(Standing)的应有之义。

Jones v. United States(1960)[1]和 Alderman v. United States(1969)[2]是联邦最高法院确立当事人主张适用排除规则所必须具备"资格"的经典判例。怀特大法官阐释道，排除规则必须建立在这样的基础上：每个被告人必须证明他们各自有"资格"支持第四修正案的主张。"建立的规则是：依据第四修正案申请排除非法证据的主体只限于那些权利被警察所侵犯的人，而共犯、共同被告人并不具有这种资格。"[3]

曾经就第四修正案发表重要评论的学者安东尼·阿姆斯特丹(Anthony Amsterdam)教授归纳了禁止非法搜查、非法扣押的两个特征。联邦最高法院将第四修正案作为保护公民个人权利的手段。从这个角度看，第四修正案是对公民个人权利保护原子角度(Atomistic Spheres)的集合。与原子模式相对应的，最高法院有时从整体角度(Regulatory)来讨论第四修正案——这种观点将第四修正案作为调控规范，要求政府规范执法程序，使人们免受不合理的搜查和扣押。[4] 从原子角度看，最重要的问题是公民的个人权利是否受到警察的侵犯；而从整体角度看，最重要的问题是警察行为如果不受约束，就可能对公民的自由和隐私构成威胁。这两种视角的答案往往是相同的，如当警察没有合理理由实施逮捕，犯罪嫌疑人的权利就会受到侵犯，同时警察的行为也会被认定为违法。但在个别情况下，问题的答案却取决于法院采取何种模式作为判断的依据。近几年，最高法院极力主张非法证据排除规则的主要目的在于"震慑警察尚未发生的执法行为，从而使得第四修正案得到切实遵守。

在 Rakas v. Ilinois 案[5]中，伦奎斯特大法官撰写了该案的判决书的多

[1] Jones v. United States, 362 U.S.257 (1960).

[2] Alderman v. United States, 394 U.S.165 (1968).

[3] Alderman v. United States, 394 U.S.165 (1968).

[4] Amsterdam, Perspectives on the Fourth Amendment, 58 *Minn.L.Rev* 349, 362-72(1974).

[5] Rakas v. Illinois, 439 U.S.128 (1978).

票数意见。两名女性涉嫌抢劫一家服装店，警方拦截可疑车辆并发现了枪支，上诉人申请排除从车上查获的枪支，认为警察违反第四修正案的规定。她们承认自己并非车主而是搭车人。初审法庭认为被告人缺乏申请适用排除规则的资格，故驳回了其排除证据的申请。

联邦最高法院拒绝了上诉人的主张，由于她们是搜查的对象，要主张排除非法证据的前提是她们必须有资格（Standing）。法庭解释道：第四修正案权利的主体资格范围的确定，将决定适用排除规则范围的大小。法庭在 Alderman 案中曾经反对扩张资格的范围。[1] 法官认为，每当适用排除规则的时候，社会将为此付出巨大的代价。本可用来指控犯罪事实的确凿证据，却因为被排除而视而不见。鉴于大量的案件当事人主张其第四修正案权利受侵犯而申请排除证据，当决定是否扩大适用排除规则的“资格”以主张第四修正案权利时，必须充分考虑到排除规则的代价。

第四修正案保护的权利是公民个人的权利，只有当个人的权利受到非法搜查、非法扣押的侵犯，才可以适用非法证据排除规则。本案问题在于搜查、扣押行为是否侵犯了被告人第四修正案的权利。本案的车辆既不属于被告人所有，也不属于他们所承租，被告人希望法院参照 Jones v. United States(1960)[2]判例来处理本案。在 Jones 案中，当警察搜查公寓时被告人在场，公寓是朋友借给 Jones 使用的，并且房屋主人交给了他钥匙。搜查时，Jones 是公寓唯一的合法占有人。在这种情况下，法官认为“在搜查发生时，任何在住宅内合法居住的人，均有资格申请适用排除规则”[3]。本案的被告人主张她们对车辆的占用类似于 Jones 对公寓的占用权利。法庭认为，“Jones 案的判决理由可以理解为：Jones 在住所享有隐私的合理期待，因为他在使用公寓，所以能够主张第四修正案的权利”。[4] 尽管从普通法来看，他在住所中的“利益”无法认定为财产利益。

法院认为，本案当事人主张适用排除规则的请求不予支持。被告人既不享有车辆的所有权，也不享有租赁权，事实上她们经车主同意搭车的事实，并不能使她们享有隐私期待。无数的先例表明，车辆不能等同于住宅成为第四修正案的保护场域。同时，申请人作为乘车人，对车辆的储物空间更

---

[1] Supra note 32.

[2] Supra note 31.

[3] Supra note 31.

[4] Supra note 31.

无从主张隐私权。与此案不同，Jones 不仅经过朋友同意使用公寓，而且持有钥匙。因此，除却他的朋友，Jones 对公寓享有完整的支配权。就像 Katz 案一样，[1]被告人 Katz 进入电话亭，关门投币的行为表明他的通话内容不愿意被外界知晓。Katz 和 Jones 均合法地期待隐私。法官认为，汽车明显不同于住所，本案的当事人不能主张在车辆上享有类似于住所内的隐私期待和自由。

(三)近因分析:渐弱理论(Proximate Cause: Attenuation Doctrine)

1.布朗诉伊利诺伊州案(Brown v. Illinois)

为侦破一起谋杀案，警察强行进入犯罪嫌疑人布朗(Brown)的公寓展开无证搜查。搜查中，Brown 刚好回到家。警察用枪威胁并拘捕了他(警察后来作证说，他们拘捕的目的在于讯问犯罪嫌疑人)。警察把 Brown 带到警察局，在讯问室里向他宣读米兰达(又称米兰达警告)，并告诉他警方已经掌握其在赌场朝天花板开枪的事实，该枚子弹和被害人尸体内的子弹经鉴定为同一型号。晚上 8 时 45 分，警察问 Brown 是否愿意供述谋杀的事实。犯罪嫌疑人表示愿意并承认犯罪事实，并在有罪供述上签名。凌晨 2 点，检察官在告知犯罪嫌疑人米兰达规则之后获得第二项有罪口供。随后 Brown 被指控谋杀，他申请排除两项口供。上诉后，伊利诺伊州最高法院维持原判，认为米兰达警告已经使警察之前违反第四修正案的取证行为“污点”淡化。

警方在没有合理理由或逮捕令的情况下拘捕被告人。本案焦点在于口供是否应该视为非法获得的证据而排除，抑或警察在告知米兰达规则之后，实质上已经使非法拘捕的污点淡化?为切断非法拘捕和随后供述之间的因果链条，Wong Sun 案确立的规则是:当事人的自愿供述行为可以淡化警察先前违法取证行为的污染。本案法院认为，如果米兰达规则可以用来淡化警察先前违宪拘捕的污点，则今后不管违法取证行为有多荒唐，警察都会拿米兰达规则作为挡箭牌，这样一来，排除规则必然被架空。警察在没有搜查令与合理理由的情况下实施拘捕，如果仅仅因为在讯问前告知犯罪嫌疑人米兰达规则就可以使证据合法化，则会怂恿诸多类似的违法取证行为发生。“公民不受非法搜查、非法扣押”的宪法规定将变得苍白无力。

---

[1] Katz v. United States, 389 U.S.347, 88 S.Ct.507,19 L Ed 576(1967).

当然,也完全可能如警方所主张的情形,被非法逮捕的公民可以决定自愿供述,这样的口供建立在自愿的前提下,就足以切断警方先前违宪取证与获得有罪证据之间的因果链条。但如果只有警察单方的米兰达警告,并不足以使犯罪嫌疑人的供述行为成为自愿行为。

虽然米兰达警告是判断犯罪嫌疑人口供是否为非法取证之"果"的一项重要因素,但它也只是判断标准之一。需要考虑的因素还包括:警察违法拘捕行为与展开讯问的时间间隔、讯问氛围的压抑程度,特别是警察违法取证的严重程度等,都是决定口供是否可采的重要因素。而证明可采性的责任明显由控方承担。本案被告人的第一次供述是在最初非法拘捕后不到2个小时内的讯问过程中作出的,不存在明显的其他介入性因素。而第二次供述明显是第一次非法讯问的结果。因此,最高法院推翻伊利诺伊州最高法院的判决,将案件发回重审。

2.纽约诉哈里斯案(New York v. Harris)

1984年,纽约警方发现被害人在公寓里遭杀害,警方基于合理理由怀疑Harris是凶手。在未事先获得逮捕令的情况下,3名警察来到犯罪嫌疑人的公寓,敲门并表明身份。警察一进屋便向他宣读米兰达警告,犯罪嫌疑人表示知道米兰达规则的内容,并接受讯问,讯问中承认杀死被害人的事实。随后,犯罪嫌疑人被拘捕并带到警署,又一次被告知米兰达规则,于是犯罪嫌疑人便在有罪供词上签字。警察随后第三次向他宣读米兰达规则,并对讯问过程进行录音,此时,Harris要求停止讯问。

初审法院不采纳被告人第一次、第三次供述。警方对此没有提出异议。问题在于:被告人的第二次供述,即在警署内作出的一份签字口供是否必须排除?因为警察既没有搜查令,也没有得到嫌疑人的同意而进入他的住宅,违反了Payton v. New York案[1]确立的第四修正案禁止警察在无令状且未经户主同意进入犯罪嫌疑人家里实施拘捕的规则,违反第四修正案的禁止性规定。

正如最高法院在既往判例中所强调的,"我们拒绝采用任何一种可以排除所有证据的'本质上'或者'要不是'规则,不管是实物证据还是证人证言,源自非法逮捕的因果链条发现的证据"。相反,法官认为"对政府施加的惩罚最终会落在社会身上"。考虑到这些因素,法院拒绝在本案中适用排除规

[1] Payton v. New York, 445 U.S.573 (1980).

则，因为 Payton 判决确立的依据是为了保护公民住宅在物理上的完整性，而不是为了赋予像 Harris 这样的犯罪嫌疑人在住所外的供述，当警察有合理理由怀疑犯罪嫌疑人实施犯罪时，排除规则并不禁止政府使用犯罪嫌疑人在家以外的口供，尽管这种口供是通过在犯罪嫌疑人家里拘捕他之后得到的。

Payton 案本身强调，过去的判例已经嵌入最高法院所强调的公民住宅神圣不可侵犯的理念。尽管长期以来，最高法院认为，只要警察基于合理理由，在公共场所实施无证逮捕是合法的。在 United States v. Watson 案[1]、Payton v. New York 案[2]中，至少在警察进入公民住宅门口前划了一条界线。这种担忧是必要的，因为强行进入公民的住宅是第四修正案所明文禁止的。逮捕令要求由治安法官来决定警察的合理理由是否充分，从而规范警察进入住宅实施逮捕的行为。

被告人在这里不能主张非法逮捕能使他免于检方起诉。也不是说无证逮捕，就要求警察释放犯罪嫌疑人，并且释放后不能重新逮捕。因为警察有合理的理由逮捕他，当犯罪嫌疑人被带到警察局里，对他的羁押不算违法。警察给予他米兰达警告并允许说话。就第四修正案的目的而言，这里的争议类似于警察如果在门槛内逮捕了犯罪嫌疑人，非法进入房屋搜查证据。后来再到警察局讯问犯罪嫌疑人。类似地，如果警察已经对犯罪嫌疑人的住宅进行无证搜查，在家里没有找到他，但在街上抓住了他。他后来的口供（在合理警告的情况下）毫无疑问具有可采性。

因此，这个案子不同于 Brown v. Illinois 案，后者的案例中，在被告人被逮捕后作出的供述之所以被排除，是因为警察缺乏“合理理由”。这几个案例代表着相似的规律：非法搜查、非法逮捕的间接果实只有在特定的情况下必须排除，这种情况便是：当证据的发现与侦查违法行为之间存在着密切的因果关系。法官认为，渐弱分析原理只有在特定的情况下可以适用。这种情况就像门槛条件一样，法院认为“受质疑的证据在某种程度上是警察非法取证行为的产物”。

被告人在警署作出的供述不是非法羁押的产物，也不是在住宅实施逮捕的结果。本案中，警察在逮捕犯罪嫌疑人之前具有讯问的正当性，因此，

---

[1] United States v. Watson, 423 U.S.411 (1976).

[2] Supra note 41.

被告人随后的供述不能视为警察非法进入住宅获得的证据。联邦最高法院认为,当警察有合理的理由逮捕犯罪嫌疑人,排除规则并不能阻止警察使用犯罪嫌疑人在住宅外作出的供述。尽管该口供是在违反 Payton 案所确立的规则之后获得的。

3.犹他州诉斯蒂夫案(Utah v. Strieff)

犹他州警方收到匿名举报称某住宅区有毒品交易犯罪。前往探案的警察发现,犯罪嫌疑人 Strieff 正要离开房子,在没有任何怀疑的情况下,警察上前拦截并质问他在家里做什么,要求他提供身份信息,并通过警署了解到犯罪嫌疑人有一项尚未执行的交通肇事逮捕令,于是对其实施拘捕,并在随后的搜身中发现兴奋剂。

本案的争点是"渐弱原则"能否适用。根据美国法,警察在没有合理理由下实施拦截讯问是违法的。警察在拦截之后发现犯罪嫌疑人存在一个尚未执行的逮捕令,于是拘捕了犯罪嫌疑人,并查获证据(根据逮捕之后的搜查)。法院认为,警察逮捕后搜查得到的证据是可采的,因为警察依据尚未执行的逮捕令对犯罪嫌疑人执行逮捕是合法的,因此获得的证据也是有效的。这一因素减弱了非法拦截和拘捕后取得的证据之间的因果关系。

法官根据 Brown v. Illinois 案[1]确立的三个因素分析本案:一是违法取证行为和证据发现之间存在"近因关系"决定了非法搜查行为与证据发现之间的距离;二是是否出现介入性因素;三是警察违法行为的目的和主观恶意。第一,警察一开始违法拦截和搜身行为之间的时间间隔很短(只有几分钟)。单从这点因素考虑,本案倾向于适用排除规则。第二,介入性因素的出现成为警察取证行为合法化的有利因素。本案中,犯罪嫌疑人存在一个尚未执行的逮捕令是有效的,它先于警察展开侦查的时间点,并且与违法拦截之间不存在任何关系。根据美国法的规定,一旦警察发现尚未执行的逮捕令,警察负有义务逮捕犯罪嫌疑人。而一旦警察有权对犯罪嫌疑人执行逮捕,其随后的搜查也就合法化了。第三,"警察违法行为的目的和主观恶意情况"的因素同样对警方有利。支持适用排除规则的理由是:当警察的违法行为须加以震慑——亦即当警察的违法取证行为是故意或恶意的。本案中,警察的错误只是疏忽大意造成的。在拦截犯罪嫌疑人时,警察存在两点善意的、可饶恕的错误:其一,警察并无事先观察犯罪嫌疑人进入房屋的时

[1] Supra note 26.

间，所以他不知道 Strieff 在房屋里待了多长时间。因此，在这种情况下警察推定 Strieff 可能是毒品交易的短暂访客并无可厚非。其二，因为警察缺乏确认 Strieff 是一名短期的访客的基础，警察本应该问 Strieff 是否愿意接受讯问，而不是强迫 Strieff 这么做。警察表明的动机是“发现在房子里做什么事”。但这些错误很难上升为对 Strieff 第四修正案权利的恶意侵犯。

既然警察对 Strieff 的拦截只是一种过失，因此他的行为合法。警察决定核对犯罪嫌疑人是否存在逮捕令的情况，是一种必要的安全防范措施。而警察对 Strieff 的搜身是基于合法逮捕以后的搜查。此外，没有迹象表明警察的违法拦截是常规性、经常性的违法行为。相反，所有证据表明拦截是个别疏忽事例。善意发现犯罪嫌疑人藏有毒品的房屋，警察看到 Strieff 离开涉嫌藏毒的房屋，他对房屋的怀疑是建立在匿名举报和他自己观察的基础上。

考虑上述因素，法院认为警察在犯罪嫌疑人身上发现的证据具有可采性。因为警察的非法拦截行为的“污点”实质上已经被先前的合法逮捕令所稀释。尽管非法拦截与逮捕之间的间隔很短，但有两点有利于警方的理由必须加以考虑。逮捕令是其中的一个关键因素，因为它完全独立于非法拦截本身。逮捕令的发现切断了非法拦截与发现证据之间的因果链条。此外，本案明显没有证据表明警察非法拦截的主观恶意。

(四)独立来源原则(Independent discovery)

穆雷诉合众国案(Murray v. United States)

本案的基本情况如下：1983 年，联邦执法人员基于情报对穆雷(Murray)及其数个共犯进行监视。凌晨 1 点多，他们发现犯罪嫌疑人开车到波士顿南部一处仓库。20 分钟后犯罪嫌疑人驱车离开时，警察发现仓库内有两个人和一辆半挂式卡车(卡车拖着黑色的长箱子)。Murray 和 Carter 将车交给其他几个人，这群人最终被捕，车辆被扣，车上发现大麻。[1]

根据上述信息，警察锁定南部波士顿的仓库，强行进入仓库，但发现里面没人，只有许多麻布包裹物(事后发现是大麻)，于是随即离开现场去申请搜查令。申请搜查令时，警察并没有告诉治安法官进入仓库一事，也没有以

[1] Supra note 28.

仓库内观察到的事实作为申请搜查令的依据。当晚搜查令批下后，警察依搜查令再次进入仓库，扣押大麻。

庭审前，被告人申请排除警察在仓库里发现的证据，主张搜查令无效，因为警察没有告知治安法官有关擅自入库的事实，搜查令被非法入库的行为污染。地区法院驳回了被告人排除非法证据的申请。巡回法院也认定第一次进入房子是非法的。

被告人认为，独立来源原则只适用于一开始就是通过独立、合法的搜查获得的证据。而警方主张，这项原则也适用于最初通过非法搜查发现或非法搜查发现的结果，但随后不受最初违法取证行为污染的、通过合法途径，独立获得的证据。法院支持警方的观点。

法院的判例适用"独立来源原则"的概念，非法入侵公民住宅使得警方掌握事实 X、事实 Y，但事实 Z 是通过其他合法手段获得的，则事实 Z 可以视为可采性的证据，因为它是从"独立来源"得到的。这是法院在 Segura v. United States 案件中使用的术语。[1] 在该案件中，警察非法进入犯罪嫌疑人的公寓，并一直待在那里直到拿到搜查令。警察在公寓等待期间所收集的证据不具有合法性，但法院认为，警察通过合法的搜查令收集的证据具有可采性，因为它是通过"独立来源"发现的。

被告人主张排除警察最初通过非法搜查发现的，但随后通过一个独立、合法的来源获得的证据，其认为如果允许警察这么做，将造成震慑警察违法搜查的威力丧失殆尽，并造成怂恿警察非法搜查的恶果。正如被告人所担心的诱因，警察会经常在没有搜查令的情况下侵入公民住宅，以确定他们想要看到的事实。如果允许警察这么做，他们有把握申请到搜查令并收集证据。法官不同意被告人的观点，并从逻辑上进行推论认为：第一种情况，当警察已经有合理理由获得搜查令，如果第一次是通过非法方式进入住所的，那么警察的做法将是愚蠢的。这样一来，警察将冒着证据被排除的风险，既加大了他申请搜查令的难度，也增加了向法庭证明犯罪事实的责任。第二种情况，即使警察没有合理理由获得搜查令，他也无法通过这个办法向治安法官申请到合法的搜查令，因为事后的审查会使搜查令归于无效。

回到本案，房屋藏有大麻的事实既可能在非法进入房屋时发现，也可能通过获得搜查令后发现，如果通过搜查令不是依照违法进入房屋的见闻向

[1] Segura v. United States, 168 U.S.796, 104 S.Ct.3380, 82 L.Ed.2d 599(1984).

治安法官申请,“独立来源原则”就可以适用。

最终的问题在于:是否通过搜查令的搜查事实上确实是本案证据的独立来源。如果警察申请搜查令的决定受到第一次非法侵入的影响,或者如果就非法进入的所见所闻向治安法官宣誓并影响他签发搜查令,那么本案的处理结果就会不同。但是,地区法院对警察是否通过其他合法途径获得搜查令的细节并未说明。因此,联邦最高法院裁决将案件发回地区法院审查:搜查令是否是基于独立于本案存疑的证据签发的。

(五)不可避免发现原则(Inevitable Discovery)

1.尼克斯诉威廉姆斯案(Nix v. Williams)

被告人 William 被指控绑架一名女孩。在看守所里,警方让他提供被害人的下落。当时,警方派出的搜查队已搜查将半,其中一支搜查队已搜到距离被害人只有 2.5 英里的地方。在 William 答应告知被害人尸体下落后,警方停止了搜查行动。被告人被指控一级谋杀罪,指控的事实部分是依据他在示意警察发现尸体过程中的供述。[1]

被告人提起上诉,最高法院驳回原判,认为警方违反了被告人第六修正案权利。结果,在 William 的第二次审判时,法庭不允许警方提供被告人口供,也不允许他们提供 William 指认警察发现尸体的事实,这些证据被认定为违背第六修正案的“毒树之果”。因为警方无法证明他们发现尸体是通过“独立来源”实现的,因此“独立来源”原则在本案中不能适用。后来,警方改变证据可采的理由,称若不是 William 答应提供被害人的下落,搜查行动不会终止,即使 William 没有主动陪同警察找到尸体,尸体也会很快被发现。

联邦最高法院认为:“不可避免发现原则”是“毒树之果”的例外情形,“如果检察官能够证明证据是最终或不可避免地通过合法方式发现(在本案中指的是志愿者的搜索行动),适用排除规则的震慑理由就缺乏根据,证据就可被采信”。

2.哈德逊诉密歇根案(Hudson v. Michigan)

本案的焦点为:是否一旦警察违反“敲门并告知”规则,就必须排除搜查中发现的证据。警察获得了搜查令搜查犯罪嫌疑人的家,发现大量的毒品和枪支。但警察进屋的方式引起了争议。当警察来到房屋时,虽告知身份,

[1] Supra note 29.

但只等待很短的时间(3～5秒)就打开了没有上锁的前门,进入犯罪嫌疑人家里。[1]

法院认为,很难判断警察该等待多长时间才是合适的,合理等待的时间标准很模糊。如果法律规定等待的时间,警察等待的将会倾向于比法律规定的时间更长,但这会造成在一些案件中出现证据毁灭等情形。如果警察进入房间,而户主要加害警察,就更难说警察等待多久才是合适的。

排除证据始终是最后手段,而不是第一反应。排除规则造成了"社会的实质性代价",这一代价有时包括使罪犯逃避法律制裁,危险进一步扩散。因此对排除规则须格外谨慎,并不断地强调它对发现真相的代价。法官反对不加区分地适用排除规则,主张它只适用于"震慑带来的收益远远超过它所承担的成本"的情形。

普通法确立的"敲门并告知"原则所保护的利益是人的生活安全和身体隐私。不敲门、不告知进入住宅会引起户主的惊慌,甚至误以为警察是暴徒而采取防卫措施。敲门告知原则让户主心里有所准备,避免因暴力入侵造成的破坏。易言之,这项原则保护的绝不是阻止警察发现证据。非法证据排除规则在本案中不能适用。

(六)污点消散原则(Attenuation doctrine)

王孙案(Wong Sun case)

该案发生于1959年。[2] 联邦缉毒警察在旧金山对犯罪嫌疑人Hom Way监视了6个星期之后,逮捕了他并发现了海洛因。据犯罪嫌疑人交代,他从一名未曾谋面的自称Blackie Toy的男性那里买到毒品,并透露他是某家洗衣店的老板。

于是六七名警察来到那家洗衣店,发现店主叫James Wah Toy,但无法确定他和Blackie Toy是否为同一人。几名警察在附近布控,一名警察按了门铃,店老板过来开门,警察谎称是洗衣服的顾客。老板称8点才营业并正准备关门,警察从口袋里掏出证件亮明身份。老板拔腿就跑,但他的妻子和孩子还在睡觉。其他几名警察破门而入追着Toy冲到房间将他缉拿。在

[1] Supra note 13.

[2] Wong Sun v. United States, Supreme Court of the United States, 1963.371 U.S. 471, 83 S.Ct.407, 9 L.Ed 2d 441.

随后对房屋彻查的过程中没有发现毒品。

据 Toy 交代，有一名叫 Jonny 的犯罪嫌疑人藏有毒品，警察立即锁定目标，他们进入 Jonny Yee 的房间发现了犯罪嫌疑人。在和警察交谈之后，Jonny Yee 将毒品交给了警方。在警察局的讯问过程中，Yee 交代毒品是一名自称 Sea Dog 的华裔男子带给他的。在警察的要求下，Toy 带警察来到 Sea Dog(实名 Wong Sun)的住处。过来开门的是 Wong Sun 的妻子，称 Wong Sun 正在睡觉。警察爬上楼梯进入公寓。警察进入卧室并将 Wong Sun 抓获。接下来在公寓展开全面搜查，但还是没有发现毒品。

几天之后，Wong Sun 和 Yee 在毒品局接受讯问。警察对 3 名犯罪嫌疑人分开讯问，Wong Sun 拒绝在供述上签字，尽管他承认内容的准确性。

依据美国法的规定，如果行为人持有毒品而不能合理地解释毒品的合法来源，将面临犯罪指控。警方的证据倾向于证明 Wong Sun 持有毒品，法庭承认有 4 项证据被认定为“毒树之果”：(1)Toy 在房间被抓获时作出的口供；(2)Johnny Yee 向警方上交的毒品；(3)Toy 在审前拒绝签字的口供；(4)Wong Sun 的类似口供。

上诉法庭发现警察对 Toy 的拘捕没有合理理由。因此认为 Toy 在房间的口供应当排除。

排除规则向来禁止法院采纳警察通过非法入侵住宅直接、间接获得的实物证据。通过非法入侵公民住宅得到的证据必须排除，以保护宪法第四修正案的权利。因此本案警方通过不合法的入侵和无司法令状的逮捕得到的言词证据均为“毒树之果”。

警方主张 Toy 的供述虽然是在警察非法入侵住宅之后作出的，但认为他是自愿供述，因此具有可采性。法院认为警方的观点没有考虑到本案的具体情况。当六七名警察破门而入，妻子和小孩都在睡觉，而自己立即被抓捕和戴上手铐，在这种情形下，不能认定犯罪嫌疑人是自愿供述的，仍然无法切断警察违法侵入与获得口供之间的因果关系。

法院考虑是否在排除 Toy 口供的同时，也排除从 Yee 处收缴的毒品，警察是基于该口供而发现 Yee 藏有毒品。因为警方收集证据不是一个独立的来源，也不是因为警察的非法取证和证据发现之间存在“稀释”的因素，法官认为毒品查获源于警察的非法取证行为，因此该证据不可采。

法庭认定 Toy 没有签字的口供不具有可采性。警察对 Wong Sun 的拘留也缺乏合理理由。Wong Sun 未签字的口供不是拘留之果，因为事实表

明,Wong Sun在合法的传讯之后获得了保释,并在数天之后自愿到案作出供述。法院认为拘留和供述之间的关系已经变得"稀释以至于淡化了污点"。口供未被签字虽然会在一定程度上影响其可靠性和证明力,但并非不可采。

紧接着,法院考虑Yee提交的毒品是否具有可采性,认为该毒品不能用来指控Toy,并不对Wong Sun产生同等结果。对于Toy而言,毒品排除要求仅仅是因为毒品与从Toy非法获取的信息之间的污染的关系。

(七)善意例外原则(The Good Faith Exception)

1.合众国诉莱昂案(United Stated v. Leon)

本案事实:1981年,匿名情报向警方透露两名犯罪嫌疑人涉嫌贩毒。警察接到举报后开始监视他们,根据经常出入车辆的线索,警察发现Leon等人也参与了犯罪。根据这些信息,警察向治安法官申请搜查令并查获毒品。但搜查令后来被发现是违法的,因为警察的宣誓达不到合理理由(Probable Cause)的标准。[1] 本案焦点在于:当警察善意地根据搜查令取证,但后来发现搜查令有瑕疵,这种情况下排除规则是否适用。[2]

最高法院认为,只有当警察在申请搜查令宣誓时存在明知故犯的错误,依据搜查令获得的证据才会被排除。法院根据成本和收益分析的原理认为:第一,排除规则是用来震慑警察的错误,而不是用来惩罚治安法官的错误。第二,没有证据表明治安法官存在漠视第四修正案的倾向。第三,没有理由表明一旦排除通过搜查令查获的证据,能够对签发搜查令的治安法官产生震慑作用。

因为搜查令"是由中立的治安法官严格审查,它在防止不合理的搜查方面,比起承担打击犯罪职能的警察而言,更加可靠",因此由治安法官签发搜查令是明智之举。然而搜查令制度并非没有任何限制,任由治安法官随意摆布。第一,案件当事人仍然有权对治安法官签发的搜查令提出审查,判断

---

[1] 因为第四修正案对令状主义规定"除依据合理理由,以宣誓或代誓宣言保证,并具体说明搜查地点和扣押的人或物,不得签发搜查和扣押状",可见,只有当警察向治安法官说明合理理由,搜查令才会签发。当警察依据司法令状执行拘留或搜查时,合理理由是首先由治安法官审查的,但这种审查不具有终局性效力。它还受到Leon案确立的"善意"限制。被告人可以基于司法令状并非建立在合理理由的原因,申请排除非法证据。

[2] Supra note 10.

搜查令建立的依据是否合理。第二,治安法官必须秉持中立的立场,而不能是警察申请令状的橡皮图章。第三,如果搜查令不是建立在警察向治安法官提供充分判断依据的基础上,从而让治安法官审查合理理由是否达到标准,在这种情况下,上诉法院可以否定该搜查令的效力。

当警察根据客观善意并从治安法官那里获得搜查令,并在搜查令允许的范围内执法,在大多数情况下,警察的行为无可厚非。“一旦搜查令签发,警察除依法执行外,别无他途。”如果治安法官存在过错,而这种过错不能归咎于警察,惩罚警察并不能合乎逻辑地促进第四宪法修正案的震慑功能。

2.赫林诉合众国案(Herring v. United States)

本案的焦点是,如果警察合理地信赖有一份确凿的逮捕令,但这种信赖后来发现是错误的,因为另外的警察的粗心造成了记录错误。当事人认为逮捕是违反第四修正案的,争点在于:通过逮捕后搜集的违禁品是否要排除?[1]

警察了解到 Herring 驾车到某地取东西,于是他们要求申请搜查令。搜查令的书记员回应称 Herring 存在逮捕令。警察要求书记员将上述信息传真给治安法官。接着,警察逮捕了 Herring 并从他的口袋里搜到枪支。

随后,警察发现逮捕令存在错误。那份逮捕令在 5 个月前已被撤回,通常逮捕令一旦被撤回,书记员会立刻通知警察。然而,由于阴差阳错的原因书记员没有及时告知,于是她赶紧打电话给警察告知逮捕令撤销的事实。但在通知到达警察之前,被告人已经被逮捕并发现了枪支和毒品。

被告人申请排除非法证据,理由是逮捕令是已撤销、无效的。治安法官主张驳回当事人申请,因为实施逮捕的警察在执行时是善意的。因此,没有理由相信排除规则的适用会震慑警察未来的取证行为。地区法庭和巡回上诉法庭均采纳了治安法官的意见。巡回法院认为,执行拘捕的警察主观上不存在过错,没有及时更新数据库信息的责任在执法人员,但这种错误是由于过失造成的,不是故意或者策略性的做法。巡回法庭认为排除证据的收益是“不存在的”,因此,根据 Leon 案确立的善意(Good Faith)原则,本案的证据可以采纳。

本案的裁判文书写道:“排除规则始终是我们最后的手段而不是第一反应。”第一,排除规则不是个体的权利,并只有在“产生可预见的震慑”结果时

[1] Supra note 14.

才能适用。第二,震慑的利益必须超过它的代价。适用排除规则的代价是放纵犯罪,这种后果侵害了刑事司法体制的基本理念。该规则对发现真相、执法目标都造成了巨大的代价。

法院认为,司法雇员的错误不能引起非法证据排除规则的适用,理由有三:其一,排除规则是制定用来束缚警察而非惩罚司法人员的错误;第二,法庭雇员不存在故意破坏第四修正案的主观故意;其三,最重要的是,没有理由让人相信在上述情形中适用非法证据排除规则能够对错误的发生产生任何震慑作用。

要启动非法证据排除规则,警察的行为必须是故意的,从而排除规则能够对它产生震慑意义。这种震慑值得司法系统为之付出代价。正如既往的判决,排除规则适用于震慑故意、粗心、疏忽大意的行为,或屡教不改的情况,本案不存在上述情况。

3.戴维斯诉合众国案(Davis v. United States)

Davis v. United States(2011)案中[1],Davis驾驶车辆时被警察责令下车接受检查,随后被警方搜身(由于他向警方谎报姓名),并且由于他涉嫌酒驾被警察逮捕。当事人被铐手铐,分开地排在两边,然后警察开始采取无证搜查,对乘客和车上的储物空间进行搜查。结果,警察在Davis放在车上的大衣口袋里发现了枪支。根据这一证据,联邦指控被告人非法持枪。案件上诉到巡回法庭时,联邦最高院对Arisona v. Gant(2009)[2]案作出判决,在该案中,联邦最高法院确立了有关合法逮捕后对车辆进行搜查的规则。巡回法院认为,根据Gant案判决确立的新规则,警察的搜查行为违反了第四修正案。然而,根据Herring v. United States(2009),上诉法院认为警察办案时依据生效的法律,不能因为事后的新判例确立的规则推翻之前行为的合法性,拒绝适用非法证据排除规则,判决被告人有罪。

第四修正案保护“人们享有的人身、住宅、文件和财物,不受不合理搜查和扣押的权利”。第四修正案并没有载明排除违反这一命令获得的证据。非法证据排除规则,是小心谨慎的准则,“迫使执法人员尊重宪法的保障”的排除规则旨在震慑警察尚未发生的违反第四修正案行为。

排除规则对刑事司法活动产生深远的影响。它造成法庭对确凿可靠的

[1] Davis v. United States, 564 U.S.229 (2011).

[2] Arizona v. Gant, 556 U.S.332 (2009).

证据视而不见，进而造成放纵罪犯的后果。既往的判例表明，社会在必要的时候，必须吞食苦果，但只是限于最后的手段。要合适地适用排除规则，其震慑作用带来的好处必须超乎它的代价。当警察是故意、鲁莽、粗心大意对第四修正案置若罔闻，排除规则的收益将超过它的代价。但如果警察持"合理的善意信赖"，他们的行为是合法的，排除规则将无从适用。本案的问题在于是否适用排除规则，当警察实施搜查行为时，客观上合理信赖司法先例的拘束。

余　论

本文梳理了美国宪法第四修正案确立的非法证据排除规则的理论来源，通过对经典判例中美国联邦最高法院裁决形成的大多数意见和反对意见进行解读，旨在归纳非法证据排除规则的适用原理、分析工具，进而提炼非法证据排除规则的理论体系。通过相关理论的述评，力图为读者展现美国非法证据排除规则的理论概貌。对此理论源泉主要形成了两种观点：第一，认为这项排除性规则源自第四修正案的规定；第二，认为它是联邦最高法院创设的。尤值一提的是，自从非法证据排除规则提出以来，它在实践中也逐步发生和演进，联邦最高法院在一系列判例中诠释了适用排除规则的种种限制。当前，我国正在推进以审判为中心的诉讼制度改革，贯彻非法证据排除规则。在借鉴他山之石的同时，必须明确中美两国有关非法证据排除规则的制度初衷、理论基础、适用效力以及与此相关的司法制度存在的本质区别，唯此才能建构和完善适合我国的非法证据排除规则体系。

突发公共卫生事件中行政权干预公民基本权利的司法审查

——以美国“推迟堕胎”案为例

欧 歌* 张玉海**

摘要：突发公共卫生事件中，行政权对公民基本权利的干预和公民基本权利保障之间的矛盾，以及如何协调两者之关系是各国都会遇到的现实问题。让行政权既能够发挥应有的效果而又不至于过度限制公民的基本权利，考验着各国的治理能力与法治水平。美国的“推迟堕胎”案提供了一个关于“应急状态下权力制衡与权利保护模式”的分析样本。联邦法院对州政府推迟堕胎命令的司法审查体现了司法权对行政权的制约以及对个人权利的保护，而审查标准和暂缓执行令的制度安排又旨在防止司法权过度干预行政权。尽管美国疫情防控的迄今表现令人失望，但其司法实践表明，随着现代公民权利观念的不断增强，如何通过权力制衡的设计促使个人权利得到有效保障，是各国法治建设必须加以关注的重要问题。

关键词：突发公共卫生事件；司法审查；中间禁令；暂缓执行令

面对COVID-19疫情的全球蔓延，各国政府采取的防控措施有着不同的侧重点。[1] 有的国家更加关注疫情防控的实效与公共秩序的稳定，故而采取积极干预的应对措施。而有些国家则更加关注疫情防控与权利保护之间的平衡关系，采取的防疫对策较为自由、宽松。除疫情严重程度这一因素

* 欧歌，上海师范大学硕士研究生。

** 张玉海，上海师范大学讲师、法学博士、硕士生导师。

[1] See Hale, Thomas, et al., Variation in government responses to COVID-19, *Blavatnik school of government working paper* 31 (2020).

之外,采取何种应对措施与各国的制度及文化背景紧密相关。[1] 可以说,疫情防控是对一个国家治理水平和法治化程度的严峻挑战,毕竟无论采取何种防疫措施,都无法避开妥善协调行政权行使与个人权利保护的问题。而疫情中美国涌现的多起“推迟堕胎”案恰巧为我们提供了一个很好的关于权力运行与权利保障机制的分析样本。

2020 年 3—4 月,美国多州为保留医疗防护设备发布了关于“推迟非必要手术若干天”的命令,违令的医疗机构将面临刑事或行政的惩罚,其中堕胎手术被包含在内。然而,美国法律禁止胎儿存活期内的自由堕胎行为,推迟堕胎日期也会增加手术风险,有鉴于此,多名孕妇及堕胎服务提供机构(简称“堕胎利益方”)向联邦地区法院申请了关于此行政命令的临时禁令,以便能够合法地实施堕胎手术。堕胎权(胎儿存活期之前)经过数十年的斗争最终作为一项基本权利受美国宪法第十四修正案的保障,尽管如此,在突发性事件下,行政权能否对其进行必要的干预和限制,司法权对应急行政权审查的边界为何,也就成为美国联邦法院在调整孕妇堕胎权与政府应急行政权关系时所面临的问题。

一、案件背景:堕胎权与应急行政权的先例判决

美国孕妇的自由堕胎权虽然受到法律层面的确认,却因社会观念中存在的自由权与生命权的价值观冲突而引发了长达数十年的政治争议,至今仍未平息。在罗伊案[2](1973)中,美国最高院在宪法层面认可了孕妇在胎儿存活期前的自由堕胎权。此后,堕胎权受到长达数十年的限制与挑战。在凯西案[3](1992)中,最高院维持了罗伊案的基本判决,同时也认可了对孕妇堕胎权的种种限制。[4] 在此意义上,作为政治敏感性话题的堕胎权在疫情背景下能够在何种程度上被限制,也成为法律需要应对的焦点问题。

---

[1] See Yan, Bo, et al., Why Do Countries Respond Differently to COVID-19? A Comparative Study of Sweden, China, France, and Japan, 50 *The American Review of Public Administration*, 6-7 (2020).

[2] Roe vs.Wade, 410 U.S.113, 153(1973).

[3] Planned Parenthood v. Casey, 505 U.S.833 (1992).

[4] 任东来:《司法权力的限度——以美国最高法院与妇女堕胎权争议为中心》,载《南京大学学报(哲学·人文科学·社会科学)》2007 年第 2 期。

美国作为以“遵循先例”原则主导司法裁判的国家，疫情中的堕胎问题必然要参照先前的判决。这里关涉两个经典先例：其一是发生在 20 世纪之初的雅各布森案[1]。该案确立了突发公共事件下国家权力行使的框架——公民雅各布森认为州政府强制要求全州接种传染病疫苗的命令侵害了其自由权；而最高院的判决认为，在威胁社会的流行病面前，一个国家可以实施紧急措施限制宪法权利，只要这些措施至少与公共卫生危机有一些“真实或实质性的关系”，并且不是“毫无疑问对基本法所保障的权利的明显侵犯”。其二是前文提及的发生在 20 世纪之末的凯西案。该案提出了关于保护堕胎权的“过重负担”标准——根据该标准，如果一部法律的意图或效果在于为胎儿独立生存前的女性堕胎权设置实质上的限制，[2]那么该法将因对女性堕胎权施加过重的负担而构成违宪[3]。

上述两个先例判决亦反映了法院在突发公共事件下对基本权利的不同审查力度。自“卡洛琳公司产品”案之后的 75 年间，美国最高法院逐渐发展出针对不同种类案件的不同审查标准。[4] 主要分为严格审查、合理审查和中间审查三种标准。[5] 严格审查标准适用于基本权利（fundamental liberty interest）受到限制的情况，除非有证据表明一项法律是实现紧急之国家利益且代价最小之方式，否则法院通常将推翻该法。[6] 合理审查标准（ rational basis test）适用于只关涉财产或其他非根本性的自由权的案件

[1] Jacobson v. Massachusetts，197 U.S.11(1905).

[2] Planned Parenthood v. Casey，505 U.S.at 887，at 878(1992).

[3] [美]阿兰 · 艾德斯、克里斯托弗 · 梅：《美国宪法：个人权利案例与解析》，项焱译，商务印书馆 2014 年版，第 120 页。

[4] 杨登杰：《执中行权的宪法比例原则：兼与美国多元审查基准比较》，载《中外法学》2015 年第 2 期。

[5] 李友根：《经济法规的合宪性审查标准——基于对美国联邦最高法院判例的考察》，载《法学评论》2020 年第 1 期。

[6] 具体来说，严格审查标准包括以下五个基本步骤：(1)该案所涉及的利益是否为正当程序原则所保护的自由？(2)该自由是否为基本权利？(3)该被质疑的法是否以一种足以严重的方式侵犯或过分加重了对该自由的束缚因而干涉了该基本自由，从而导致严格审查？(4)如果该自由被侵犯或承担了过分的束缚，法律是否在实质意义上强化了一项紧迫的政府利益？(5)为实现这一利益，政府是否采用了最小代价手段？如果前三项的任一项答案是否定的，则法院仅采用合理标准。而关于堕胎权主要涉及前三个步骤，忽略了后两个步骤。在这种方式下，对堕胎权施加了“过重负担”的法律将归于无效；未施加过重负担的法律将受到合理标准的审查。[美]阿兰 · 艾德斯、克里斯托弗 · 梅：《美国宪法：个人权利案例与解析》，项焱译，商务印书馆 2014 年版，第 97～98 页。

中,在这一标准下,如果一项法律具有一个正当的目标,而一个理性的立法机构可能已考虑过达成这一目标的手段,无论实际上这是否为该法的目标,或该法是否真正达到了这一目标,该法都会得到支持。[1] 除此之外,法院还在上述两种审查标准的基础上扩展出诸如"过重负担""实质性联系"等严格程度介于两者之间的中间审查标准,以适应不断变化的现实需求。

二、案情及判决理由:巡回法院关于政府干预堕胎命令的不同偏向

2019 年年末暴发的 COVID-19 疫情使得堕胎权与应急行政权发生了首次碰撞,并由此引发了相应的司法审查机制。面对两个先例设定的审查标准,不同法院得出了不同的结论。

(一)偏向尊重应急行政权

2020 年 3 月 22 日,得克萨斯州发布了一项旨在保留州医疗资源的GA-09 命令,要求医疗机构暂缓非紧急或非必要的医疗手术一个月,违者将受到刑事或行政处罚。而后,联邦地区法院根据堕胎利益方的申请,豁免了 GA-09 命令中的一些堕胎行为:(1)药物堕胎;(2)孕期在 18～22 周,并且命令到期后"很大可能"无法在该州获得堕胎服务的堕胎;(3)在 2020 年 4 月 22 日将超过法定堕胎期限(该州合法期为怀孕 22 周之内)的孕妇。堕胎利益方认为 GA-09 命令实质上侵犯了孕妇的堕胎权益,他们提出:药物堕胎因不消耗医疗资源而不应被禁止;对于行政命令到期后即将丧失堕胎权的孕妇来说,可能因堕胎人数过多、医疗机构供不应求,无法立即得到堕胎服务而错过合法堕胎期;对于在禁令期内将会超过合法堕胎期限的孕妇来说,该命令无疑会剥夺其堕胎权;对于去其他州寻求堕胎的孕妇来说,此举将增加 COVID-19 病毒的感染风险并造成不必要的金钱浪费。

州政府随后向联邦第五巡回法院申请了暂缓执行临时禁令的令状。巡回法院在审查该申请是否符合法定条件后,于 2020 年 4 月 24 日发布了关

[1] [美]阿兰·艾德斯、克里斯托弗·梅:《美国宪法:个人权利案例与解析》,项焱译,商务印书馆 2014 年版,第 69 页。

于艾伯特案[1]的最终令状——撤销了地区法院针对堕胎命令的限制令[2]。巡回法院认为地区法院未能遵从先例，存在滥用自由裁量权的情况，并侵犯了州政府行使管理行政事务的权力——首先，GA-09 命令的目的并非禁止孕妇进行堕胎，其仅仅是推迟堕胎；其次，无论是药物堕胎的用药前检查还是药物堕胎失败后的手术，均需要消耗医疗资源；再次，对于孕期超过 18 周，在命令到期后可能无法得到堕胎服务的孕妇来说，命令仅仅是推迟而非剥夺其堕胎权；最后，对于到其他州寻求堕胎手术的孕妇来说，受该命令限制的其他病状的患者也会面临同样的问题。最终，巡回法院认为地区法院没有考虑到雅各布森案对司法权力的基本限制，即禁止"法院篡夺行政权力、制定应对紧急公共卫生情况的措施"。法院无权审查政府实施的"某种特定方法是否为最好的"，只能审查行政行为是否采取了"专断、欠缺理性的方式"。[3]

同艾伯特案相似，联邦第八巡回法院在拉特利奇案[4]中也偏向于州政府的立场，撤销了地区法院的临时禁令。但与上述案件稍有不同，该州延迟非必要手术期限长达 60 天，在裁判分析中，第八巡回法院还对凯西案的"过重负担"标准进行了说理。具体而言，地区法院认定"大部分"孕妇在寻求堕胎方面将面临过重负担，原因是该命令可能无限期推迟非必要的手术，而推迟手术不仅会造成部分孕妇被迫接受更具风险的标准 D&E 法[5]堕胎方式，还可能造成孕妇堕胎权丧失的结果。巡回法院否定了这样的分析，认为该命令只是将非必要的手术延迟到 5 月 11 日，除非州长将紧急状态再延长 60 天。此外，地区法院并未确认有多少孕妇将超过堕胎的法定期限或被迫

[1] In re Abbott, 956 F.3d 696 (5th Cir.2020).

[2] 第五巡回法院保留了禁令期内孕期超过 22 周的孕妇的堕胎权。因该州妇女孕期超过 22 周进行堕胎属于违法行为，州政府举证存在不足。

[3] 第五巡回法院认为，在大流行的紧急情况下，公共当局必须作出无数复杂的判断。联邦最高法院已经解释了如何解决这种僵局："如果要在两种应对公共危机的合理对策之间作出选择，决策权必须留给执政的国家当局。"

[4] In re Rutledge, 956 F.3d 1018 (8th Cir.2020).

[5] 分娩堕胎术，最常用的是"子宫颈扩张刮除术"(dilation and evacuation，简称标准 D&E 法)，即胎儿在子宫里被肢解后再用手术钳分 10～15 次取出这些碎片。另一个方法是"完整扩张取出术"(dilation and extraction，简称完整 D&E 法)，作为 D&E 法的一种变种，这种方法是一次性取出胎儿或基本完整地取出胎儿，手术钳会较少深入阴道。尽管这类做法的必要性尚存争议，但对一些女性来说采用完整 D&E 法要比标准 D&E 法安全一些。

接受标准 D&E 法的堕胎方式。巡回法院还对当前公共卫生的背景进行了分析——感染和死于 COVID-19 病毒的居民总数每天都在增长，个人防护设备也在不断消耗。最终，巡回法院认为，地区法院对凯西案的"过重负担"标准分析不足，属于事后批评州政府应对疫情所作的政策选择，篡夺了州政府的职权，属于明显滥用自由裁量权的行为。

（二）偏向保护堕胎权

与以上案件不同，下述两判决展现了法院的不同分析进路。在亚当斯案[1]中，第六巡回法院确认了联邦地区法院的临时禁令，但要求其对禁令的范围予以缩小。该案中，州 EO-25 命令要求推迟非必要手术三周，并表明若堕胎服务提供者试图帮助病人行使其宪法权利，可能承担刑事责任。在判决中，巡回法院对雅各布森案与凯西案进行了翔实的分析。判决认为，即便雅各布森确立的更有利于州政府的审查标准是本案应当适用的标准——而不是通常的罗伊/凯西案中的标准，但原告仍然可能因其宪法的实质诉求内容胜诉。具体分析如下：

首先，巡回法院认为雅各布森案的事实与本案不同。前者强制要求个人接种疫苗，否则将被处以小额罚款——这与强迫一个孕妇违背自己的意愿怀孕数周有很大的差异，更何况，一百年前的判例需要与近期的判例相调和；其次，EO-25 命令至少在某些申请中——命令有效期内丧失堕胎权的孕妇以及命令到期后不得不寻求更为复杂、昂贵手术的孕妇——构成对基本权利"毫无疑问、明显侵犯"；再次，堕胎与髋关节置换或白内障摘除等手术有着根本的不同，堕胎是明确受宪法保护的权利，有着独特的"时间敏感性"；最后，更为重要的是，EO-25 命令中的手段与结果之间缺乏实质的联系，因为通过推迟程序性堕胎三周的方式所节省的个人防护设备的数量是微不足道的，本案亦缺乏支持"延迟堕胎手术"的专业医学意见，而雅各布森案中疫苗接种的重要性得到了医学界的广泛接受。

除案情分析之外，法院对权利同等保护观念进行了补充——不能因为疫情而将堕胎权降为次等权利，而仅在极端情况下才予以保护。此举不仅与雅各布森案的观念不相容，而且也与美国宪法相悖。一般来说，美国宪法是管理者和人民共同的法律，在任何情况下，宪法的盾牌都保护着所有阶层

[1] Adams & Boyle, P.C.v. Slatery, 956 F.3d 913 (6th Cir.2020).

的人。基于这些原因,巡回法院认定地区法院没有滥用酌处权。

同样,第十一巡回法院在罗宾森案[1]中支持了堕胎利益方的要求,驳回了州政府暂缓初步禁令的申请。巡回法院分析思路与亚当斯案相似,法院还以史密斯案[2]说明紧急情况下法院亦能够审查行政紧急命令或在适当的时候使其无效。此外,法官还提及前述的艾伯特与拉特利奇案,并批判了两案的推理及结论,认为其对先例作了错误的分析,对雅各布森案的解释存有过于"草率"之嫌。毕竟法院必须考虑法律对堕胎机会造成的负担以及这些法律带来的好处。

三、权力的边界与权利的救济:司法审查在政府干预堕胎案中的应用

各巡回法院呈现的不同立场直接反映了司法权在介入应急行政权进行审查时所面临的艰难抉择。美国行政诉讼的司法经验表明,司法审查的适当力度和标准取决于诸多制度性因素,尤其是司法权和行政权的平衡。[3]司法机关对应急行政权进行司法审查,而受到过度干预的行政权可向上级司法机关寻求令状救济。而法院能否对应急行政权适用严格的审查标准又会将判决结果导向两个不同的方向。

(一)实体:审查标准与比例原则

比例原则在美国主要以某种类型化(三重审查标准)的形式表现出来,这些不同类型的审查标准主要聚焦于政府目标的不同重要程度,以及手段与目标的不同匹配程度。[4]具体来说,法院需考察权利的性质、政府目标与手段是否有实质性关系以及是否明显侵犯基本权利,在此基础上适用相应的审查标准。在应急状态下,两种偏向的法院对州政府的堕胎命令适用

[1] Robinson v. Attorney Gen, 957 F.3d 1171 (11th Cir.2020).

[2] 在史密斯案中,法院认为在安德鲁飓风袭击的情况下政府实施宵禁构成对原告宪法权利的挑战。

[3] 张千帆:《司法审查的标准与方法——以美国行政法为视角》,载《法学家》2006年第6期。

[4] 王蕾:《比例原则在美国合宪性审查中的类型化运用及其成因》,载《比较法研究》2020年第1期。

的是合理审查与严格审查两种标准，而这两种司法审查标准对判决结果有直接性的影响。

影响该类型案件判决结果的关键因素为：州政府的推迟堕胎命令与疫情应对是否有实质的关系，是否毫无疑问、明显侵犯了堕胎权。而对于“毫无疑问、明显侵犯”的判断则需要比较推迟堕胎手术带来的利弊。在上述案件中，采纳相同观点的判决思路具有相似性，而狭义比例原则的运用穿梭在判决的说理当中。

在偏向州政府立场的判决中，法院首先运用比例原则认定推迟堕胎命令并未明显侵犯孕妇的堕胎权，之后采用合理审查标准肯定了政府目标的正当性。在此标准下法院无权审查政府是否采用了代价最小的手段，暗合了对行政决策的高度尊重。两巡回法院认为地区法院在裁判中没有充分的证据证明推迟堕胎命令带来的损失超过益处。因为地方法院允许药物堕胎的行为并未考虑到该种堕胎行为也可能消耗个人防护设备，而允许命令到期日前孕期达到 18 周的孕妇行使堕胎权的行为，没有考虑到她们仍然有 4 周时间来寻求合法堕胎。地区法院也缺少证据证明会有多少孕妇会因为延迟堕胎而不得不接受另一种更具风险的堕胎方式。而鉴于当前疫情的持续蔓延，延迟堕胎可以为疫情省下防护设备，故该命令并未对堕胎造成过重负担。在合理审查标准下，法院无权审查政府实施的“某种特定方法是否为最好的”，只能审查行政行为是否采取了“专断、欠缺理性的方式”。

而在偏向堕胎利益方的判决中，法院首先运用比例原则认定推迟堕胎命令明显侵犯了孕妇的堕胎权，之后采用严格审查原则认为政府没有采取代价最小的手段来实现目标。严格审查标准对行政决策介入的程度最深，也更强调对基本权利的保护。具体来看，法院在证据的基础上对比推迟堕胎带来的负担与收益，认为该命令属于毫无疑问侵犯基本权利的情况。主要包括以下几个方面的对比：(1)堕胎权与其他的非必要手术(如白内障手术)有着根本的不同，堕胎对时间非常敏感，延迟手术会增加风险；(2)已超过 14 周的孕妇将因不能及时获得堕胎服务而丧失堕胎权(该州仅有一家能为孕期超过 14 周的孕妇提供堕胎的机构)；(3)州政府方并没有证据证明推迟堕胎会节省下多少医疗设备，而原告却有证据证明堕胎所导致的住院率极低[1]；(4)对于因延迟手术而错过合法堕胎时间的孕妇来说，生产胎儿所

[1] 原告举证证明，人工流产引起并发症需要住院的概率几乎不到 0.01%。

消耗的防护设备会更多。在此基础上,法院采用严格审查原则认为延迟堕胎所省下的医疗设备是微不足道的,政府所采用的手段所付出的代价过大。

(二)程序:中间禁令与暂缓执行令制度

除司法审查标准之外,推迟堕胎案亦能反映中间禁令与暂缓执行令在权利保护与权力制衡中的作用。具体而言,推迟非必要手术的行政命令发布之后,为了合法实施堕胎手术,相关利益主体向法院申请审前禁令,法院在审查之后作出是否签发禁令的决定。这里充分体现了权利救济以及司法权对行政权的制约。然而,司法权审查行政权也要遵循必要的限度,以尊重行政权的行使,暂缓执行令则从程序上赋予上级法院对下级法院签发临时禁令的审查权,以防司法权过度干预行政权。制度的运行需遵循相应的程序规则,中间禁令以及暂缓执行令也是如此。

中间禁令作为暂时权利的救济程序,[1]依据性质可分为具有禁止性质的制止状(Prohibitory injunction)和具有命令执行性质的制止状(Mandatory injunction),前者相当于大陆法系的停止执行制度,后者相当于假处分制度;依据是否需要经历听证程序,禁令还可分为临时禁令(Temporary restraining order)和预备性禁令(Preliminary injunction)。[2] 两者一般是连续进行的,前者依单方申请,法院即可直接签发禁令,有效期一般为10日;后者须经过初步听证和辩论,并在已经通知对方当事人的情况下才能签发禁令。[3] 根据判例确立的规则,法官在行使自由裁量权时,必须考虑以下四个因素:(1)申请人须阐明若不停止执行,将受到不可弥补的损害;(2)申请人须证明有极大可能在司法审查中取胜;(3)停止执行不损害公共利益;(4)停止执行不损害其他当事人利益。上述四个因素互相影响,申请人对它们的存在负举证责任。[4] 在授予中间禁止令的审查上,“不可弥补的损失”常常是指难以用金钱弥补的损失,而在“公共利益”的判断上,若存在公共利益相冲突而抵消的情况,极易认定个人利益的存在。

---

[1] “二战”后,有关暂时权利保护制度的理论学说、立法和判例均获得了长足的发展,并逐步确立起了一整套以停止执行程序和保全程序为主要类型的规则体系。庄汉:《我国行政诉讼中暂时权利保护制度的缺失与构建》,载《法学评论》2010年第5期。

[2] 临时禁令类似于我国的诉前保全,预备性禁令类似于我国的诉中保全。

[3] 陈莹:《我国行为保全制度的建构》,载《厦门大学法律评论》2006年第1期。

[4] 王名扬:《美国行政法(下册)》(第2版),中国法制出版社2005年版,第592页。

暂缓执行令一般只适用于“司法篡权或明显滥用自由裁量权”的特殊情况。[1]巡回法院通常没有针对地区法院签发临时禁令的管辖权，除非暂缓执行令的申请人可能遭受严重的，或是无法弥补的后果。[2]推迟堕胎案中，州政府作为申请人认为地区法院存在滥用自由裁量权的情况，故而向巡回法院申请关于堕胎禁令的暂缓执行令。

（三）原因：不同审查标准的适用

之所以会出现两种不同偏向的判决结果，根本原因在于不同法院在对应急行政权能否适用严格标准进行司法审查的问题上存在分歧，这里有两种相互对峙的观点[3]：

一种观点认为，基于紧急状态下能够“暂时中止宪法权利”的立场，法院不得对行政行为进行严格审查以便行政权得到有效发挥。这也是遵循雅各布森案设定的框架，法院在公共卫生危机期间对政府行为的审查要给予更多的尊重。毕竟，眼下的危机只是让“宪法权利暂时丧失”，对公民自由的限制是为了让政府把资源集中到其他地方。而“普通”司法审查对应急行政权审查过于严厉，可能会削弱行政措施的实际效果。此外，在行政领域中行政机构相比法院更为专业。此类观点在偏向州政府的判决中可以找到相应的例证，艾伯特案中，巡回法院认为州政府的命令仅仅是推迟而非剥夺堕胎权，并认为根据雅各布森案的指示，宪法权利可以被合理地限制，以应对突发公共卫生危机。[4] 在拉特利奇案中，巡回法院认为州政府的命令只是将非必要的手术延迟 60 天，以保存个人防护设备。

而另一种观点则认为，即使是在紧急状态下，法院也能够对行政权进行严格标准的审查。首先，强调危机只是暂时的，行政权对公民自由的限制将很快解除的观点并不符合实际情况。COVID-19 疫情的持续时间远远超过了自然灾害或其他偶发性紧急情况。大规模的封锁措施迫使数百万人“原地避难”，禁止进行最正常的商业和社会交往，对自由的限制范围之广，使得适用严格的审查标准以确保其不超出必要范围特别重要。其

---

[1] Apple, Inc., 602 F.3d 909, 911 (8th Cir.2010).

[2] 28 U.S.C.A. § 1292(a)(1).

[3] See Wiley, Lindsay Freeman et al., Coronavirus, Civil Liberties, and the Courts: The Case Against ‘Suspending’ Judicial Review, 133 *Harv. L. Rev. F.*, 1-17 (2020).

[4] In re Abbott, 954 F.3d 786 (5th Cir.2020).

次，认为“普通”司法审查会削弱应急行政权行使效果的说法是毫无根据的，大多数的应急措施能够通过“普通”司法审查，这在COVID-19疫情相关案件的司法判决中得到了验证。最后，从制度设计的权力制衡上考虑，司法审查是唯一能够有效规制地方行政权、联邦分支机构的制度。若仅仅允许法院采纳适度审查的方式，很可能激励行政权利用紧急状态过度限制公民的权利。因此，强有力的司法作用可能是不可或缺的，它不仅能最大限度地保护公民权利，而且有助于制定一套可长期适用的法律来应对下一次公共卫生危机。

值得关注的是，两种观点均认可法院对应急行政权的司法审查，只是在审查标准的适用上存在差异。毕竟COVID-19疫情在对公民权利限制的范围上超越了以往任何一次公共卫生事件，而目前存在的观点分歧尚有待理论与实践的进一步研讨。

结　语

一般来说，法院不能代替行政机构作出判断，行政事务应当留给行政机构这个专业的主体自行处理。然而，法院也不应该是一味迁就的“橡皮图章”。[1] 毕竟行政机构在作出诸多政策决定时需要求助于该领域的专家意见，而法院在进行审查判断时同样也可以求助专家。在疫情防控背景下，美国法院的司法审查制度在为受到过度限制的公民基本权利提供及时、有效救济的同时，暂缓执行令又在程序上为司法权过于干预行政权的情况提供了程序救济。美国的经验表明，应急状态下法院依然有权审查限制公民权利的行政命令。而在审查标准的选择上，应先区分公民受到限制的权利的性质，再进一步选择适用何种审查标准。

面对公共健康危机，如何妥善平衡行政权与个人权利，让行政应急权既能够发挥应有效果而又不至于过度侵犯基本权利，这次疫情将此难题再次展现出来。从客观上看，美国政府虽然在应对疫情的整体措施及效果上遭到诸多诟病，出现制度与实践的反差，但并不能否认其在权利保障制度层面仍有值得关注之处。对于当代法治国家而言，既确保有效应对突发公共卫

[1] 张千帆:《司法审查的标准与方法——以美国行政法为视角》,载《法学家》2006年第6期。

生事件，又能通过分工制衡的机制设计为公民基本权利提供必要的保障，是新时代背景下必须不断探索的重大课题。从构建人类命运共同体的视角来看，有必要对法治建设的个性经验与共性实践作更多的关注和讨论。

人才培养

应用型本科法律职业人才培养之路*

——以民事诉讼法课程为例的线上线下双师教学模式研究

程雪梅**

摘要:我国应用型本科改革已进入课程内改造的深水区,然而当前我国应用型大学和研究型大学的民事诉讼法课程教学模式并无差别,以至于无法满足多元化法律职业人才培养之目标。新冠疫情客观上催化了线上线下混合式教学模式的发展,以民事诉讼法课程为例,将之与双师同堂模式有机综合,不但能聚集跨学科师资力量,提升教学水平,还能有效培养学生的法律综合职业能力。因此需要结合民事诉讼法的程序性知识体系特征和课程内容合理地形成双师组合和分配双师权重,并借助"互联网+"的优势,实现实时的远程互动式双师教学模式。

关键词:应用型人才;法律职业;民事诉讼;混合教学;双师教学

2018年教育部、中央政法委发布的《关于坚持德法兼修实施卓越法治人才教育培养计划2.0的意见》已明确:"要适应教育信息化与法治建设信息化的新形势,推动法学专业教育与现代信息技术的深度融合……"突如其来的新冠疫情在法学教育工作者尚未有任何心理准备的情况下,即直接使法学教育一步到位迈向以网络课程为代表的"互联网+"时代,难免让广大

* 本文为广东金融学院教学创新项目"'线上+线下'——双师同堂型民事诉讼法理论与实践课的设置和教学研究"的终期成果。

** 程雪梅,广东金融学院法学院讲师,法学博士。

的教育工作者不适应。但线上授课不应只是一种权宜之计，在应用型法学人才培养视域下，这应该是审视我国民事诉讼课程教学难能可得的机会。

一、应用型高校民事诉讼法课程设置之困

（一）民事诉讼法课程设计的非应用化

2015年11月，在“十三五”全国教育规划即将启动之际，我国启动了地方普通本科高校转型发展为应用型大学的改革和部署，[1]依据教育部2017年发布的《关于“十三五”时期高等学校设置工作的意见》，应用型大学被明确地界定为与研究型大学、职业技能型院校并列的一类高校。在政策驱动下，截至2020年，我国纳入转型试点队伍的高校已达300余所，《国家职业教育改革实施方案》也确立了到2022年实现一大批普通本科高校向应用型转变的目标。在宏观层面，这些高校都在产学研合作的顶层设计方面进行了大刀阔斧的改革，然而细化到具体部门法学的课程教学模式，乃至教学方案和教学设计等微观层面，大部分仍然是传统的“老人老办法”，法学教育仍与法律职业存在一定程度的脱节和分离，主要体现为如下两方面：

其一，课堂教学模式固化。传统课堂常采取教师灌输式和宣讲式教学，学生参与度低，没有太多质疑和批判性思维的发挥空间，整体氛围不够活泼生动。而作为另一个极端，某些法学教师以教学职业化改革为名陷入一切为了应付全国统一法律职业资格考试（以下简称“法考”）的执迷中，也即沦为为法考服务的应试型教育。当前市场化的法考培训已相当专业化，从法考的大纲、命题趋势、出题套路、答题技巧、配套教材和法条汇编等均由专业团队研究和实施，加之很多法考培训视频资源能轻易地在网上取得，学生可自由支配学习时间，如高校教师的授课定位与这些法考培训机构相同，孤身奋战的高校教师难免会缺乏竞争力，被学生边缘化。

其二，课堂知识的非实践性。传统的民事诉讼法学课中理论所占比例较大，但有限的课时并不允许教师引导学生就理论问题深入和充分地探讨与思考，仅能浅尝辄止，这不足以让学生将理论思考延伸到实践中。更为重

[1] 教育部、国家发改委、财政部三部委联合发布的《关于引导部分地方普通本科高校向应用型转变的指导意见》。

要的是，课程教学关注的理论问题与实践部门关注的问题常存在一定偏离，由此培养出来的学生不但习得技能与实践需求距离较大，而且问题意识不足。问题意识关联着解决问题的一项重要技能——确认问题要点或交易目的，如作为律师身份为当事人提供服务时，如何从当事人提供的生活事实中协助当事人明确问题，确认行为目的，并提炼出法律事实，将直接影响着法律服务的方向。又如作为企业法务官作风险评估时，也应明确项目的交易目的和项目需求，因为当事人的有些需求在策略运用上有法律的实现可能性，或需要凑合和造就某些条件，而有些策略运用将会超越法律的框架，不具备实现的客观可能性。可见，目的意识、创造性和发散性思维在实务中发挥着非常重要的作用，而这些品质在非实践性设计的课程中是难以培养和提升的。

(二)课程设置非应用型的原因考察

首先是动力不足。多数高校的应用型改革时间不足4年，改革的考核压力多针对高校的管理层，对一线教学教师并无约束，因此教学生涯已进入稳定期且已固定了教学方案和课程设计的教师并没有对教学模式进行较大改动的动力和意愿。而刚入职3年内的新手教师，虽然无历史包袱，但职称评定和科研压力使其对司法实践分身乏术，能融入教学的实践体验并不够丰富，应用型改革实在是有心无力。

其次是教材限制。在传统法学教育模式和理念的影响下，无论是研究型大学还是应用型大学，当前诉讼法课程的通用指定教材均为马克思主义理论研究和建设工程重点系列教材《民事诉讼法学》，教材的篇、章、节体例与应用型高校改革前的诉讼法学教材一样均偏重理论教学以及法条的理解，知识体系内并未包含学生的法律综合分析与应用能力培养。受制于教材的体例和内容，应用型高校的教师难以在原法学核心课程内进行应用型教学的改造，只能另寻开设新的实践性课程来顺应应用型改革的需要。但这些新开课程，如证据法综合案例分析、仲裁法实务等课程，多无配套教材和固定化的教学资源，全凭课程教师自行体会和安排，给学生一种非正式课程的感觉，教学效果并不理想，课程间也未能相互分工形成培养学生职业能力的完整体系。

最后是司法本位的传统观念桎梏。几乎所有诉讼法学教师都会在课程内引入一定的教学案例，但实践与应用场景主要从法院视角去开展，且主要关注诉讼过程本体，并不能涵盖整个法律职业共同体的思维角度和不同的时间维度，这种传统观念与我国长期以国家主导解决纠纷的法治环境有较大关系。相比美国起诉到法院约95%的纠纷都会通过各种纠纷化解机制予以解决，只有约5%的纠纷最后会进入诉讼程序，我国民事主体更倾向于通过诉讼解决民事纠纷，各地法院已不堪重负。与其说这是国民对诉讼体现出的极大“偏好”，毋宁说这是纠纷解决有效途径的单一而导致的迫不得已的局面。但这种倾斜将会在司法服务多元化改革中逐步回归平衡。可以预见，随着“互联网＋”和大数据在法治体系中的运用，线上线下多元化纠纷解决和诉讼服务体系将日益完善。仲裁、调解、公证等化解纠纷的数量将逐步提升，甚至成为纠纷解决的主要途径。当前司法本位的法学人才培养理念，显然不足以回应时代进步的要求。目前，我国广义的法律职业主体包括法官、检察官、监察官、司法辅助人员、仲裁员、仲裁辅助人员、律师、公证员、基层法律工作者、企事业单位的法务专员等。随着市场经济的纵深发展，法律职业市场化和多元化发展越发明显，出现了一些新型的法律职业，如专业调解员和遗产管理人等。这些职业的角色定位与职业任务各有特色，目的方向和行为驱动也有明显差异，即使针对同一个法律问题，所关注的重点也并不相同，继而会有不同的观点与处理方案。而且这些主体思考法律问题所处的时间轴，也分布于法律风险的防范与评估、法律问题的分析与化解，以及权利义务的实现等不同环节中。而千篇一律的传统教学明显难以满足以上职业需求。

二、民事诉讼法学应用型改造的课程基础

民事诉讼法学作为法学本科的核心课程之一，是一门实践性和应用性极强的学科，实体法知识基础和综合程序体验是影响民事诉讼法学职业化教学效果的重要因子。

1.实体法知识基础

在民事诉讼法的功能定位上，其既具有实现实体法的工具价值，也有彰显司法公正与效率等的独立价值。虽然诉讼法学理论上总强调诉讼法的独立价值，但在实践领域，诉讼法对实体法的保障功能始终是当事人和司法机关所关注的首要对象，实体法对程序法的影响全方位地体现在立法与实践层面，所以学好实体法知识是学好程序法的重要前提。诚如学生不理解实

体法律关系和实体权利请求权的相关知识，学生便无法理解何为诉讼标的以及何为诉，更莫谈诉的识别乃至当事人是否重复诉讼，当事人的哪些请求能进入司法的调整范围。

2.综合程序体验

诉讼法学是以程序性知识为主，陈述性知识为辅的知识体系。虽然概念、特征、原则等陈述性知识占据了诉讼法学大量的课程篇幅，但诉讼法（程序法）的适用是一个动态的过程，不但体现在不同的诉讼阶段需要适用不同的程序规范，还体现在随着纠纷解决过程的推进，必然会挖掘出更多的实体法事实或形成更多的程序法事实，而且随着诉讼主体实施诉讼行为的差异，会引发不同的诉讼后果，其又反作用于纠纷解决的效果，影响实体法的适用。例如原告以一份名为投资协议的合同向法院起诉，请求被告支付相应的投资回报款，即使被告也认为两人是投资合作法律关系，但随着双方的举证和陈述，乃至法院调查获取的证据显示，该案的法律关系极可能实为借贷法律关系，因此本案要审查的要件事实和当事人的争议焦点都会有所调整，证明责任的分配也会发生变化，最后裁判所使用的实体法依据也会与原告所主张的全然不同。换言之，当事人的主体范围与裁判的主观范围，以及原告主张的事实和法律依据与法院裁判依据的事实和法律依据之间的差别有多大，程序法的动态效用就有多强。因此比起实体法强调“是什么”的核心知识构成，程序法更强调“怎么做”并产生“什么后果”的生产式逻辑。

程序性知识是一套关于办事操作的步骤和过程，其属于操作技能类的实践性知识。程序法的灵活运用，意味着必然涉及大量的假设性前提与程序操作可能性的推演，所以教师的重要任务就是要引导学生在大量的假设性前提之下知晓怎么做，并能预测会有什么后果。让学生亲自体验诉讼程序，体验程序选择的后果，是掌握诉讼操作技能的最佳途径。所以相比实体法，程序法更适宜由实践型课程来完成传授任务[1]。然而囿于课时有限，常规的实践性教学往往会放在民事诉讼法课程完结之后的大三下半年或大四，并采取集中到实务部门实习或采取模拟法庭的方式实现，但从时间和课程体系的紧密度而言，这种实践性学习已完全脱离了民事诉讼法的教学环节，学生也没有太多途径可以有针对性地、及时地将实践中的体会和疑问反

[1] 龚家林、邓雪梅：《论影响诉讼法学教学效果的特有因子及对策》，载《科技信息》2009年第2期。

馈到教学中来，课程教师也无法主动地在具体事务中发现问题继而对学生进行引导。综上，程序与实体相结合，理论与实践相结合，将会对民事诉讼法教学产生较为积极的影响。

三、应用型法律人才培养下的双师模式

（一）双师同堂之形态

一般认为，双师同堂的教学模式起源于杜威所倡导的协同教学，其主要是指由两名以上教师，利用各自学科和教学的优势，在教学的设计、实施和评价方面开展合作的教学模式。其核心不仅在于合作的形式，还在于建立一种民主平等、自愿组合和协同互动的教学氛围。在世界范围内，双师合作教学的实践在20世纪80年代即开始，其主要适用于科际整合课程和全纳教学领域，以特殊教师和普通教师之间的合作为主要形式，以满足特殊儿童的教学需求。而我国的双师同堂教学研究起源于90年代合作教学中的师师合作，最初表现为集体备课、观摩学习、集体讨论和评价等形式，其中最为突出的是中外教师的合作教学。我国法学教育中适用双师同堂的教学模式，最早见于西南政法大学2005年的“双师同堂解析民事案例”[1]课程，此后适用范围既有程序法课程，也有实体法课程；既有基础理论课程，也有应用类课程；既有部门法学课程，也有综合类课程[2]，但双师同堂的教学模式始终是以教改试点的形式进行的，并没有广泛适用。

从实践来看，双师的“同堂”模式有幕后辅助型和幕前合作型两种。所谓的幕后辅助型，指两名以上的教师在同一课程的设计和评价等方面开展合作，但只由一名教师独立完成课堂讲授。该模式强调的是教师课堂外的协作，表现为协作教师对授课教师的辅助，这种辅助常见的有年轻教师为资深教师充当助教，也有资深教师为年轻教师提供指导，教师之间的主次关系相当明显，主要是辅助教师在主讲教师教学主线的基础上，增添力量，但不会对主线课程产生实质性的影响。可见，幕后辅助型的“同堂”并不表现在

---

[1] 张玉敏、刘有东：《双师同堂解析民事案例——案例教学模式的新尝试》，载《海南大学学报（人文社会科学版）》2010年第5期。

[2] 钱春：《主体间性下法学双师同堂教学——以“刑事诉讼法学”课程为例》，载《巢湖学院学报》2019年第5期。

课堂之上，只是共享教师的教学成果而已。幕前合作型则指两名以上教师在同一课程的堂授开展全方位合作，双师虽有主次之分，但双师均为教学主体，辅助教师对主线课程内容也会产生实质性的影响。幕前合作型双师同堂依据合作教师之间发挥作用的程度，又分为同堂模式、分课模式和访谈模式。所谓的同堂模式，也即狭义的“同堂”，由两名以上的教师在课堂环节共同讲授课程内容，其中一名为主讲，另一名予以配合。这种搭配既可以是理论与实务教师的配合，也可以是不同学科教师的配合，如民事诉讼法和民商法教师同堂、民事诉讼法和金融法教师同堂、民事诉讼法和仲裁法教师同堂、民事诉讼法和其他诉讼法教师同堂等等。所谓的分课模式，也即就某一课程由不同教师就不同的章节和部分分别讲授，教师之间的分工比较明确，常表现为同一学科内的教师间合作，由不同教师就自己的特长领域进行讲授，然而同堂模式和分课模式并不是简单的非此即彼的关系。所谓的访谈模式，主要由课程主讲教师通过邀请资深实务工作者和其他交叉学科教师围绕着某些特定的主题，以提问和回答的方式展开访谈，访谈模式的氛围较为轻松，只要在限定的主题内，涉及的内容和顺序并不需要严格遵循教学大纲。在访谈模式中，学生的参与度较高，学生可以通过现场提问的方式有针对性地获得知识，并能够得到教师的立即回应，形成即时的思想交流。在轻松的氛围中，互动关系不但存在于师生之间，还存在于教师之间和学生之间。但访谈的宽松氛围也容易使课程内容过于散漫，时间难以把控，如作为传授知识的方式，其知识的体系性和完整性并不如教师直接讲授。

（二）双师同堂的优势与困境

1.聚集教师力量与优势，提升课程水平

实务工作者与专职教师的工作重心不同，不同学科的教师亦各有所长，两者联手能互通有无，弥补各自的薄弱之处，使课程知识涵盖面更广更细致，亦能激发学生的发散性思维。双师同堂教学模式亦能使教师之间打破专业壁垒的信息渠道，拓宽视野，不但能换一个角度重新审视原专业领域的相关问题，也能在跨领域和跨专业中发现新问题，继而又回馈到原课程的设计，进一步提升教学效果。

2.培养学生的法律职业思维

在程序法和实体法、民事诉讼和刑事诉讼，以及专职教师和实务工作者的组合中，课堂为学生提供了综合分析法律问题的思维训练机会，也能在实务教师的引导下从职业角度发现问题和解决问题。例如法院受理民事诉讼的条件、诉的识别、判决的主观和客观效力范围、是否重复起诉等问题,是民事诉讼中非常重要的理论问题,也是实务难点,诉权和诉讼标的作为连接诉讼法和实体法的桥梁,意味着综合运用请求权等实体法知识是破解一些诉讼法难题的钥匙。《中华人民共和国民法典》新设了人格权请求权,并将其与债权请求权、物权请求权区分开来,当事人针对损害人格权益行为既可以依据人格权请求权提起诉讼,也可以依据债权请求权提起诉讼,两者的功能并不相同,前者具有停止侵害、排除妨碍、恢复名誉等制止性和预防性功能,而后者的目的是弥补损失,在实体法上厘清两者,能直接在程序法中清楚识别诉的差异,并分清两者的证明对象,也即提起人格权请求权时并不需证明损害后果和被告的过错,也不受诉讼时效的限制。可见,即使针对同一损害人格权益的行为,对应的诉讼措施并不是唯一的。

3.提升学生的实践能力

在混合教学模式下的双师同堂教学,课程的任务驱动安排需要学生在课前做好预习并阅读教师的指定材料或案例,带着问题听课,以个人或团队的形式充分参与教师的课堂互动,在教师的层层引导和团队的影响下逐步提升自己的思辨能力、表达能力和动手能力。使学生从课堂的旁观者转变为积极参与者,将被动学习转变为主动学习,在不断的演练中提升发现问题的能力。

四、民事诉讼法线上线下双师同堂混合式教学模式设计

(一)线上线下“双师同堂”课程改造的必要性

纵然双师同堂教学模式的优势相当明显,但推广仍有一定障碍,如双倍教师的人力和时间成本较高,无配套的财政支持和教材、评价体系,实务工作者也未必善于课堂传授,双师的磨合会面临诸多问题。但在线上线下混合式教学中综合适用双师同堂,上述问题不但能在一定程度上得到解决,还能萌生出新的教学效果。

1.满足课程设置

随着我国法治的全面深化改革,民事诉讼法立法和司法解释不断出台,民事诉讼法体系不断扩张,法条规范进一步精细化,但课时安排仍普遍为 3

个学分18周课，民事诉讼法学教师普遍感觉课时根本不足以完成全部章节的讲授，如果教学仅限于课堂之上，为了保障重点章节的有效教学时间，讲授的知识必有取舍，而且部分章节只能留给学生自学。在课时已如此紧张的情况下，还穿插实务和跨学科的内容，显然不太现实。因此充分利用线上线下、课前课后的混合式教学，能将教学延伸到课时之外，亦能保证教学的完整性。

2.降低“同堂”的教学成本

在传统面授课堂中适用双师，辅助教师在物理上被限制于课室中，在此含义上来说，辅助教师与主讲教师贡献的课时相同。课程的人力成本是普通课程的一倍，但所产生的效果却未必能达到双倍课时产生的效果，成本未免太高。此外，双师同堂毕竟只是服务于主讲课程，在民事诉讼法中需结合实体法和程序法或结合理论与实践的内容并不多，在双师同堂没有配套教材也没有形成制度化的情况下，主讲教师必须要耗费更多的时间用于课程设计，有效工作量比辅助教师多，如果在计算工作量时认为辅助教师和主讲教师相同，又未免对主讲教师不公平。综合考察现在采用双师同堂教学模式的高校和课程，多为教师自愿性的合作，工作量和完成的课时仍只是计在主讲教师名下，而辅助教师只能通过教学改革项目经费获得一定的补贴，因此辅助教师一般没有太大动力参与他人的双师同堂教学。但线上线下混合式的双师同堂，免去了辅助教师的通勤时间，也可根据需要适用于课前、课上或课后任一阶段，极大地降低了同堂的人力成本。

3.契合学生年龄特征

实践型本科教学的对象均为00后，作为21世纪诞生的一代，00后成长于中国移动网络时代，自小接触各类电子产品和网络资源信息，信息收集能力极强。在经济腾飞和计划生育的社会背景下，该生代的家庭结构通常为421构成，也即四名老人、一对夫妇和一个孩子，由此得到的爱护较其他生代更多，物质条件也较前代丰富，人际交往更为外向，个性化特征显著，根据马斯洛的需求理论，学生追求自我实现的欲望会更加强烈，更倾向于把专注力放在自己感兴趣的事物上，因此更容易被更生动有趣的在线互动式教学所吸引。

(二)线上线下"双师同堂"的课程设计理念

线上线下混合式教学和双师同堂教学模式的结合,指的是在教学中融合线上线下的互动平台工具,由两名以上同一学科或不同学科的教师在教学的设计、实施和评价方面开展合作,从而将教学过程从课堂延伸到课前和课后,从课室延伸到线上,以满足法律职业应用型人才培养的根本目的。通过两种新型教学组织形式的有机结合,实现以学生为中心、教师为主体的问题导向教学。相比一般的线上线下混合式教学,双师同堂型混合式教学充分利用了"线上"的途径,将双师资源接入民事诉讼的课程内容,具体通过两个维度实现。

1.双师组合的权重

(1)基本原理与原则篇。基本原理与原则篇包括绪论、民事诉讼法概述、民事诉讼的基本理论和民事诉讼法的基本原则,该篇的理论性较强,侧重于理论讲授,因此适宜由民事诉讼法的校内教师进行讲授。一般而言,为避免基本原理与原则篇过于理论和抽象不利于学生理解,几乎所有的诉讼法教师都会在此处引入某些程序的介绍以及案例,但如果单纯从程序法的视角去解释,有些内容难免较为空洞,也难以解释通透。就以民事诉讼法调整的对象,即民事纠纷的概念而言,其指的是民事主体之间发生的以民事权利义务为内容的纠纷,其本质是一个包裹着实体法概念的诉讼法命题;而对何为民事诉讼法的理解,则需要平行对比民事实体法和其他程序法才能充分展现其全貌;民事诉讼法的立法根据、任务与效力,以及民事诉讼价值等理论问题,根源都在于如何看待民事诉讼法之于实体法的工具价值以及民事诉讼法的独立价值。而第二章中诉与诉权、诉讼标的、民事诉讼模式、既判力等理论的深层基础,同样需在程序法和实体法中寻找,如理论通说认为诉权兼具程序含义和实体含义,诉讼标的乃双方当事人所争议的实体法律关系;又如英美法系和大陆法系关于民事诉讼模式的差异之源也在于如何看待程序法之于实体法的作用和地位。因此该篇在双师安排上,应适用程序法和实体法的双师组合,但程序法教师应为主导地位,实体法教师作为补充,两者呈分段式合作。

(2)程序部分。程序部分又分为民事诉讼基本制度篇和审判程序篇,程序部分强调操作性和实践性,因此比较适宜适用校内教师和校外实务专家的双师模式。但与审判程序篇相比,基本制度篇的理论性相对强一点,理解

与适用的难点往往源于理论与实践之间难以跨越的信息屏障。纵观当事人、管辖、证据和证明以及法院调解等民事诉讼法的基本制度，主要由大量的具体条文规范构成，为了便于具体操作，这些制度必须灵活性和确定性并存，但因部分制度仍有不足，某些条文操作性不强，就必须要运用基本原理和原则予以补充，并以大量的司法解释、部门规章、批复，甚至地方性规范予以填补，但这些内容往往不能及时或完整地被教材所囊括，而且脱离具体案例和审判经验单纯从概括性的条文解读，有时难免会有纰漏。诚如 2020 年 5 月 1 日实施的新最高人民法院《关于民事诉讼证据的若干规定》第 7 条首次规定了“限制自认”规则，也即对于限制或附条件的自认，由法院综合案件情况决定是否认定为自认，然而该综合何情况，以及以何标准判定，均需实务专家综合审判经验和数据才能给出准确答复。故而，虽然基本制度篇和审判程序篇均适宜由校内教师和实务专家双师讲授，但在基本制度篇中，校内教师的讲授占比应当较审判程序大。

2.实时的双师互动机制

单师授课和双师分段式授课即使包含师生之间的开放性讨论，但当学生对教师的言论存有疑问或质疑时，面对教师的绝对权威地位，学生并没有足够的理论和实践背景与教师展开更深入的辩论和探讨，所以在貌似师生平等讨论的外衣下，实则仍是教师权威肯定结论的传授。但在双师互动和双师对话的场域中，双师对不同问题作出不一致的回应，学生可以跟随一方教师在层层探讨和互动中，加深自己的立场，或获得更多的理论支撑强化和拓展自己的观点，继而引发更深层次的思考，也即用学生不断获得支撑的方式实现师生间真正的平等。更重要的是，双师讨论的过程其实也是某一问题层层剖析的过程，它能有效培养学生的逻辑分析能力。

所谓的双师实时互动式，并非只能是你一言我一句地无缝对接，而是可以根据探讨事宜的性质，由双师前后就同一问题发表意见。然而，如何合理安排双师互动的内容和时间点，以留足够时间给学生思考，需要双师间的默契配合，需校内教师不断地拓展知识的广度和深度，所以双师组合比较适宜采用较为固定的组合模式，以减少双师间磨合的成本与阻力。

3.三段式的线上线下“双师同堂”课程安排

线上线下双师同堂混合教学模式的基础仍然是线上线下的三段式反转课堂，同样需要合理分配线上学生自主学习与线下(直播)教师课堂教学的不同教学任务和内容，对一些简单和框架性的知识可通过推送微视频、短报、课件，以及附加配套任务等教学资料的方式让学生线上自学，而对一些理解难度较大和实践性较强的内容则以常规课堂讲授（直播）＋配套在线资源教学，并将课程分为课前预习、双师课堂和课后巩固与拓展三大部分编排。

域外文献

麦克法登诉州立政府等人身损害赔偿纠纷案*

裴安琪** 唐鑫江*** 译

按语:突发公共卫生事件中,在押服刑人员的权益保障不应忽视。如果监狱中的服刑人员被感染疾病,如何寻求救济,如何厘定疫情下监狱义务的边界,等问题还有待进一步的深入研究。将目光放至域外,美国1989年的麦克法登案或许可以给予一些有益启示。

案号:542 So.2d 871
审理法院:密西西比州最高法院
裁判日期:1989年2月1日

一

这项民事诉讼是由密西西比州州立监狱(以下简称"监狱")监管下的一名囚犯提起的。该囚犯指控监狱官员漠视其健康和福祉,使他暴露在可能导致活动性肺结核传染病风险的环境中,并在事实上致使他患上该疾病。

---

* 本译文原始文献为美国密西西比州最高法院于1989年审理的McFadden v. State一案的判决书,案号为542 So.2d 871。

** 裴安琪,上海师范大学硕士研究生。

*** 唐鑫江,上海师范大学硕士研究生。

该囚犯而后起诉了他认为应该为此承担责任的每一个相关主体。

基于程序要件的限制，该起诉在下级法院因诉求不明确而被驳回。但我们关注的是，当作为被告的公职人员依法享有对此类诉讼的豁免权时，原告是否还能将诉讼继续推进下去。

二

案情简介：

1981 年 9 月 11 日，麦克法登因被判处持械抢劫罪而被收监在位于帕奇曼的密西西比州州立监狱，时年 29 岁且健康状况良好，未患传染性疾病。但是在 1986 年 5 月，仍在监狱中的麦克法登被诊断出患有肺结核。

1986 年 5 月 26 日，麦克法登向密西西比州辛德斯县的巡回法院提起民事诉讼。他在起诉状中指控，1985 年 11 月 8 日，他被安置在 B 区 C 楼 30 号囚房，当时他的身体健康，没有传染病。在此之前，另一名囚犯马克斯被安置在该囚房，而此名囚犯于 1985 年 10 月 25 日被诊断出患有肺结核。诊断结果出来之后，监狱医生决定将马克斯送往位于杰克逊的大学医学中心进行检查和治疗，但是因需要等待能将其送往杰克逊的监狱医疗运输车，马克斯先被送回了 30 号囚房，直到 11 月 25 日，他才被送到医院，并被确诊为活动性肺结核。8 天后，马克斯被送回 30 号囚房，并于 12 月 6 日被送往监狱医院进行隔离。但在 1986 年 1 月 9 日，马克斯又被送回 30 号囚房。

麦克法登声称在 1985 年 11 月 8 日至 25 日、12 月 5 日至 6 日以及 1986 年 1 月 9 日之后，他被暴露在具有传染病风险的环境中，具体表现为他和马克斯被安置在同一区域的同一囚房中。

1986 年 5 月 7 日，麦克法登进行了结核病检测。他声称测试结果为“硬度 12 毫米，呈阳性”。1986 年 5 月 16 日，麦克法登被送往监狱医院，在那里他的诊断得到证实。医生为他开了为期一年，每日 300 毫克的处方药。麦克法登起诉状的要旨在于其被暴露在因马克斯所造成的具有传染病风险的环境中而患了肺结核，但麦克法登并没有把患肺结核的原因归在一个人身上，而是在他的起诉摘要中陈述他“不知道自己是被马克斯还是其他被感染的囚犯所传染的”。

麦克法登的起诉状列举了多名被告，其中包括密西西比州州长艾伦，密西西比州监狱委员会的成员约克、格雷夫、维克斯、布福德、马尔斯基和伯

德，监狱委员会长官西格彭，密西西比州帕奇曼监狱长卡巴纳，帕奇曼内科医生牛顿，监狱医院的内科医生卡巴尼罗和考克斯，密西西比州公共卫生局的雇员威廉森，并且起诉状还提到了“监狱医院的医务人员约翰”。除此之外，该起诉状还将负责成人囚犯的护理、监护、学习、培养、监督和治疗的密西西比州州立监狱也作为了被告。麦克法登宽泛的起诉状可以被认为是将密西西比州和作为州立机关的监狱委员会也额外列为被告。

尽管麦克法登的诉讼请求并不是十分自洽并且有模棱两可之处，但他根据州法律提出的诉请大致可以认为包括以下两个方面：一项是针对过失行为，指控被告违反合理注意义务，该义务是保护麦克法登以免其因为不合理地暴露在可能导致活动性肺结核传染病风险的环境中而受到侵害；另一项是针对故意侵权行为，指控被告故意使麦克法登不合理地暴露于严重伤害之下。后一项行为对应的权利主张可以依据《美国法典》第 42 卷第 1983 条提出。

更具体地说，麦克法登在起诉状中提出，州长艾伦没有按照密西西比州法典规定的义务对监狱进行监督；监狱委员会的成员没有依照州法典为囚犯提供护理、监护和治疗；监狱委员会长官西格彭和监狱长卡巴纳也有类似的违反州法典的行为；此外，尽管 3 位内科医生都了解活动性肺结核的危害，却并没有依照州法典给所有囚犯接种相关疫苗。

麦克法登在起诉状中要求获得总计 1625000 美元的损害赔偿金，每位被告 100000 美元的惩罚性损害赔偿金，以及律师费和进行全面医疗检查的执行令。

1986 年 8 月 22 日，所有被告均提出驳回起诉的申请，主张对民事诉讼的豁免，并提出起诉状未能阐明可以给予何种救济的明确权利主张。1987 年 2 月 24 日，根据州法典，巡回法院认可了被告的反驳理由，驳回了起诉。

麦克法登在诉讼时效内向本法院提出了申诉，他认为法院驳回起诉的裁定是错误的。

三

初审法院在考虑是否要驳回起诉时所应该采用的标准是非常常规的，即起诉状中的诉讼请求必须要真实具体。综合上述内容，再结合原告针对被告的驳回起诉申请的有效抗辩，法庭不应当支持被告的驳回起诉申请，除非排除了合理怀疑,原告没有任何事实依据来支持能使其获得损害赔偿的诉讼请求。在申诉程序中,我们将会采用相同的标准来判断初审法院"驳回起诉"的裁定是否是错误的。

四

因被定罪而收押在监狱的人并没有丧失所有合法权利。麦克法登在刚进入监狱的监管时是一个健康的人,但现在他患上了肺结核。他的起诉状中隐含的观点是,尽管被依法剥夺了自由,但他仍有权免于暴露在诸如结核病等传染性疾病的传染风险之下。他指控几名被告同时违反了成文法和普通法等各种通行规则,尽管他没有指出被告违反的具体法律条文,但我们依然认为他的诉求是有依据的。

我们通过参考常用的规则来分析这样一份起诉状。对于每位被告,我们试图找到原告认为被告所应承担义务的来源,并确定该义务的内容,然后调查其中存在的因果关系和产生的损害结果。我们当然也会考虑被告提出的抗辩,并再次确认此类抗辩的内容及其依据。

由于目前起诉状的具体事实背景,我们需要陈述两个普遍的前提,这两个前提因过于常见而常被认为是理所当然的。我们的法律不要求个人履行不可能或是事实上不可能的行为,实际上,我们不会强制个人履行那些后来被证实是不可行的义务。如果原告遭受的伤害实际上是被告无法预防的,则依照常识可知,被告的行为不可能是造成原告伤害的直接原因。

在目前情况下,这些被告或其中一些被告可能对囚犯的健康负有预防性的义务,但这并不意味着每个患病的囚犯都有获得赔偿金的权利。通常在整个社会中,尤其对于监狱中的人来说,总有些人会被传染上传染性疾病。鉴于监狱环境的性质,被告们拥有的设施和资源并不充分,因此他们最多仅做一些其能力范围内的事情。

此外,违反法定义务并不必然导致民事上的损害赔偿责任。一些案件中,侵害也许只能用面向未来的禁令来进行救济。在涉及公职人员的案件中,很多情况下违反公职的行为只能导致公职人员被撤职或被取消公职候选人资格。

在埃斯特尔诉甘布尔(Estelle v. Gamble)一案中,联邦最高法院提道:囚犯必须依靠监狱机构来满足他的医疗需求,如果机构不作为,囚犯的需求

将得不到满足。在最严重的情况下，监狱机构的这种不作为实际上可能会导致生理上的折磨甚至危及生命的情况，这也正是第八修正案的起草者最关心的弊病。在不那么严重的情况下，拒绝给予医疗护理可能导致犯人遭受与刑罚目的无关的痛苦。造成这种不必要的痛苦与当代的价值准则并不相符，现代法律体系的基本价值观点是，“政府机构应当照顾那些因被剥夺自由而无法照顾自己的囚犯”。

在埃斯特尔一案中，联邦法院允许作为原告的囚犯对某些监狱官员提出索赔。法院接着得出结论：故意漠视囚犯的严重医疗需求，会导致不必要和恶意造成的痛苦，这是被第八修正案所禁止的。无论是监狱医生在回应囚犯的需要时表现出漠不关心，还是狱警故意拒绝、拖延囚犯获得医疗服务以及开出处方后故意干扰治疗，都体现了这种漠视。无论行为是否表现得明显，故意漠视囚犯的严重疾病或伤害都可以成为合理的诉因。

但是，最高法院又增加了一个重要的附加说明：“在医疗方面，出于过失而未能提供足够的医疗服务，不构成‘不必要和恶意造成的痛苦’或‘对人类良知的违背’。”因此，根据第八修正案对不当医疗行为的具体规定，起诉状中指控医生在诊断或治疗方面存在过失的主张是不成立的。此外，不当医疗行为不会仅仅因为受害者是囚犯就构成违宪行为。为了使提出的索赔要求得到审理，囚犯必须指出具有足够危害性的行为或疏漏，以证明监狱对于严重医疗需求的故意漠视，只有这种漠视才会违反第八修正案的“不断变化的行为标准”。第五巡回法庭引用了埃斯特尔案中的宪法标准来评估密西西比州州立监狱的医疗状况。

第五巡回法庭在史密斯诉沙利文案（Smith v. Sullivan）中为原告囚犯给出裁定：“审判中的证词表明，患有传染性疾病的人，如疥疮或淋病，在一个月或更长时间内没有得到医疗服务，并在监禁时与其他囚犯有接触显然是违反充分医疗服务标准的。”我们毫不怀疑根据该州的法律可以确认类似的前提。

五

起诉状中的 3 位被告，密西西比州、州立监狱以及监狱委员会，作为独立的法律主体对这样的诉讼拥有绝对豁免权。在普鲁特案之后，该州立法机构颁布了一项法律，大意是在 1987 年 7 月 1 日之前对州或其任何机构提出的索赔,应受普鲁特案(Pruett v. City of Rosedale)之前存在的关于主权豁免的普通法管辖。普鲁特案之前的法律规定,未经州政府同意,州或其任何机构都不能被起诉。密西西比州、州立监狱和监狱委员会均未以任何方式同意接受管辖,因此,法院驳回起诉状中针对这3名被告中的任何一个提出索赔的裁定是正确的。

六

(一)公职人员诉讼豁免权的适用

作为被告的个人没有这种绝对豁免权,因为他们是密西西比州的公职人员,我们的法律已经为这些人提供了普通公民无法获得的庇护。当某位州政府官员在民事诉讼中作为被告时,我们的法律赋予其以下权利:

在民事诉讼中,如果他违反了法定义务而造成了损害,他将对以下情形下的损害赔偿民事诉讼丧失豁免权:(1)该义务性质上是行政性的;(2)该义务涉及裁量权的使用,而公职人员作出了超越其职权范围的行为,并因此造成了损害;(3)作出行为的公职人员故意侵权。除此之外,政府官员因与其官方职务或决策职能无关,而且在其任职过程和范围之外实施的侵权被起诉时,没有豁免权。

在我们的法律中,职务行为与酌情行为的区分始终没变,只有从事酌情行为的公职人员才享有豁免权。

在《密西西比州第七区心理健康法》中重申了区分这两种官方行为性质的方法:

虽然没有固定的规则来确定公职人员的行为是职务性的还是酌情性质的,但最重要的标准可能是,如果该义务是法律以具体指定的方式或条件强制规定的义务,即根据规定的条件履行义务,而不是根据公职人员的判断或自由裁量,则履行此种义务的行为是职务性的行为。

(二)州长艾伦

麦克法登引用了密西西比州法典的规定来说明州长艾伦的义务,包括监督所有行政官员的行为,视察监狱等。原告认为州长的不作为与其染上肺结核有直接关系,但是毫无疑问这种义务是酌情性质的,因此,州长对损

害赔偿民事诉讼享有豁免资格。

我们驳回了对州长艾伦的起诉。我们无法想象在州长的法定职责范围内,他能够具体怎么做就可以使麦克法登免受传染病困扰。更具体地说,我们无法想象,假定起诉状的指控属实的话,州长没有视察监狱与麦克法登染上肺结核会有直接关系。反之,我们也无法想象,州长非常认真地视察监狱能保证不会有囚犯患上肺结核。因此,州长艾伦关于驳回起诉的请求是成立的。

(三)监狱委员会成员

根据州法律,监狱委员会成员对州各监狱机构具有一般决策和监督的权力。在涉及监狱机构的日常运作的情况下,委员会成员通常不会承担任何潜在的责任。例如,法院以存在豁免事项为由,维持了对第七区心理健康中心的某位委员会成员对因相同病因而死亡病患的免责判决(Region VII Mental Health Center v. Isaac),因为:

在监护居住项目计划中,他们不参与室友分配或具体监护职责;事实上,关于该计划采取的此类行为,恰好证明了整个委员会就方案的建立和执行作出的是纯粹的酌情决策。

出于同样的原因,在一位狱警射击囚犯引起的损害赔偿民事诉讼中(Roberts v. Williams),莱弗洛郡监督委员会的成员得以被豁免。除非委员会的成员详细参与了机构的日常运营,否则他的作为或不作为不可能直接导致侵害的发生。

麦克法登指出,没有法律要求委员会成员直接参与密西西比州监狱的日常运营,更不用说参与30号囚房的日常活动管理。同时起诉状中也没有任何合理的解释,来指控委员会成员在1985年秋末到1986年年初期间直接参与了监狱或30号囚房的日常管理。

毫无疑问,麦克法登没有任何可以得到证明的事实,使其有权获得整个委员会或其中任何一位成员对其金钱上的赔偿。由现状可得,在委员会成员承担的法律义务和起诉状指控的事实范围内,我们认为,麦克法登无法用一系列事实来证明这些委员会成员的作为或不作为是他患上结核病的直接原因,或者,来反驳这些委员会成员享有的豁免权抗辩。因此,巡回法院驳回对个别委员会成员起诉的裁定是正确的。

(四)监狱委员会长官西格彭和监狱长卡巴纳

监狱委员会长官西格彭和监狱长卡巴纳分别被依法起诉是由于各自有义务对监狱委员会和密西西比州监狱进行通常意义上的监督和管理。法院已经在过去的案件中确认密西西比州州立监狱的监狱长所拥有的裁量权限。尽管法律没有明文规定,但法律规定了监狱委员会长官和监狱长对囚犯的医护和治疗都具有监督管理和裁量性质的义务。

在博加得(Bogard v. Cook)一案中,上诉法院认为密西西比州法律会承认帕奇曼监狱长所拥有的广泛裁量权限,这是基于:

密西西比州法律对公职人员的豁免权有着普遍认可,密西西比州最高法院在摩根案中确定了帕奇曼监狱长的裁量权限。在朔伊尔一案中,法院认为,基于公职人员在行政行为中形成的信念基础和对行为本身的适当性确信,行政官员可以根据其自由裁量和职责的范围扩大豁免权的适用范围。

在今天,上诉法院的这一观点得到了证实。

自摩根诉库克案(Morgan v. Cook)以来,密西西比州监狱系统的行政结构略有变化。在格兰瑟姆案(Grantham v. Dept.of Corrections)中,一名伤者针对假释委员会、监狱机关、监狱委员和假释委员会成员提起了诉讼,法院认为监狱委员长官具有较大的自由裁量权,但其无权授予或拒绝假释,也没有建议或反对假释的义务,其在假释方面仅有的义务是提供足够的职员来负责这件事。因为格兰瑟姆无法构成必要的故意侵权行为,甚至无法作出与自己的职权大相径庭的行为,所以法院确认了对该长官有利的判决。

但是,最近至少有一个联邦案件在监狱官员的合格豁免权方面抗辩失败。最高院认为:

只要公职人员的行为没有违反作为理性主体应当知道的、明确确立的法定或宪法权利,该公职人员就可以用履行自由裁量职能的政府官员不承担民事赔偿责任来进行抗辩。

根据围绕着帕奇曼监狱的恶劣条件而滋生的系列诉讼,审理杰克逊诉霍洛韦尔案(Jackson v. Hollowell)的法院毫无疑问地认定被告的主张不成立——被告(狱方)不能抗辩说,杰克逊关于其有权免于在品行不适格的狱警监管下服刑的主张是不成立的,或是不被认可的。杰克逊案的法院认为,依照盖茨案的指示,根据州法律和宪法性法律,监狱的负责人有义务保护囚犯免受品行可疑的狱警的潜在侵害,但是他违反了该义务并直接导致

了杰克逊受伤。而根据杰克逊一案，我们评议了盖茨案的指示，即囚犯应被保护以免不合理地暴露在可能被传染性疾病侵害的环境中。

综合考虑以上因素，我们再来看长官西格彭和监狱长卡巴纳所主张的合格豁免权抗辩的内容。如果这些人故意向麦克法登施加了侵权行为，那么他们将无法享有豁免权抗辩。此外，如果发现这些被告的行为在很大程度上超出了他们的职权范围，则他们同样不享有豁免权。

起诉状指控监狱委员会长官西格彭和监狱长卡巴纳“对于允许麦克法登与活动性肺结核囚犯住在同一号囚房存在严重过失”。起诉状进一步指控两名被告在发现马克斯患有活动性结核病并与原告一起被安置在 B 区 30 号囚房后，故意并且恶意地罔顾原告的人身安全。

与委员会成员不同，这两位被告确实对于监狱的日常运作有着直接的职权，此外，该两名被告在监狱服刑人员的分配、安置、居住和分类监禁方面也具有法定职责。如果可以证明监狱委员会长官或监狱长是故意使麦克法登暴露在可能导致结核病传染风险的环境中，或者可以证明这两名被告中的任何一个严重忽视了麦克法登的福祉以至于他们的行为被推定为故意，这两种行为都会导致他们丧失豁免权。此外，如果可以进一步证明这些被告的任何此类作为或不作为直接导致原告感染了肺结核，则原告有权获得赔偿。

从这个角度来看，并考虑到上面列举的标准，毫无疑问，我们不能认为麦克法登无法提供任何证据来支撑他对监狱委员会长官西格彭和监狱长卡巴纳提出的使其获得救济的主张。巡回法院错误地驳回了起诉状中的大量内容，这部分内容指控被告西格彭和卡巴纳因故意、推定恶意或严重过失的行为直接导致了原告的损害。

(五)监狱医生们

现在我们来谈谈麦克法登对监狱医生牛顿、监狱医院医生卡巴尼罗和考克斯提出的指控。麦克法登指控医生违反了密西西比州法典中规定的义务。

在一个类似的案件——哈德森案(Hudson v. Rausa)中，一位工人的遗孀根据非法死亡的相关规定起诉了医生(州健康委员会的雇员)，因为该工人为防止肺结核的蔓延而按规定服药致死。与本案中的起诉状被驳回不同，法院维持了初审法院的简易判决，因为医生的行为在他自由裁量权的范围之内，因此他拥有合格豁免权。在维持的判决中我们分析道：

这些被告拥有的自由裁量权,不仅适用于他们制定肺结核防控机制的决定,而且还适用于在执行此类政策时所受到的处理。这是为公众利益而设计的总体计划的一部分,目的是防止结核病在社区中传播。此外,医疗管理还涉及非常专业的判断力,因此需要自由裁量权。

在哈德森案中,原告宣称的事实仅能构成过失医疗事故,但从法律上看,被告行使自由裁量权而享有的合格公职人员的豁免权,用原告宣称的事实来抗辩是不充分的。原告没有指控任何"可以表明这些被告作出了恶意、故意的不法行为或实质上超越了官方权限的行为"。

最近,法院在马歇尔诉查拉(Marshall v. Chawla)一案中提到了这一点,案中,死者的继承人因死者的死亡而对慈善医院以及它的委员会和医生提起了诉讼,初审法院因豁免权而批准了驳回起诉的申请。法院认为,立法机关可能通过对个别政府工作人员制定特殊义务的方式,委婉地规定因重大过失而造成损害的侵权责任,但对于密西西比州的医务人员却没有可以适用的相关法规。哈德森案中对州的医务人员享有豁免权的这种重申似乎非常广泛。

我们现在来看起诉状中提出的指控。起诉状的要点似乎不是对这些医生的医疗事故的指控,不过被告人牛顿除外,他被指控在马克斯进入监狱后没有为其接种传染病疫苗。相反,麦克法登指控的是这些被告负有合理的保护义务使其免受活动性肺结核的侵害,然而被告违反了这项义务,将其限制在监狱内并使其与患有活动性肺结核的囚犯同室居住。但有一点不明确的是这些被告在囚犯的安置方面负有何种义务或职权,而且,在目前的诉讼程序状态下,我们认为其中的一个或多个被告提出的将马克斯置于隔离状态的建议将会受到重视。而且我们认为麦克法登能够提供证据来证明这些被告有故意的侵权行为并因此得到赔偿的可能性微乎其微。不过这并不意味着在起诉状中麦克法登不能证明任何事实来支持他对这些医生提出的指控以寻求对他们的索赔。由于以上原因,巡回法院驳回对这些被告的起诉是错误的。

我们一再声明,在原告对这些被告提出索赔之前,他必须提出一些证据来表明被告存在恶意、故意的不法行为或实质上超越官方权限的行为。此外,这里所说的一切都不应被视为对我们在马歇尔诉查拉案中所主张的撤销,我们在马歇尔诉查拉案中的主张是,没有针对州医务人员医疗事故的追偿权。

(六)威廉森

我们最后来看被告威廉森。起诉状指控,威廉森作为密西西比州公共卫生局的成员,根据法律规定,他有义务防止传染病的传播,并在发现传染病的地方采取必要的措施来防止其传播。起诉状进一步指出,马克斯在杰克逊大学医学中心被确诊患有结核病之后,威廉森探视了他,然后,威廉森就被指控对于允许麦克法登与活动性肺结核的囚犯同住存在严重过失。

对此进行简短的回应:麦克法登没有指出任何事实来表明作为州公共卫生局雇员的威廉森有权处理囚犯居住和安置的相关事宜。显然,麦克法登无法证明任何事实来支持他对威廉森的指控以便寻求赔偿。因此巡回法院驳回对被告威廉森的起诉是正确的。

(七)结论

综上所述,我们认为,巡回法院对被告艾伦、约克、格雷夫、维克斯、布福德、马尔斯基、伯德和威廉森驳回起诉的决定是正确的,但是其对被告西格彭、卡巴纳、牛顿、卡巴尼罗和考克斯驳回起诉的决定是错误的。但前提是,起诉状中只有以下针对被告的指控才是可行的:根据州或联邦法律,只有在被告是故意或恶意针对原告、恶意或严重忽视原告的情况下,才能使他们的行为被认为具有推定性的故意或恶意,或被认定为是超越官方权限的行为。此外,麦克法登只有在拥有大量证据证明被告的任何作为或不作为直接导致他受到损害的情况下,才能对被告进行追偿。

巡回法院对被告西格彭、卡巴纳、牛顿、卡巴尼罗和考克斯的判决被撤销,此案被发回巡回法院重审。判决结果:

驳回对被告密西西比州、州立监狱、监狱委员会,以及被告艾伦、约克、格雷夫、维克斯、布福德、马尔斯基、伯德、威廉森的起诉。

驳回对被告西格彭、卡巴纳、牛顿、卡巴尼罗、考克斯的部分起诉,其余部分撤销并发回重审。

欧盟企业重整及再生机会促进指令(下)

刘凡石*译

翻译说明:本再生指令于2019年6月20日由欧洲议会和理事会制订发布,旨在为欧盟企业预重整机制提供更完善的实施程序,以延续企业的生存能力,并对各方当事人权利予以更有力的保障。具体而言,主要包括对企业预防性重整框架的可用性、再生计划的确认程序及内容、新融资及临时融资的保护机制、债务豁免和破产失格的适用条件及期限等内容的规定。本指令可为我国企业破产制度以及司法实践提供借鉴意义。因原文本内容过多,分为上下两部分编译,此为下部分。

第一部分　一般规定

第一条　主体和范围

1.本指令规定了以下规则:

(1)在可能发生破产的情况下,为处于财务困难中的债务人提供再生程序,以防止破产并确保债务人的生存能力;

(2)使无力偿债的企业家债务豁免的程序;

(3)提高再生、破产重整和债务豁免程序效率的措施。

2.以下债务人涉及本条第1款所述程序时,不适用本指令:

(1)《第2009/138 / EC号指令》第13条第(1)项和(4)项中定义的保险企业或再保险企业;

(2)欧盟《第575/2013号条例》第4(1)条第(1)项中定义的信贷机构;

* 刘凡石,上海师范大学硕士研究生。

(3)欧盟《第575/2013号条例》第4(1)条第(2)项和第(7)项所定义的投资公司或集体投资企业；

(4)欧盟《第648/2012号条例》第2条第(1)项所定义的中央对手方；

(5)欧盟《第909/2014号条例》第2条第(1)项定义的中央证券托管机构；

(6)欧盟《第2014/59号指令》第1条第(1)项中列出的其他金融机构和实体；

(7)国家法律所规定的公共机构；

(8)非企业家的自然人。

3.成员国可规定，本指令第2款所列债务人以外的其他金融实体债务人，可以不适用第1款所列本指令规定的程序。但这些债务人提供的金融服务须接受国内相关机构或监管决议机构的特殊监管。该国内相关机构或监管决议机构应享有与欧盟、国内法律所规定的对第2款所指金融实体相当的、可进行较多干预的监管权。成员国应将这些特殊安排告知委员会。

4.成员国可将第1款第(2)项所指程序的适用范围扩大至非企业家的自然人破产。

成员国可将第1款第(1)项的适用范围限制为法人。

5.成员国可规定，以下请求权不参与第1款第(1)项所指再生程序，或不受其影响：

(1)前职工或现职工的已有和未来可能发生的请求权；

(2)因家庭关系、血缘、婚姻或姻亲关系而产生的赡养费等请求权；

(3)因债务人侵权责任形成的请求权。

6.成员国应确保再生程序不影响职工应享有的养老金权益。

第二条　定义

1.就本指令而言，适用以下定义：

(1)“再生”是指旨在再生债务人业务的措施，包括改变债务人资产和负债的内容、条件和结构，或改变债务人资产结构中其他任何部分的组成方式。例如根据国内法律规定出售资产或部分业务，出售其营业价值，以及任何其他必要的经营上的变更，或是这些措施的组合。

(2)“受影响方”是指债权人，包括依据国内法律所认定的职工或债权人组，以及根据国内法律规定其债权或权益直接受到再生计划影响的股权持有人。

(3)“股权持有人”是指在债务人或债务人的业务(包括股东)中拥有所有者权益的人,但不可以是债权人。

(4)“中止个别清偿”是指由司法或行政机关批准或适用现行法暂时中止债权人对债务人主张债权,并且依据国内法律规定得对抗第三方担保权人。这种中止包括在司法、行政或其他程序中的中止,也包括对在法庭外扣押、变现债务人资产或业务的权利的中止。

(5)“待履行合同”是指债务人与一个或多个债权人的合同,当中止个别清偿程序已经适用或已被批准实施时,当事各方均有尚待履行的合同义务。

(6)“债权人最大利益测试”是指全部异议债权人在再生计划下,所获清偿均不少于在清算中(无论是分拆出售,还是作为经营价值整体出售),或在再生计划未获确认的次优安排中,根据清偿顺位所获清偿。

(7)“新融资”是指现有债权人或新债权人为实施再生计划而提供的任何新的财务援助,并已包括在该再生计划中。

(8)“临时融资”是指由现有债权人或新债权人提供的任何新的财务援助,其中至少包括在中止个别清偿期间的财务援助,且该援助对于债务人业务的继续经营是合理且即刻必要的,能够保留或增加债务人业务的价值。

(9)“企业家”是指从事贸易、商业、手工艺或职业的自然人。

(10)“债务豁免”是指排除对企业家未清偿债务的强制执行,或免除企业家未清偿的债务,债务豁免程序中可能包括对企业家资产的解封、向企业家提供偿还计划或同时包括以上两种措施。

(11)“还款计划”是指破产企业家在指定日期向债权人支付价款,或在债务豁免期间定期向债权人转移一部分收入的计划。

(12)“再生领域的从业人员”是指由司法或行政机关指定的执行以下一项或多项任务的个人或团体。

①协助债务人或债权人起草或协商再生计划;

②在再生计划的协商过程中监督债务人的活动,并向司法或行政机关报告;

③在协商过程中部分控制债务人的资产或事务。

2.就本指令而言,以下概念由国内法定义:

(1)破产;

(2)可能破产的情形;

(3)微型、中小型企业。

第三条 早期预警和预警信息的获取

1.成员国应确保债务人可以使用一种或多种清晰透明的预警工具，这些工具可以识别可能破产的情形，并可以向他们发出必须立即采取行动的信号。

为了实现前述目的，成员国可以运用最新的信息技术进行提示和沟通。

2.预警工具可能包括以下内容：

(1)当债务人未进行某些类型的付款时发出预警信号；

(2)公共或私人组织提供的咨询服务。

(3)根据国内法律规定，鼓励具有有关债务人的有关信息的第三方(例如会计师、税务和社会保障部门)向债务人作出不利进展的报告。

3.成员国应确保债务人和职工代表能够实际使用有关预警工具，且能够获取有关再生程序和债务豁免程序及相关措施的最新信息。

4.成员国应确保预警工具的相关信息可以被公开在线取得。特别是对于中小型企业而言，预警工具应以便于中小型企业获取和使用的方式提供。

5.成员国可为职工代表提供支持，以评估债务人的经济状况。

第二部分 预防性重整框架

第一章 预防性重整框架的可用性

第四条 预防性重整框架的可用性

1.成员国应确保在可能发生破产的情况下，债务人可以使用再生程序进行再生、防止破产并确保其生存能力，同时又不妨碍其他避免破产办法的适用，从而保护工作岗位存续并维持业务活动。

2.为保障债权人能够在再生谈判中获取充分的决策信息，成员国可规定，因为严重违反会计义务或簿记义务而受到刑事处罚的债务人，只有在采取适当措施纠正其被处罚问题后，才能够进入再生程序。

3.成员国可保留或引入生存力测试，该测试以将没有存活前景的债务人排除在预防性重整框架外为目的，并且该测试应可以在不损害债务人资产的情况下进行。

4.成员国可以限制债务人在一定时期内使用本指令所规定再生程序的次数。

5.本指令规定的再生程序可以包括一个或多个程序、措施或规定,其中某些程序、措施或规定可以在法庭外进行,以期不会影响国内法规定的其他再生程序的适用。

成员国应确保这种再生程序以连贯的方式保护本部分中规定的债务人和受影响当事方的权利。

6.成员国可制定规则,将司法或行政当局在再生程序中的参与程度限制在必要且适当的范围之内,同时确保任何受影响当事方和利益相关方的权利受到保障。

7.本指令规定的再生程序应由债务人提出。

8.成员国还可以规定,应债权人和职工代表的要求,在债务人同意的情况下,可根据本指令提出再生程序。成员国可以规定只有债务人是中小型企业的情况下,可以请求获得债务人协议。

第二章　预防性重整计划谈判的促进

第五条　债务人自我管理

1.成员国应确保采用再生程序的债务人完全或至少部分地控制他们业务的常规运营及资产。

2.必要时司法或行政机关对于再生领域从业人员的任命应在个案基础上作决定,但在某些特定情况下成员国可要求在每个案件中都应任命某一类从业人员。

3.成员国应至少在以下情况下规定任命一名再生领域的从业人员,以协助债务人和债权人谈判和起草计划:

(1)司法或行政机关准予根据第 6 条第 3 款作出一般性中止个别清偿,且司法或行政机关认为任命从业人员是为维护当事方的利益所必须时。

(2)根据第 11 条的规定,再生计划需要由司法或行政机关通过强裁来确认时。

(3)债务人或大多数债权人要求时。如果是在大多数债权人要求的情况下,从业者的费用应由债权人承担。

第六条　个别清偿的中止

1.成员国应确保债务人可从中止个别清偿中受益,以确保预重整机制中再生计划的谈判得以顺利进行。

成员国可规定,在没有必要中止或无法实现第一项所列目标的情况下,

司法或行政当局可以拒绝批准中止个别清偿。

2.在不损害本条第 4 款和第 5 款所规定的内容的前提下，成员国应确保中止个别清偿可涵盖所有类型的索偿要求，包括有担保的债权和优先债权。

3.成员国可规定，中止个别清偿可以是一般性的、涵盖所有债权人的，也可以是有限的、涵盖一个或多个独立债权人或某类别的债权人。

如果中止是有限的，则中止仅适用于根据国内法律已被告知有关再生计划本条第 1 款所述谈判的债权人。

4.在明确规定且有适当理由的情况下，成员国可将某些个别清偿或某些类别的个别清偿从中止个别清偿的范围中排除：

(1)个别清偿不太可能危害企业再生的；

(2)中止个别清偿将不公正地损害债权人利益的。

5.本条第 2 款不适用于职工债权。

本款第(1)项可能不适用：当成员国能确保职工债权在再生程序下的清偿能够得到保障，那么可以将第 2 款适用于职工债权。

6.中止个别清偿的期限不得超过 4 个月。

7.尽管有本条第 6 款的规定，成员国仍可依据债务人、债权人或特定情况下再生领域从业者的要求，准许司法或行政当局延长中止个别清偿的期限或批准新的中止个别清偿。这样的延长或新批准仅能在其为合理的情况下适用，如：

(1)再生计划的谈判已经取得了相关进展；

(2)继续中止个别执法行动不会不公平地损害任何受影响当事方的权益；

(3)依据国内法规定可能导致债务人尚未启动的相关清算破产程序中止。

8.个别清偿的中止时间(包括延长和续展)总共不得超过 12 个月。

如果债务人的主要资产权益在提出再生程序请求之前的 3 个月内已从另一成员国转移，成员国选择以不符合欧盟《2015/848 法规》附件 A 规定的一种或多种程序、措施的通知条件来适用本指令，则在该程序下的中止总期限不得超过 4 个月。

9.成员国应确保司法或行政当局在以下情况下可以解除中止个别清偿：

(1)该中止对再生计划中的谈判无帮助,如依据国内法可以阻止适用再生计划的一定比例的债权人明显不支持继续谈判;

(2)根据债务人或再生领域从业者的申请;

(3)依据国内法规定,一个、多个债权人或一组、多组债权人会因中止个别清偿而受到不公平的损害;

(4)如果依据国内法律规定中止会导致债权人破产的。

成员国可以根据第1款的规定,将解除中止个别清偿的权力限制在债权人未能在中止生效或司法、行政机关决定延长中止期限之前获得听证机会的情况下。

成员国可以规定一个最短期限,在该期限内不得取消中止个别清偿,但该期限不得超过本条第6款所述期限。

第七条　中止个别清偿的后果

1.如果在中止个别清偿期间,债务人依据国内法有义务启动可能导致其最终被清算的破产程序,则该义务在中止个别清偿期间暂停。

2.根据第6条中止的个别清偿,在中止期间,应一个或多个债权人的申请,应暂停启动可能导致债务人清算的破产程序。

3.在债务人无法按期偿还债务的情况下,成员国可限制本条第1款和第2款规定的适用效果。在这种情况下,成员国应确保司法或行政当局享有决定保留个别清偿的权力。考虑到具体案情,可能会以债务人的清算不符合债权人的普遍利益为理由保留个别清偿。

4.成员国应制定规则以防止中止个别清偿所涉及的债权人仅因未获得债务人清偿便对中止前已存在的债务停止履行、终止履行、加速执行或以任何其他方式修改必要待履行合同而损害债务人。“必要待履行合同”应理解为债务人维持日常业务运作所必需的待履行合同,包括涉及基本生产资料的供应合同,中止此类合同将导致债务人的生产经营活动陷入停顿。

本款第(1)项不得妨碍成员国为此类债权人提供适当的保障,以防止由于该项规定对这类债权人造成不公正的损害。

成员国可规定本款也适用于其他非必要待履行合同。

5.成员国应确保债权人不得仅依据规定此类措施的合同条款,实施延迟履约、终止履约、加速到期或以任何其他方式修订待履行合同的行为损害债务人:

(1)申请启动再生程序;

(2)申请中止个别清偿;

(3)启动再生程序;

(4)中止个别清偿获得准许。

6.成员国可以规定,即使在第31条第1款不适用的情况下,如果此类安排根据国内破产法可强制执行,中止措施也不适用于金融市场、能源市场和商品市场上包括违约轧差安排在内的相关结算安排。但是,当债权人向债务人主张偿还因实施相关结算安排而产生的债务时,中止个别清偿仍可适用。

除非该合同是在证券交易所或其他市场上形成、可按目前的市场价值随时被替代的合同,否则本款第(1)项不适用于债务人的经营活动所必需的货物、服务或能源的供应合同。

7.成员国应确保除非是满足国内法律规定的其他可导致破产清算程序启动的情况外,在未通过再生计划时,中止个别清偿期限届满后不会导致债务人进入破产清算程序。

第三章　再生计划

第八条　再生计划的内容

1.成员国应要求根据第9条提交通过的再生计划,或根据第10条提交司法或行政当局确认的再生计划中至少包含以下信息:

(1)债务人的身份。

(2)提交再生计划时债务人的资产和负债,包括对资产的价值、债务人的经济状况和职工处境的描述,以及造成债务困难的原因和程度的描述。

(3)受影响的各方,包括依据国内法律规定需要单独列名和按债务类别需要列名的各方,以及再生计划所涵盖的上述主体的债权或利益。

(4)在适用的情况下,为实施再生计划而受影响各方所归入分组的类别,以及每个类别的债权、权益的价值。

(5)在适用的情况下,列出不受再生计划影响的当事方(不论是依据国内法律规定需单独列名还是按债务类别需列名),并说明其不受影响的原因。

(6)在适用的情况下,从业人员在再生计划中的身份。

(7)再生计划的条款,包括:

①第 2 条第 1 款第(1)项所述的任何拟议的再生措施。

②在适用的情况下,任何拟议的再生措施的拟议期限。

③依据欧盟法律和国内法律通知和询问职工代表的安排。

④在适用的情况下,与就业有关的总体后果,如解雇、短期工作安排或类似情况。

⑤(如果国内法律有规定)债务人预计的资金流量。

⑥将作为再生计划一部分的新融资,以及为实施该计划需要新融资的原因。

⑦再生计划能够防止债务人破产并确保企业生存能力存在合理可能性的理由,包括该再生计划能够成功的必要先决条件。成员国可要求前述理由需由外部专家或由重组领域的从业人员(如果指定了这样的从业人员)直接作出或进行确认。

2.成员国应在线提供适应中小企业需求的全面的再生计划清单。清单应包括有关如何根据国内法律起草再生计划的实用指南。清单应以成员国的一种或多种官方语言提供。成员国应考虑以至少一种其他语言,尤其是以国际商务中使用的语言提供清单。

第九条　再生计划的通过

1.成员国应确保,不论谁根据第 4 条申请再生程序,债务人均有权提交再生计划,以供受影响的当事方采用。

成员国还可以规定,债权人和再生领域的从业者有权提交再生计划,并规定哪些债权人和再生领域从业者有权提交再生计划。

2.成员国应确保受影响的当事方有权对是否通过再生计划进行表决。

不受再生计划影响的各方在通过该计划时无表决权。

3.尽管有本条第 2 款的规定,成员国可排除下列当事人的表决权:

(1)股东;

(2)在清算优先级的常规排序中,其债权劣后于普通无担保债权人的债权人;

(3)在国内法下与债务人或其业务存在利益冲突的任何关联方。

4.成员国应确保根据国内法律,根据可核实的标准,将受影响的当事方分为不同的类别,以反映其共同利益。为了通过再生计划,有担保和无担保的债权人至少应分为不同的类别。

成员国可以规定,职工债权应单独分组。

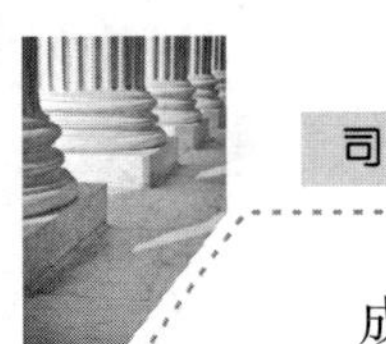

成员国还可以规定，若债务人为中小企业，可以选择不对受影响的当事方进行单独分组。

成员国应采取适当措施在债权分组时给弱势债权人，如小供应商提供特别保护。

5.收到确认再生计划申请后，司法或行政机关应对表决权和债权人分组进行审查。

成员国可要求司法或行政机关在本款第(1)项所述阶段前审查和确认表决权和债权人分组。

6.再生计划需要获得每一类别中债权或利益多数份额的同意，才能够将该再生计划适用于全部受影响方。此外，成员国也可以规定再生计划获得每一类别中多数受影响方同意时，才能够使该再生计划适用于全部受影响方。

成员国应规定通过再生计划所需的多数份额。该多数份额不得超过每类债权或利益总额的75%，或不超过每类受影响债权人数的75%。

7.尽管本条有第2款至第6款的规定，成员国可以规定，通过了的再生计划可以被另一个得到必要多数同意的协议所取代。

第十条　再生计划的确认

1.成员国应至少确保下列再生计划，只有在得到司法或行政当局确认的情况下才对各方产生拘束力：

(1)影响异议方权益的再生计划；

(2)涉及新融资的再生计划；

(3)在国内法允许下涉及超过25%的职工失业的再生计划。

2.成员国应明确规定可以由司法或行政机关确认再生计划的条件，并至少包括以下内容：

(1)再生计划已根据第9条通过；

(2)在同一类别中具有共同利益的债权人，按照与他们的债权成比例的方式受到平等对待；

(3)再生计划已依据国内法律通知所有受影响的当事方；

(4)存在异议债权人时，再生计划符合债权人最大利益测试；

(5)在适用的情况下，任何新的融资对于实施再生计划都是必要的，并且不会不公平地损害债权人的利益。

仅当再生计划受到质疑时，才应由司法或行政机关对本款第(4)项的遵守情况进行审查。

3.成员国应确保在再生计划没有防止债务人破产或确保企业生存的合理预期时，司法或行政机关能够拒绝确认该再生计划。

4.成员国应确保当司法或行政机关被请求确认再生计划并使其具有约束力时，司法或行政机关能快速有效地作出是否确认的决定。

第十一条　强裁

1.如果一个再生计划未能按第 9 条第 6 款以获得每组多数同意的方式得到通过，则成员国应确保司法或行政机关在至少满足以下条件的情况下，根据债务人或债务人协议的申请才能确认该再生计划并赋予其约束力：

(1)符合第 10 条第 2 款和第 3 款的规定。

(2)已获得以下分组通过：

①各受影响方表决组的多数同意，其中至少有一组是有担保债权人组或是优先于普通无担保债权的债权人组；

②若①未能满足，则至少获得一个由受影响方或国内法所规定的利益受损方组成的表决组的同意，但以下表决组除外：股东组、对债务人营业价值评估后不会得到任何偿付或保有任何利益的组、国内法下根据正常的清偿优先级顺序将不会得到任何偿付或保有任何利益的组。

(3)该再生计划应确保异议表决组与处在同一受偿优先级的其他组被同等对待，且比任何劣后组都优先受偿。

(4)根据再生计划，任何小组都不能获得或保留超过其全部债权或利益金额权益。

作为对本条第 1 款的限制，成员国可以将达成债务人协议的要求限于债务人是中小型企业的情况。

成员国可根据本条第 1 款第(2)项第②点的规定，增加批准计划所需的受影响方类别的最小数目，或在国内法律规定的情况下，增加受损方的数目。

2.成员国可以限制本条第 1 款第(3)项效力并规定，在较劣后的小组将要获得任何清偿之前，比该组处于优先受偿地位而又对再生计划持异议的小组已经获得全部清偿或保有全部权益。如果对再生计划目的之实现是有必要的，或再生计划不会不公平地歧视任何受影响方的权益，则成员国可以保留或引入限制本条第 1 款效力的条款。

第十二条　股东

1.如果成员国将股东排除在本指令第9条至第11条的适用范围之外，则成员国必须通过其他途径确保这些股东不会对再生计划的确认与适用作出不合理的阻挠或制造障碍。

2.成员国还应确保股东不得不合理地阻挠或阻碍再生计划的实施。

3.关于“不合理地阻挠或制造障碍”的含义，成员国可以从以下方面考虑：债务人是中小企业还是大型企业，拟议的涉及股东权利的再生措施，股东的类型，债务人是法人还是自然人，公司的合伙人承担有限还是无限责任。

第十三条　职工

1.成员国应确保根据欧盟和国家劳工法，职工个人和工会的权利不受再生程序的影响，如以下权利：

(1)集体谈判权和罢工权等劳工运动权。

(2)根据《第2002/14/EC号指令》和《第2009/38/EC号指令》的知情权和咨询权，尤其是：

①向职工代表提供有关企业或企业的活动以及经济状况的近期和未来潜在发展情况的信息，使他们能够向债务人传达对企业状况的担忧，以及其有关再生事项的需要；

②向职工代表提供有关可能对就业产生影响的任何再生程序的信息，如对职工讨回工资和未来任何付款(包括职业养老金)的能力；

③在根据第9条将其提交通过之前，或根据第10条由司法或行政机关进行确认之前，应向职工代表提供有关再生计划的信息并进行协商。

(3)指令《98/59/EC》《2001/23/EC》和《2008/94/EC》所保障的权利。

2.如果再生计划包括导致工作机构或与职工的合同关系发生变化的措施，则在国内法律或集体协议规定的情况下，应由这些职工批准这些措施。

第十四条　司法或行政部门的评估

1.司法或行政当局应仅在异议的受影响方以下列任何一种理由对再生计划提出异议时，才作出对债务人业务评估的决定：

(1)未满足第2条第1款第(6)项所指的符合债权人最大利益的测试；

(2)涉嫌违反第11条第1款第(2)项规定的强制批准的条件。

2.为了对本条第1款中的估值作出决定，成员国必须确保司法或行政机关有权指定具有合理资质的专家或有权听取这些专家的建议。

3.就本条第1款而言,成员国应确保异议的受影响当事方可向要求确认再生计划的司法或行政当局提出异议。

成员国可以规定,针对确认再生计划决定的异议可以在上诉程序中被提出。

第十五条　再生计划的效力

1.成员国应确保司法或行政机关确认的再生计划对按照第8条第1款第(3)项列明的所有受影响当事方产生约束力。

2.成员国应确保不参与依据国内法律制定再生计划的债权人不受该计划的影响。

第十六条　上诉

1.成员国应确保依据本国法律对确认或拒绝司法机关采取的再生计划的决定提出的上诉,均会提交上一级司法机关。

成员国应确保针对行政机关作出的确认或否定一项再生计划决定的上诉得以向司法机关提出。

2.诉讼应以高效的方式解决,以期迅速处理。

3.对确认再生计划的决定提出的上诉对该计划的执行不应造成任何中止影响。

成员国可以限制本条第1款的适用,规定司法机关可以在必要且适当时中止执行再生计划或其中的部分内容,以保障当事方的利益。

4.成员国应确保在维持根据本条第3款提出的上诉的情况下,司法机关可以:

(1)中止再生计划;

(2)确认再生计划,或者依据国内法律的规定进行修改,或者不进行修改。

成员国可规定,如果一项再生计划根据本款第(2)项被确认,则任何因此遭受金钱损失、任何上诉被支持的当事人都可以获得赔偿。

第四章　新融资、临时融资和其他再生相关交易的保护

第十七条　对新融资和临时融资的保护

1.成员国应确保新融资和临时融资得到充分保护。在债务人随后破产的情况下至少应做到:

(1)新融资和临时融资不会被宣布为无效、可撤销或未生效;

(2)除非存在国内法律规定的其他理由，否则此类融资的担保人不得被因该融资对债权人的整体利益构成损害而承担民事、行政或刑事责任。

2.成员国可规定，本条第 1 款只适用于经司法或行政当局确认的重组计划的新融资和受事前控制的临时融资。

3.成员国可将债务人资不抵债后获得的临时融资排除在第 1 款的适用范围之外。

4.成员国可规定，在随后的破产程序中，相对于其他具有更优先或同等债权的债权人，新融资或临时融资的出资人有权优先获得清偿。

第十八条　其他再生相关交易的保护

1.在不影响第 17 条所规定的内容的情况下，成员国应确保在债务人随后发生破产的情况下，协商再生计划所需的合理且即时必要的交易不会因为损害债权人整体利益而被宣布为无效、可撤销或未生效，除非因之前已存在的国内法或还有其他导致该交易无效、可撤销或未生效的原因。

2.成员国可规定，只有在司法或行政机关确认该计划或此类交易受到事前控制的情况下，才适用本条第 1 款。

3.成员国可将在债务人因到期债务无法偿还之后发生的交易排除在本条第 1 款的适用范围之外。

4.本条第 1 款所指的交易至少应包括：

(1)支付因谈判、通过或确认再生计划而产生的成本和费用；

(2)支付与再生相关的专业咨询费用；

(3)在不影响联盟或国内法律提供的其他保护的情况下，支付已完成工作职工的工资；

(4)除本款第(1)项至第(3)项所述之外的任何有关日常业务的付款项目和支出。

5.在不损害第 17 条所规定的内容的前提下，成员国应确保在债务人随后发生破产的情况下，为执行再生计划而进行的合理且即时必要的交易，以及按照再生计划进行的交易，除非存在国内法规定的其他理由，否则不得以司法或行政机关确认的计划为依据认定此类交易不利于债权人的整体利益而宣布其无效、可撤销或不可执行。

第五章　董事义务

第十九条　可能破产时的董事义务

成员国应确保在可能破产的情况下，董事至少应考虑以下内容：

(1)债权人、股东和其他利益相关者的利益；

(2)需要采取一定措施避免破产；

(3)避免因故意或严重过失的行为威胁企业的生存能力。

第三部分　债务豁免和破产失格

第二十条　债务豁免的取得

1.成员国应确保破产的企业家依据本指令，至少可以使用一种能够完全豁免其债务的程序。

成员国可要求停止与破产企业家债务相关的贸易、商业、手工艺或职业。

2.如果债务的全部豁免以企业家部分清偿为条件，成员国必须确保相关部分的清偿义务是基于该企业家的特定情况而确定的，尤其需要确保其与清偿期间企业家的可支配收入、资产成比例，还需考虑到债权人的利益得到公平对待。

3.成员国应确保已豁免债务的企业家可从为企业家提供商业支持的现有国内法制度中受益，并确保已豁免债务的企业家能够获得有关这些制度的最新信息。

第二十一条　债务豁免的期限

1.成员国应确保，最迟从以下两个日期起算的3年内，资不抵债的企业家的债务能够完全豁免：

(1)如果程序包括还款计划，则由司法或行政机关决定确认该计划或开始执行该计划的日期；

(2)在其他任何程序下，司法或行政机关决定启动该程序或确定企业家破产财产的日期。

2.成员国应确保在国内法律规定的情况下，已经履行了其义务的无力偿债的企业家在豁免债务期限届满时能够豁免其债务，而无须向司法或行政机关申请启动本条第1款所述程序以外的其他程序。

在不损害本款第1项所规定的内容的前提下，成员国可保有或引入相关规定，使司法或行政机关能够核实企业家是否已履行了为获得债务豁免所应履行的义务。

3.成员国可规定，债务的全部豁免不妨碍破产程序的继续进行，该程序要求在企业家破产之日就该企业家的部分破产财产可以实现资产变现和分配。

第二十二条　破产失格

1.成员国应确保，在无力偿债的企业家根据本指令获得债务豁免的情况下，仅以企业家无力偿债为由而取消任何其从事贸易、商业、手工艺或职业的资格的决定，最晚应该在债务豁免期间结束时停止生效。

2.成员国应确保在豁免期限届满之时，企业家无须向司法或行政机关申请除第21条第1款所述以外的程序，即可使得对企业家从事贸易、商业、手工艺或职业的限制取消。

第二十三条　条款效力的部分废止

1.在不影响国内法所规定的举证责任的前提下，在破产程序或偿债过程中，当负债的破产企业家对债权人或其他股东存在不诚信、不善意的行为时，成员国可以部分废止第20条至第22条的效力，保有或制定相关规则以否认或严格限制债务豁免的适用，得撤销该破产企业家获得债务豁免的资格，延长债务豁免期限和破产失格期限。

2.在某些合理且明确列明的情况下，成员国可以部分废止第20条至第22条的效力，保有或制定相关规则，以否认或严格限制债务豁免的适用，撤销该破产企业家获得债务豁免的资格，延长债务豁免期限和破产失格期限。例如：

(1)破产债务人严重违反了还款计划下的义务或严重违反了其他旨在保护债权人利益的法律义务，包括使债权人获得最大利益的义务；

(2)资不抵债的企业家未能遵守欧盟和国内法律规定的信息披露或合作义务；

(3)滥用申请债务豁免的权利；

(4)在资不抵债的企业家因严重违反信息披露或合作义务而获得完全债务豁免或被拒绝完全债务豁免后，在一段时间内又提出了债务豁免申请；

(5)债务豁免程序引发的费用不包括在内；

(6)该限制应是为了保证债务人的权利与一组或多组债权人的权利间的平衡所必要的。

3.在下列情况下，成员国可以部分废止第21条的效力，规定更长的豁免期限：

(1)司法或行政机关批准或下令采取保护性措施,以保护资不抵债的企业家的主要住所以及(如适用)保护企业家的家庭住所,或保护企业家用于维持贸易、商业、手工艺或职业的基本资产;

(2)破产企业家的主要住所及(如适用)企业家的家庭主要住所不会被强制执行。

4.成员国在某些合理正当且明确规定的情况下,可将特定类别的债务排除在可豁免债务、严格限制适用债务豁免的债务或可适用较长的债务豁免期限的债务范围之外。例如:

(1)有抵押债务;

(2)因刑事处罚产生或与之相关的债务;

(3)因侵权责任产生的债务;

(4)因家庭关系、血缘、婚姻或姻亲关系而产生的赡养费等债务;

(5)申请或启动债务豁免程序后产生的债务;

(6)支付债务豁免程序产生费用的债务。

5.如果破产债务人是某一行业的成员,成员国可以部分废止第22条的效力,规定更长或无限期的破产失格期限:

(1)企业家违反了该行业的道德、声誉或专业知识的特殊要求;

(2)非法处分了其管理的他人财产。

第1项也适用于无力偿债的企业家要求进入前述(1)或(2)所述行业的情况。

6.本指令不影响除第22条规定情形以外的,依据国内法规定司法或行政机关可下令适用破产失格的情况。

第二十四条　职业性和个人性债务处理程序的合并

1.为实现债务完全豁免的目的,成员国应确保无力偿债的企业家在其进行贸易、商业、手工艺或职业过程中形成的职业性债务,以及在这些活动之外产生的无法与上述债务分开的个人债务,在同一程序中一并处理。

2.成员国可规定,在职业性债务和个人性债务可以分开的情况下,为实现债务完全豁免的目的,可以在独立但相互协调的两个程序中或在同一个程序中处理这些债务。

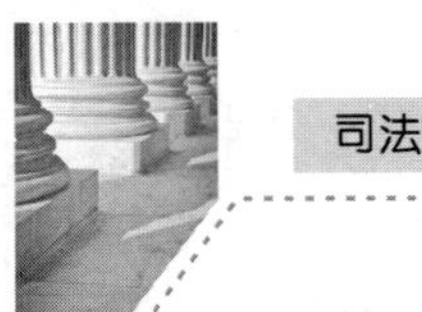

第四部分　提高再生、破产重整和债务豁免程序效率的措施

第二十五条　司法和行政机关

在不影响司法独立和欧盟各司法机构相互间独立性的前提下，成员国应确保：

(1)负责有关再生、破产重整和债务豁免程序的司法和行政机关成员接受了适当的培训，并具有履行职责所必需的专门知识；

(2)再生、破产重整和债务豁免能够以迅速、有效的处理方式和程序完成。

第二十六条　再生、破产重整和债务豁免程序中的从业人员

1.成员国应确保：

(1)由司法或行政机关在再生、破产重整和债务豁免程序中任命的从业人员接受了适当的培训，并具有履行职责所必需的专业知识；

(2)从业人员的资格条件以及从业人员的任命、罢免和辞职的过程是清晰、透明且公平的；

(3)在为包括跨境案件在内的一些特定案件指定从业人员时，应考虑从业者的经验和专业知识，以及具体案件的个案特点；

(4)为了避免任何利益冲突，债务人和债权人均有权对从业人员的选择或任命提出异议，同时有权申请更换从业人员。

2.为了提高欧盟内部的培训质量，委员会应促进成员国之间进行成功实践案例的分享，具体方式包括交流经验和实践能力的构建。

第二十七条　从业人员的监督和报酬

1.成员国应建立适当的监督和管理机制以确保执业者的工作被有效监督，以确保执业者提供的服务是有效且合格的，同时也能确保他们对相关当事人所提供的服务是公正且独立的。这些机制还应包括对未能履行职责的从业人员的问责措施。

2.成员国应确保有关对从业人员进行监督的当局或机构的信息可被公开获取。

3.成员国可鼓励从业人员制定并遵守行为守则。

4.成员国应确保有关从业人员薪酬的规定是高效且实用的。

成员国应确保制定适当的程序来解决有关薪酬的争议。

第二十八条　电子通信方式的使用

成员国应确保在有关再生、破产重整和债务豁免程序中，程序的当事方、执业者和司法或行政机关至少能够使用电子通信手段实施以下行为（包括跨境情况）：

(1)提出申请；

(2)提交再生计划或还款计划；

(3)通知债权人；

(4)提出异议和上诉。

第五部分　对再生、破产重整和债务豁免程序的监督

第二十九条　数据的采集

1.成员国每年应在国家层面收集和汇总有关再生、破产重整和债务豁免程序的数据，并按每种程序分类，该数据至少应包括以下内容：

(1)依据国内法律规定申请或启动的程序的数量，以及待定和已结束程序的数量；

(2)从提交申请之日起或依据国内法律规定的程序启动日期起至程序结束为止的平均期限；

(3)除本款第(4)项所要求的程序以外，按结果分类的程序数量；

(4)被确认为不受理、拒绝或在启动之前撤回的再生程序的申请数量。

2.成员国应按年度在国家层面收集和汇总有关适用再生程序或破产重整程序的债务人数据，同时应包括在之前 3 年内提交的相关申请或依据国内法启动的类似程序、其再生计划已根据第二部分规定的再生程序被确认的债务人数据。

3.成员国可每年在国家层面收集和汇总有关以下方面的数据：

(1)每种程序的平均费用；

(2)有担保和无担保债权人以及(如适用)其他类型债权人的清偿率；

(3)经过第 1 条第 1 款第(1)项规定的程序开办新业务的企业家数量；

(4)与再生程序和破产程序相关联的失业人数。

4.成员国应按以下方式细分本条第 1 款第(1)项至第(3)项中提到的数据，以及在适用和可获取的情况下细分本条第 3 款中提及的数据：

(1)非自然人债务人的数量；

(2)处于再生程序或破产程序中的债务人中自然人或法人的数量；

(3)债务豁免程序中企业家或纯自然人的数量。

5.成员国可以通过抽样技术收集和汇总本条第1款至第4款中提到的数据，以确保抽样在数量和多样性方面具有代表性。

6.成员国应从本条第7款所述法案实施之日后的第1个完整日历年起，以每年的12月31日截止作为完整日历年，收集和汇总本条第1款、第2款、第4款和(如适用)第3款所述数据。成员国应本条根据标准数据通信表，在所收集数据年份次年的12月31日之前，每年向委员会通报数据。

7.委员会应通过制定实施法案的方式确定本条第6款所述的通信表格，并应当依照第30条第2款规定的审查程序通过该法案。

8.委员会应在其网站上发布根据本条第6款收集的数据，并以适宜且易于用户使用的方式发布。

第三十条　委员会程序

1.委员会应由一个理事会协助。该理事会应为欧盟《第182/2011号法规》所指的理事会。

2.委员会的设立应适用欧盟《第182/2011号法规》第5条。

如果理事会未发表意见，则委员会不得正式通过法案草案，而应适用欧盟《第182/2011号法规》第5条第4款第(3)项的规定。

第六部分　最后条款

第三十一条　与其他指令和国际文书的关系

1.尽管有该指令，但仍应遵循以下指令：

(1)《指令98/26/EC》；

(2)《指令2002/47/EC》；

(3)欧盟《第648/2012号法规》。

2.本指令应不损害欧洲议会和理事会欧盟《2015/2366号指令》规定的支付机构以及第《2009/110号指令》规定的电子货币机构的资金保障要求。

3.本指令不应影响2001年11月16日在开普敦签署的《移动设备国际利益公约》及其《关于航空器设备特有事项的议定书》的适用。一些成员国在通过本指令时是该公约的缔约国。

第三十二条　欧盟《2017/1132 指令》的修订

在欧盟《2017/1132 指令》第 84 条中，添加以下段落：

4.如果成员国希望限制第 58 条第 1 款、第 68 条、第 72 条、第 73 条、第 74 条、第 79 条第 1 款、第 80 条第 1 款和第 81 条的适用效果，必须以建立欧盟议会理事会第《2019/1023 号指令》下的预防性重整框架所必要为前提。

第 1 项不得违反股东平等对待原则。

第三十三条　审查条款

委员会不得迟于 2026 年 7 月 17 日及以后每五年向欧盟议会、理事会和欧洲经济及社会委员会提交一份有关该指令的实施和影响的报告，包括关于弱势债权人(例如职工)的分组和表决规则的说明。根据这一评估，委员会应酌情提交一项立法提案，考虑采取其他措施以巩固和调整有关再生，破产和债务豁免的法律框架。

第三十四条　国内法转换

1.成员国应在 2021 年 7 月 17 日之前通过并发布遵守本指令所必需的法律、法规和行政规章。但为了遵守第 28 条第(1)项、第(2)项、第(3)项所发布的相关规定的截止发布期限为 2024 年 7 月 17 日。为了遵守第 28 条第(4)项所发布的相关规定的截止发布期限为 2026 年 7 月 17 日。相关规定发布后应立即将这些规定的文本告知委员会。

成员国实施的法律、法规和行政规章从 2021 年 7 月 17 日起必须符合本指令的规定。但为了遵守第 28 条第(1)项、第(2)项、第(3)项所发布的相关规定需符合本指令规定的期限为 2024 年 7 月 17 日。为了遵守第 28 条第(4)项所发布的相关规定需符合本指令规定的期限为 2026 年 7 月 17 日。

2.作为对本条第 1 款规定效力的限制，在实施本指令过程中遇到特殊障碍的成员国可以将第 1 款所述期限作出延长决定，但延长期限不得超过 1 年。成员国最迟应于 2021 年 1 月 17 日将该延长期限的决定告知委员会。

3.成员国应将其在本指令所涵盖领域内所采用的国内法律主要规定的文本告知委员会。

第三十五条　生效

本指令应在其欧盟官方杂志上发表后的第 20 天生效。

第三十六条

本指令针对欧盟成员国。

本指令于 2019 年 6 月 20 日在布鲁塞尔完成。

《司法智库》征稿启事

汇通信息　精研学术　服务司法

为研究司法前沿问题，推动理论与实践的互动，促进理论创新与司法改革，提升司法学术、司法政策与实务水平，现依托上海师范大学重点学科——诉讼法学科举办本辑刊。

本刊设立“司法评论”“理论探索”“制度分析”“实务研究”“焦点观察”“域外文献”“司法经验”“案例分析”等栏目，每年拟编辑两卷，于同年年中、年底出版。现竭诚欢迎诸位同人惠赐大作！本刊文风追求严谨务实、鲜明简练、尖锐辛辣，投稿时请注意以下事项：

1.所投稿件必须是本人原创，且尚未公开发表。若为与他人合作作品，须征得其他作者同意，并予以注明。因稿件著作权引发的纠纷，由作者自行负责。

2.投稿论文应以司法及相关领域为主题，论文字数一般为10000～15000字，评论、案例分析、调查报告等其他文章字数一般为5000～10000字。本辑刊编辑部有权对来稿进行删修，不同意删修的请在来稿中注明。

3.论文格式及注释体例详见附件。

4.稿件刊登后，赠当期辑刊。

5.来稿一经刊登，即认为作者同意将文章版权(包括各种介质、媒体的版权)转至《司法智库》编辑部，使用时不再征询作者意见。

6.来稿必复，实行三审定稿、快捷审稿方式，初审时间为十日以内，二审和终审稿件根据需要与作者保持沟通，尽可能缩短审稿时间。

7.收稿邮箱：sifazhiku@126.com。

《司法智库》编辑部

2019年8月15日

附件

论文格式

1.标题、署名、作者身份

标题用小二号宋体,居中书写。如果来稿属于基金项目资助范围内的研究成果,应在标题右上角用 * 号引出说明论文资助背景的页下脚注,脚注应含有以下信息:基金项目的类别、名称、批准号。

署名位于标题的下一行,居中书写,小四号宋体,在右上角用 * 号(若存在前段提及事项,则用 * * 号)引出作者身份的页下脚注,脚注应注明以下信息:

(1)作者简介:姓名(出生年月)、性别、工作单位、职称、研究方向。

(2)作者的联系方式:所在省市、单位、地址、邮编、联系电话、电子信箱(以便寄送样刊)。

2.摘要与关键词

论文须列出摘要与关键词。在正文之前引出摘要(中文),不超过400字,五号仿宋体,前加"摘要:"。中文摘要后单独一行分别列出3～5个关键词,五号仿宋体,前加"关键词:"。

评论、外文文献(编译)、案例分析、调查报告等文章不需要列出摘要与关键词。

3.正文

正文采用五号宋体,单倍行距,每一段文字首行缩进2字符。

各级标题采用以下体例:

第一级:一、二、……;

第二级:(一)、(二)……;

第三级:1、2、……;

第四级:(1)、(2)……;

4.除评论、外文文献(编译)、案例分析、调查报告等文章外,论文的英文标题、摘要、关键词列于文末。

注释体例

1.一般规定

(1)提倡引用正式出版物,原则上不引用未公开出版物。

(2)文中注释一律采用页下脚注,每页重新编号,注码样式为:[1][2][3]。

(3)非直接引用原文时,注释前加“参见”;非引用原始资料时,应注明“转引自”。

(4)引文出自同一资料相邻数页时,注释体例为:第 x~x 页。

(5)引用自己作品时,直接标明作者姓名,不要使用“拙文”等自谦词。

(6)引用外文的,依从该文种注释习惯。

(7)引用网上资料须注明作者姓名、作品名称、网址及访问时间。

2.范例

(1)著作类

季卫东:《法治秩序的建构》,中国政法大学出版社 1999 年版,第 20 页。

崔建远主编:《合同法》,法律出版社 2016 年版,第 22~24 页。

(2)论文类

①朱芒:《行政立法程序基本问题试析》,《中国法学》2000 年第 1 期。

(3)文集类

[美]Philip J.Loree:《〈海洋法公约〉:对美国航运业更为可取的方式》,傅崐成等编译:《美国维吉尼亚大学海洋法论文三十年精选集》,厦门大学出版社 2010 年版,第 443 页。

(4)译作类

[德]海因里希·迈尔:《古今政治哲学中的核心问题》,林国基译,华夏出版社 2004 年版,第 20 页。

(5)报纸类

许多奇:《“带头大哥”为何涉嫌非法集资》,《解放日报》2007 年 10 月 15 日第 3 版。

(6)古籍类

《史记·秦始皇本纪》。

(7)辞书类

《新英汉法律词典》,法律出版社1998年版,第24页。

(8)港台类

傅崐成:《海洋管理的法律问题》,台湾文笙书局2003年版,第33页。

版权声明